北京非遗

北京非物质文化遗产传承人口述史

北京非物质文化遗产保护中心主编

孙婉容 口述 / 马如亮 陈颂歌 整理

孙式太极拳

孙婉容

中国戏剧出版社

CHINA THEATRE PRESS

图书在版编目 (CIP) 数据

北京非物质文化遗产传承人口述史 / 北京非物质文化遗产保护中心主编. --北京: 中国戏剧出版社，2020.12
ISBN 978-7-104-05051-3

Ⅰ.①北… Ⅱ.①北… Ⅲ.①非物质文化遗产—介绍—北京 Ⅳ.① G127.1

中国版本图书馆 CIP 数据核字 (2020) 第 246515 号

北京非物质文化遗产传承人口述史
孙式太极拳·孙婉容
BEIJING FEIWUZHI WENHUAYICHAN CHUANCHENGREN KOUSHUSHI
SUNSHITAIJIQUAN · SUNWANRONG

策　　划：武　云
监　　制：肖　楠
责任编辑：郭　峰
责任印制：冯志强

出版发行：中国戏剧出版社
出 版 人：樊国宾
社　　址：北京市西城区天宁寺前街 2 号国家音乐产业基地 L 座
邮　　编：100055
网　　址：www.theatrebook.cn
电　　话：010-63385980（总编室）
传　　真：010-63383910（发行部）

读者服务：010-63381560
邮购地址：北京市西城区天宁寺前街 2 号国家音乐产业基地 L 座

印　　刷：北京华邦印刷有限公司
开　　本：787 毫米 x1092 毫米 1/16
印　　张：8.5
字　　数：128 千字
版　　次：2020 年 12 月 第 1 版 第 1 次印刷
书　　号：978-7-104-05051-3
定　　价：320 元（全五册）

目录
CONTENTS

项目简介

武学名家孙禄堂，集毕生所学创孙式太极拳，武学精髓流传至今。

孙式太极拳由近代武术名家孙禄堂先生创立，是在形意拳、八卦拳、太极拳三拳基础上，以《丹经》《易理》和儒释道三家的思想作为理论基础，并以动静相合的理论为核心，加以提炼重新构建，形成了“三拳合一”且独树一帜的崭新技术体系。孙式太极拳（太极拳学）以粗浅之言，明拳术极深之理、简约之式，可通拳术至妙之道。

孙式太极拳以“中和”为宗旨，以内劲为核心，以形意、八卦、太极三拳合一为基础，融通各家的技术体系，总结出了孙式太极拳“中和体用”的法则。其要点是：无极而太极，有无并立又有无不立，以三体式为本体，

以九要为规矩，以顺中用逆、逆中行顺为总纲，通过对内外合一、动静合一、体用合一、天人合一的追求，来实现“不求胜人，而神行机圆人亦莫能胜之”和“空而不空、不空而空、感而遂通”以及“实中、虚中、变中”的技击理念与效果等方面的拳学至理。

孙式太极拳有三个基本功能：一是技击防身，二是修身养性，三是锻炼身体。孙式太极拳入门容易，大家容易接受，但想要学到精髓还是有相当大的难度，需要有恒心刻苦习练，日日不辍，用时间加汗水才会学有成所。

孙禄堂先生很早就意识到必须将“武”提升到与“文”同等重要的层面上，才能使之成为民族文化的一部分，才能发扬光大、传之后世。因此，他在创立孙式太极拳时，非常重视拳理的研究，并在其后的传承中形成一个显著的特点，即文武并重。

传承人简介

孙婉容尽管已是耄耋之年，仍然为传承孙式太极拳殚精竭力。

孙婉容，女，1927年生于北京武术世家，原籍河北省。1951年北京师范大学本科毕业，原中央体育学院（北京体育大学前身）训练竞赛办公室副主任、竞赛科科长、副教授；河南大学客座教授；原北京体育学院竞赛委员会秘书长，北京市体育分会委员，北京市高等院校竞赛委员会委员，北京体育大学老年体协副主席；中国箭协裁判委员会首届主任，又连任第2、3、4届主任，历时17年，担任射箭国际裁判、蒲阳拳社社长、北京市武术协会顾问。

20世纪70年代末至80年代初，孙婉容开始正式授拳。在北京中国科学院、北京体

孙婉容

育大学、海淀区等地举办多期学习班、辅导员培训班，并为多个省市、地区的习练者进行辅导，以及对来访的国际友人，如日、美、德太极拳代表团或个人授课辅导。这一时期，前后有组织的各类学习班，如海淀区武协辅导员学习班等至少举办了7期，学员约300余人。孙婉容教授的学员中有多人在各级比赛中，分别获得团体和个人前三名的优异成绩。孙婉容还应邀担任国家体育总局武管中心与中华武术杂志社主办的中华武术大学堂、名人讲堂第二期导师。从20世纪80年代初开始，孙婉容经常参加有关武学的各类社会活动，如研讨会、国外友人技术交流座谈会以及国际级、全国性太极拳名家论坛和技术交流会等。此外，她还曾两次应邀前往韩国首尔进行教学访问并座谈。

从1990年到现在，孙婉容先后受聘担任北京市及各地孙式拳及孙氏武学研究会、协会、分会、研究中心等十余家单位的理事、副理事长、名誉会长、顾问、总顾问等职。

孙婉容与姐姐孙叔容等人编著《孙禄堂武学著作大全（简注）》《孙禄堂武学著作大全（增订本）》《孙式太极拳竞赛套路教与学》《孙式太极剑及对剑》等书；独自编著《中国太极拳传世经典——孙式太极拳剑》，并亲自为套路图做示范；新编著有《孙禄堂武学全集》《孙禄堂文武集》《孙存周武学集》《孙禄堂武学集注》等。她与家人共同拍摄了《传统套路》《简化套路》《竞赛套路》共三路教学录像，并担任主讲，在中央电视台体育频道播出；录制了“中国太极拳名家大讲堂——太极会中州”视频并担任主讲；应邀为中央人民广播电台“从文化开始”中关于太极拳的访谈做现场直播，并制成光盘。

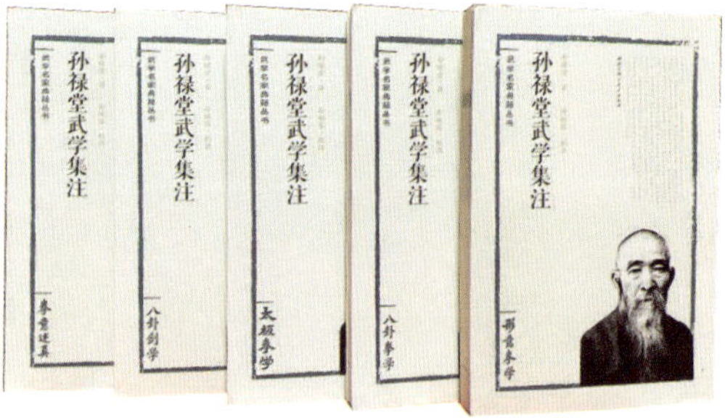

《孙禄堂武学集注》书封

2020 年，孙婉容已 93 岁高龄，一直坚持从事编写整理武学文稿、修拳、教学工作，参加有关弘扬、推广武学文化的社会活动，继续向门生传技授拳。

家学渊源

——武术世家的百年过往

孙禄堂自幼习武，专心于形意、八卦、太极数十载。在苦练功夫同时，精研各家武学，并以独到的武学思想创出孙式太极拳，在武术界引起极大反响，得到普遍认可，最终成为一代武学宗师。

其子孙存周、其女孙剑云在家学熏陶下成长，不仅传承了孙氏武学，而且传承了光明磊落、崇尚武德的家风，竭尽全力发展孙式太极拳。

拳学：
我的祖父

孙禄堂

谈到孙式太极拳，必然先要从我的祖父孙禄堂讲起。他是孙禄堂武学思想的奠基者和孙式太极拳的创始人，而我是他的武学理论、武术教育体系的再传继承者和传承人。

我祖父孙禄堂，生于1860年，卒于1933年，河北人，武功精湛，品德高尚，有“天下第一手”“虎头少保”“武圣”等誉称。

圆活无方，不凹不凸，放之则弥六合，卷之则退藏于密，其变无穷，用之不竭，皆实学也。此太极拳之所以名也。

在这本书中，祖父提出了“太极即一气，一气即太极”的理论。

祖父在1924年所写的《拳意述真》自序中提到：

夫道者，阴阳之根，万物之体也。其道未发，悬于太虚之内；其道已发，流行于万物之中。夫道，一而已矣。在天曰命，在人曰性，在物曰理，在拳术曰内劲，所以内家拳术有形意、八卦、太极三派形式不同；其极，还虚之道，则一也。易曰：一阴一阳谓之道。若偏阴、偏阳皆谓之病。夫人之一生，饮食之不调，气血之不和，精神之不振，皆阴阳不和之故也。故古人创内家拳术，使人潜心玩味，以思其理，身体力行，以合其道，则能复其本来之性体，然吾国拳术门派颇多，形式不一，运用亦异，毕生不能穷其数，历世不能尽其法。余自幼年好习拳术，性与形意、八卦、太极三派之拳术相近，研究五十余年，得其概要。曾著形意、八卦、太极拳学，已刊行世。今又以昔年所闻先辈之言，述之于书，俾学者得知其真意焉。三派拳术，形式不同，其理则同；用法不一，其制人之中心，而取胜于人者则一也。按一派拳术之中，诸位先生之言论形式，亦有不同者，盖其运用或有异耳。三派拳术之道始于一理，中分为三派，末复合为一理。其一理者，三派亦各有所得也：形意拳之诚一也、八卦拳之万法归一也、太极拳之抱元守一也。古人云：“天得一以清，地得一以宁，人得一以灵，得其一而万事毕也。”三派之理，皆是以虚无而始，以虚无而终，所以三派诸位先生所练拳术之道，能与儒释道三家诚中、虚中、空中之妙理，合而为一者也。

孙禄堂油画像

祖父在此文中更为深刻地阐述了“三拳虽不同，但其理则一”的道理，总结了三拳合一的本质是中和之内劲。

祖父能全面掌握形意拳、八卦拳、太极拳，并精通三种拳术的技理技法，对近代民族武学研究的贡献令人瞩目，至今在武术界仍有着深刻影响。

孙式太极拳即孙禄堂的典著《太极拳学》，不同于其他的太极拳拳种，祖父将拳术与中国传统文化有机融为一体，互为表里、相互印证。他巧妙地把无极、太极、五行、八卦等中华传统文化的内核符号与拳技充分融合，通过三拳合一、鼎革立新，创建了独具特色的孙禄堂太极拳学。他希望太极拳学成为一门有文化内涵的学问。他的想法在当时的武术界是非常超前的，正是这种超前的理念，造就了“三拳合一”的孙式太极拳。

祖父曾获得过“虎头少保”“赛活猴”等赞誉。“虎头少保”是当年武林对祖父的尊称，据说用以表示孙禄堂是继岳飞之后形意拳又一个成就较高的代表人物。“赛活猴”是说祖父技击时动作敏捷，甚至超过猴子的灵巧程度；与他人比武及交流时，身法灵妙，奇幻倏忽，动作极快，因此也有人称他为“活猴孙禄堂”。

孙禄堂青年戎装

祖父精通形意、八卦、太极等拳械技艺，深谙黄老丹经、奇门遁甲等传统国学经典，创立了孙式太极拳，创建了孙禄堂武学文化体系，为世人留下了宝贵的武学文化遗产。祖父武功高、武德好，在当时无论是他的武艺还是武德，都得到大家的一致认可与尊重。

历史上，关羽、岳飞之所以被称为武圣，不仅因其武功天下无敌，重要的是他们拥有崇高的“义气”精神，才能受到后人的敬畏与爱戴。祖父也是如此，有家国情怀，重民族大义。在那个国弱被欺的飘摇时代，他用自己的武功技艺，击败了各个来华挑战的对手，且不为金钱、美色所动，为民争气，为国争光。例如 1907 年，徐世昌久闻祖父武功绝伦，在他出任东三省总督时聘祖父为内巡铺及幕宾，同往东北以助其工作。祖父在东北期间，俄国及欧洲格斗冠军彼得洛夫途径奉天（现沈阳市）。当时的俄国公使馆提出让祖父与彼得洛夫进行一场比武。祖父得到官方准许后应邀前往。比试中，祖父仅出一手就将彼得洛夫击倒在地。当时人们都被祖父的技艺所折服。由此，祖父名扬海内外，当时有人尊称他为“武圣”。

谈到蒲阳拳社，那是祖父于 1888 年，在河北完县（现顺平县）建立的。蒲阳拳社可以说在那个年代是比较有特色的一所学校，因为拳社既教文也教武，学员在那里可以文武兼修。因此，当时的蒲阳拳社在当地非常出众，影响力也很大。

祖父建立蒲阳拳社的初衷是多为家乡培养人才。回到保定之后，祖父就找到了他的师父李奎元先生。当时李先生正在保定开镖局。祖父就想和自己的师父一起在保定建立一个可以文武兼修的学校，传播拳术和武学文化。后来，经过走访，他发现当地的武馆很多。祖父替友人打抱不平后名声大振，许多人都前来拜师学艺，为了避免矛盾，不影响其他武馆的生意，李先生觉得祖父还是回到家乡开办执着，就同意了他的请求，继续教他。

祖父先教他站形意拳的三体式。在形意拳中，三体式是“钥匙”，没有这把“钥匙”，就进不了形意拳的门，所以要练好形意拳，就必须先站好三体式，基础打好，才能开始练其他的招式。祖父在《形意拳学》一书中对三体式有这样一段论述：

三体者，天、地、人三才之象也。在拳中为头手足也。三体又各分为三节：腰为根节（在外为腰，在内为丹田）是也；脊背为中节（在外为脊背，在内为心）是也；头为梢节（在外为头，在内为泥丸）是也。肩为根节，肘为中节，手为梢节。胯为根节，膝为中节，足为梢节。三节之中各有三节也。

就这样，齐公博按照祖父的要求，只站三体式，不需要练其他的招式。祖父跟齐公博讲：“别人三体式站三个月，你得站三年。”齐公博谨遵师命，真的一站就是近三年。别人都领先于他学了很多招式套路，可他一点都不着急，坚持站着三体式。后来，到了两年多的时候，祖父有意检验他三体式站的程度，就朝他后面支撑腿的腿窝那里踢了一脚。他居然没有倒，只是身体整体往前挪了点，重心往前移了一下，三体式一点也没有变形。祖父通过对齐公博的检验，知道他站得已经非常不错了，腿部力量非常好。三体式过关了，再往下练其他的招式就容易多了，于是祖父跟齐公博说：“你站三体式已经两年半多了，功成矣。明天就开始教你拳法招式。”

祖父常强调练拳的唯一秘诀就在一个“练”字上。虽然齐公博天性憨直、悟性不佳，但他严格遵守祖父对他入门先站三年三体式的要求，心无旁骛，熬得住练功之苦，才有了比其他师兄弟都强的技能。三年之后，齐公博在祖父的教导下，形意拳的功夫大有增进，成为北方有名的形意拳师。后来，祖父第一次下江南任中央国术馆教务主任兼武当门门长，后任江苏省国术馆副馆长等职时，先后带去的几位弟子中就有齐公博。祖父让他在国术馆内专门教授形意拳。从此，齐公博蜚声武坛，逐渐成为国内外著名的形意拳大师。

孙禄堂（前排中坐者）左侧为齐公博，右侧为任彦芝

蒲阳拳社始终以培养人才为己任，以“完善人民之身心，图以黎庶之振作”为宗旨。祖父对蒲阳拳社的学员，不仅传授他们武功，还特别重视传授他们经典的国学文化知识。到蒲阳拳社来学习的学员，都要遵守社里的规章制度，比如：入学要交学费，家庭条件好的来社学习，交多少都收；家庭条件差的、没钱的学生，进来只登记就行了，一分钱不交也照样上学；有的家庭没有收入，愿意拿物品抵学费的也可以。蒲阳拳社秉承相互平等的原则，学员不分高低贵贱和贫富亲疏，都一视同仁，始终注重人格尊严。

多年以来，祖父对他亲自主持教导的 18 名入社弟子，总是循循善诱并且不厌其烦。同时，我父亲孙存周、姑姑孙剑云协助祖父指导他们拳术和剑术。此外，祖父的徒弟齐公博、任彦芝也协助祖父，一招一式认真辅导。后来，这 18 人均有不同建树，被后人赞誉为“完县十八侠”，而且这 18 人都成为蒲阳拳社的骨干，对推广孙禄堂武学文化、宣传孙式太极拳发挥了重要作用。

祖父创办的蒲阳拳社，坚持从基层办学，使广大群众受益，为国家培养了一大批武术人才，做得非常成功。蒲阳拳社的办学宗旨、办学理念等，直到现在都有很多值得研究借鉴的地方。我觉得应该对其在继承的基础上不断发扬光大。

祖父从武一生，也是他艰苦奋斗的一生。他经过半个多世纪的深修细研，对揭开近代中国武学文化新篇章做出了卓越的贡献，了

孙禄堂拳照
（《八卦剑学》之乾卦扫地搜根）

解其中艰辛的人，对此无不叹服。形意拳名家宋世荣评价祖父“学于后，空于前，后来者居上，独续先宗绝学”。形意八卦掌名家张兆东评价祖父“以余一生所识，武功能称神明至圣登峰造极者，独孙禄堂一人耳”。先辈名家给予我祖父的评价，是对他武学成就的肯定，体现了祖父在弘扬民族武学文化方面的贡献，同时也是给后学者一个启示与激励。

总之，祖父为人正派低调，淡泊名利，不近仕途，温文尔雅，尊师重道，乐善好施，襟怀宽广，学为人师，行为世范，为武学文化发展做出了自己的贡献。祖父是一位感悟自然道法的文通武备的武学宗师，是当年国术界享有盛名的人物。在当时中央国术馆编写的《武术史》中，赞誉祖父为国术界的“千秋金鉴”。

接续：
弘扬家学

孙存周

我的父亲孙存周，生于 1893 年，卒于 1963 年。父亲是祖父武学的第一继承人。他是次子，技击技术达到了一个很高的境界。他全面继承了祖父“拳与道合”的武学思想，强调“身体力行、修身养性”的作用，倡导“文武合艺，终身育德”的理念。在武学方面，他有自己的独到见解与发挥，形成了自己的一套极具实践性的武学体系。

父亲早年开始学拳的时候，祖父工作很忙，长期以来在家的时间很少，但祖父对他的期望很大。父亲酷爱拳术、善思考、善探究、

孙禄堂、孙存周父子合影

思路敏捷、刻苦习练，故而深得祖父的重视。父亲告诉我说，他那时非常喜欢看祖父练拳。父亲不能常伴在祖父的身边，为加强对父亲的培养，祖父就有计划地给他编制了一些基础性的练习方法。于是，父亲从6岁时就开始按照祖父的要求练拳。那时，祖父还把武术的基本功融在游戏里，给父亲留作业，他不在的时候，父亲就自己完成训练。父亲练到周身极致柔软，刚里有柔，柔里有刚，基本功训练得非常扎实。就这样，父亲练就了一身“童子功”。

在父亲16岁的时候，祖父感觉到他的准确性、熟练性、耐力、柔韧、力量等方面都练得非常好了，决定正式开始教父亲练拳。

1910年，祖父举家迁入北京。父亲终于有机会待在祖父身边。他日以继夜地在祖父身边练习，整整苦练了三年，全面掌握了形意拳、八卦拳械的技理，同时也成为祖父研修探索武学的得力助手。

父亲练功一丝不苟、非常刻苦。在这三年里，他练武时衣服都是湿透的。据母亲讲，父亲冬天练拳的时候，棉袄洗了拆，拆了洗，衣服就没干过。通过这样一个细节，足可以说明父亲刻苦习练的精神。

孙禄堂、孙存周父子合影
（《太极拳学》之打手合一学）

孙禄堂、孙存周父子合影
（《太极拳学》之挤手学）

父亲苦练了三年，技击水平已经很高了。我们老家是武术之乡，武术门派及名师都很多。很多人找他切磋比武，他没输过。

后来，祖父对父亲说："你可以出去走走，见识一下世面。广学博览，虚心学习，丰富一下自己的阅历，对拳学的提高是有帮助的。"

1912 年，父亲就背着黄包袱访学出游了。他游历了 11 个省及诸多名山大川、寺院庙宇，跟原来祖父走的差不多，一路上只要遇见饱学之士、书画名家及各方优秀人士，只要有一技之长，父亲都会虚心向他们请教学习。

父亲由北到南一路走来，与高手较技未遇敌手，声名鹊起，影响颇大，于是他受聘在上海、杭州等地执教，教授拳学。

1918 年，父亲拿着黄包袱自 1912 年出行，已经快六年了，其间他行万里路，广学博览，受益匪浅。有一次，他回家向祖父汇报，祖父一听就明白了，说："来吧，咱俩试试手。"刚一开始，还没沾到祖父的边呢，父亲就被弹出去了。经此一试，父亲方知自己还需要继续虚心学习。

1918 年，徐世昌当选总统后，再次邀请祖父随其入府工作。此时父亲也接到上海武技研究社的信函，邀请他去教授拳技，所以父亲又返回南方去了。

1918 年，孙禄堂任大总统府武承宣官

当时父亲的三弟孙务滋已经在上海太仓中学教授英文和拳术。我这位三叔是中西文化教育的受益者。孙务滋，生于1899年，卒于1922年，是祖父的季子。三叔的形意、八卦、太极皆承祖父孙禄堂的要旨。

此时三叔已经考入留美预科，后因故留美延期，遂继续在太仓中学任教。他在一次上课示范动作时，木杆突然断裂导致受伤，因医治无效去世，年仅23岁。

父亲回到南方后，仍然是半月在杭州，半月去上海教拳。父亲去上海主要是在陈夔龙宅教授其家人，并借此机会与三叔交流提高武艺，相互砥砺。三叔有时会去上海武技研究社传授孙式太极拳。当时社中教员有肖格清、刘金阁、褚桂亭、高振东等。在切磋中，三叔能以很轻巧的武术手法控制住社中教员，令他们很是惊奇。

当时浙江有一些军政人物，如郑佐平、李霄禾、黄元秀、叶大密等，年龄均长于父亲，他们都随父亲学拳，欲以师礼侍之。父亲不允，答应推荐他们拜自己的父亲孙禄堂为师。

父亲在他这一代里面享有盛名，武林之间的奇人异士，如秦鹤歧、管子彰等都跟他有交往，而且对父亲赞誉有加，非常推崇父亲的技术。

孙存周

1923年4月，上海举行“中华全国武术大会”的时候，父亲前去观看，感觉所见各派大多体用脱节，技击技术不能达到预期的效果。针对这种情况，父亲在后来的教学中，特别注重实用的技击训练。

1927年，上海的好多人都劝父亲开门立山公开教学，但是他说：“这可不行，我还得恪守父亲的嘱托，孙式拳只能传给有‘道’缘的人，因为我们讲究的是拳与道合。也就是说有拳缘的人，可以都归成‘道’缘。我不能乱传。”虽然孙式太极拳在上海，算是去得最早、传得最早的，但是却没有普及，就是因为孙式拳与其他各家拳所遵从的传承原则不太相同，在这方面不如他们传播得好。父亲在上海也没有正式收徒弟，除了他自己练拳以外，他教的就是几位盟兄弟，如肖格清、崔文澜、郑怀贤、叶大密等。

1928年10月，中央国术馆举行了一个国术考试，主要是招考一些教师和学员，所以父亲就被邀请作为嘉宾去观看。在大多数参赛的人练完之后，父亲觉得这些人都是擅长单练与对练，有点学用脱节。因为他们每个人上来都是先比拳术、套路，他们在这方面练得已经非常熟了，但是在底下一交手，就不是那么一回事了，原因就是不能结合运用，也就是“练”和“用”脱节。这一缺陷比较明显和普遍，甚至一些名家都出现这样的问题，看着前面练的功夫非常熟练了，可是到了具体运用上就不能得心应手了。由于国术馆的师范班是一年期毕业，父亲就想怎么样才能在这么短的时间内，能使学员将“练”和“用”结合为一体。所以，他自己在教学上非常注意摸索如何在短期内解决“练”“用”脱节的问题。

这次比赛中有朱氏三兄弟，他们家里都是习武的。他们三个人都搞技击，是对抗型的练习，不仅仅是重技击练习，而且还都会拳击。他们在比试中都有很出众的表现，获得了优异的成绩，都进入最后的决赛，国术馆也很认可。在很多人看来，以后国术馆也得设拳击课了。但是父亲不以为然，他说：“我们不是必须得学拳击，因为孙式形意拳比拳击更精简实用。我自己的实践就是证明。我随父亲正式习拳苦练了三年，要按规矩刻苦习练，用不了那么长的时间。有了扎实的功底再去闯荡江湖，那绝对是不会遇见敌手的。”

通过参加这次国考，朱氏三兄弟的确名声大噪，但他们三人知道父亲在研究西洋拳击与民族武术的问题，而且知道父亲的技术高，有实战经验，有自己独到的见解，而且教学认真，教学方法得当，毫无保留，所以他们经常向父亲请教问题，而且都得到了父亲的耐心指导。后来，他们进行过好多次实战练习，其实力已经相当突出了。父亲思路清晰，立刻就能够总结出自己的拳术思路，加上自己的教学方法，使得这些人的功夫得到很快提高，技术掌握得也非常准确，很好地克服了实战中“练”“用”脱节的问题。

从基本功来讲，实战不能少，同时体力也得练好，意识上还得坚强，这样才能全面提升练功的效果。在这几方面需要靠自己的刻苦练习，以提高准确性、实战性、感触性、节拍性。父亲得出一个结论：只有全面掌握这些东西，才能够达到纯熟、精炼。这是他在教学方面得到的实践经验和启示。

这次比赛启发了父亲。他就更想深入地研究教学方法和教学方式的问题，他觉得对此应该给予更多的关注。既然选择了认真去练拳，就得有名师来指导，必须有适合的教学方法与教学方式。他提出：

学习拳术，门派之见，实属万不可有。然选择拳术，首戒标奇立异。设二三其志，尤易趋入歧途。但既经选择之后，尤宜继循正轨。所谓探骊，贵得其窍。矢志前修，持之以恒，不特真诠可获，且其成功可待也。练习拳术，必须心静。心静则意专，意专则举手进退，左右往来，前后进退，上下伸缩，无不如意。意之所至，即力之所至。尤须知拳术姿势，变换在腿。内外一气，含蓄在胸。两肩松开，

孙存周

气自下沉。力起于脚跟，则主宰在腰腹。而运用则在两肩。往来伸缩，如前面有物阻挡，前进后退，有不丢不顶之意。初练时务要认定一种。勿贪多、勿嫌少。须知：拳虽一派，而式不同。法出一源，而用殊异，故学一式须时加练习。勿专求重、重则滞。勿专求轻，轻则浮。尤不可专求一部之气、一部之力，务求全身平均发展。盖拳术顺者，自然有力。内外和者，自然气聚神凝。得其中正者，身体自然沉重。神意静逸者，身体自然轻灵。故切不可专术一事。久之，身体自然强健，自然可以祛病延年矣。

有人问父亲练什么拳好，父亲告诉他："选定自己喜欢并且适合自己的那种拳，认真把其中的特点练出来就好。"父亲把实践经验无私地传授给了学习者，使他们很快取得了好的成绩。我觉得父亲是大公无私的，他的想法是"怎么做才能让学生更好地接受"。从武术研究来讲，他必须让学生们体用结合，然而又不光会实战与勇武，还要有文化底蕴——这都是他看到的问题，而且他很快就把这些问题都弄清楚了，所以他自己很注意发现和解决教学中的实际问题。

父亲上过私塾，但他得到的学识并不限于那个私塾。他不仅在武学方面造诣较深，同时还注意汲取社会上大家的学识，只要遇到比他学问高的人，就会虚心向人家学习。父亲在学问上一直追求"武与文合"的境界。当时他接触到很多国学大家，如晚清直隶总督陈夔龙、儒学大家马一浮、朴学大家胡仆安等都与父亲有交往。他们向父亲求教拳法拳理，父亲也向他们问道，大家相互坦诚交流。

还有，父亲与近代研究古曲的著名音乐家汪孟舒更是私交甚好。在20世纪三四十年代，我们两家的距离不太远，他每天都会步行到我家，父亲与他在屋里交谈和练拳，相互交流学习。他们两个人性格相近，经常谈着谈着把时间都忘了。除非个别情况，汪孟舒不在我家吃饭，若要留下吃饭他会提前说明，但这样的情况很少，一般是两个人谈完了以后，他拿起东西就走，大家都习以为常了。俩人非常默契，来去自然，但有程序。他们在海阔天空的谈话中，进行着拳术与学术的交流与交换，各取所需，彼此感情日深。

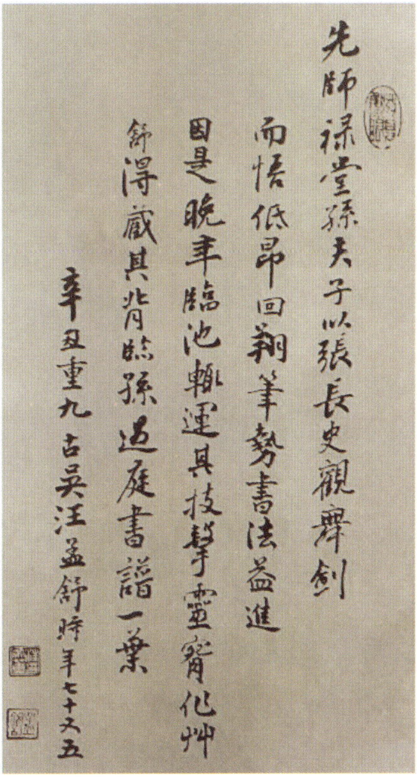

汪孟舒书法

从祖父开始，就意识到“武”必须提升到与“文”同等层面，成为民族的武学、武文化，才能发扬光大，传承后世。所以祖父创立的太极拳叫太极拳学，并且著书立说。祖父很重视文武结合之道，其五本著作里，包含了中华文化学识的根源，深度阐释了拳与道合的思想，为社会留下了宝贵的财富，父亲全面传承了祖父的武学思想。

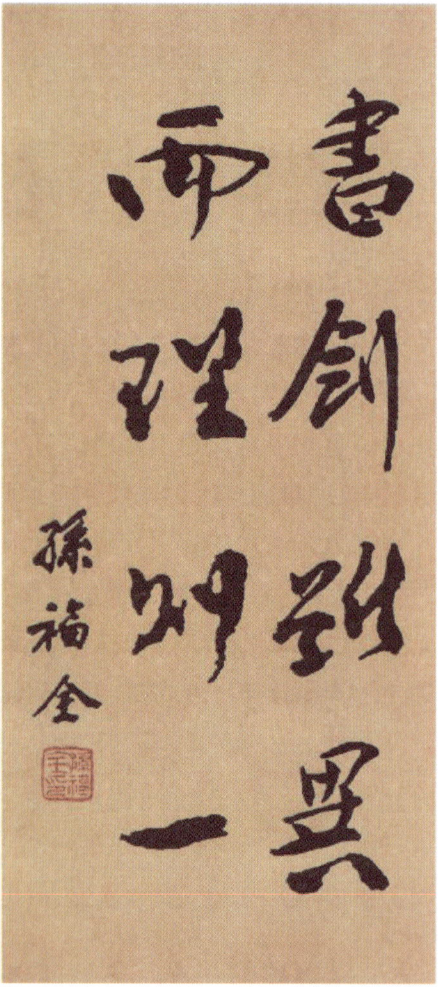

孙禄堂书法
（书剑虽异 而理则一）

父亲成名比较早，在20世纪30年代已经身怀绝技了。他遇到过很多武林高手，在比试中从未输过，所以那时候也可以说是名声大噪了。但是父亲很注意自身“德”的修养，所以当时武术界对他的评价都很高，认为他是一位非常洁身自爱、能力出众、技击精湛的年轻武术大家。

父亲做事很低调，不喜宣传自己。尽管如此，很多人还是想找机会试试他的功夫。有一次父亲在上海参加一个武术界的聚会，有位陈姓武师，鹰爪指力功夫了得。他与父亲见面握手时暗中发劲，父亲顾全聚会的气氛，不露声色地化解了他的握力。但这位陈姓大师在会议快结束时，客气地给父亲递了一个橘子，父亲出于礼貌去接，在接橘子的瞬间，陈姓大师趁机抓住了父亲的脉门。父亲出于本能，手腕随即一个旋沉提翻，就把这位陈姓大师扔到了桌子上面。后来，这位陈姓大师说："这么多年不怕我抓的只有孙存周一个人。"

1928 年 10 月，在上海举行的国术游艺大会上，父亲演练了一趟八卦拳，被武术行家赞誉为："得乃父之髓，已臻炉火纯青之候。"所以一时间，社会各界前来向父亲请教并提出拜师的人络绎不绝。

父亲一生刚直不阿，在武林中的逸事很多，不仅是一位富有传奇色彩的武术奇人，更是一位有着独特见解、学养深厚的武术大家。他学养有素，武技高深，本性善良，无私无畏，有游侠风度，淡泊名利，不近仕途，不喜经商，为人低调，胸怀博大，为人师表，令人敬仰。父亲曾说："平生之志，不在仕途，不务工商，不做打手，不图侠名，只为继绝学而已。”这一时期，父亲的武功造诣又上升到一个新的境界，形成了他独特的武术风格。

到了 1929 年 11 月，杭州举行全国性国术游艺大会，这次比赛就是一个演武与擂台大赛，来比赛的都是全国各门各派的行家里手。大会聘请了全国各地知名武术家担任评判委员和监察委员，其中评判长 3 人，评判委员 26 人，监察委员 37 人。大会组织者想请父亲做监察委员长，被婉拒。他认为自己辈分低，坚辞不受。最后，大会就取消了监察委员长的设置，父亲被列为首席监察委员。

大会期间，有人见祖父年届古稀，想向祖父提出挑战。父亲走到擂台上说：“如果你们能赢了我，父亲自然会出来跟你们对战；如果你们连我都赢不了，那就甭谈了。”当时父亲的一席话非常有气势。大家都知道他是孙禄堂的次子，家传的武学，功夫在社会上已是很有影响了，也知道父亲技击的厉害，就没有人再敢挑战了。

经过这次挑战风波，父亲觉得自己得参加比赛，让他们见识一下孙禄堂武学的威力。此时，郑佐平跟父亲说：“存周兄，我跟你说，除了老爷子之外，就是你技术最好了，当然你会得第一，但你想想你得了第一能怎么样？都知道你是老师的儿子，老师和李将军又是评判委员长，你就是拿了第一，也还是会有闲话。”父亲接受了这个意见。

通过这次擂台赛，父亲看到了很多问题。他认为学用结合，学以致用，应该是连贯的，而不应该脱节。他觉得这都是练习方法上有问题，而不是说形意拳不行。一些人迷信西洋拳击能打，而认为我们的武术在技击方面不行，这是一个错误认识。我们的形意拳是非常优秀的，父亲说："形意拳纵横兼备，如崩拳，看似直劲，实乃直横十字，八方劲共生。"有一次，一位全国拳击冠军找父亲交流，这位冠军认为形意拳力度大，但速度慢，不适合技击。父亲邀其比试一下，并说："我只以形意拳应对。"一连数次被父亲击倒后，对方诚服，但不明其所以然。父亲说："两拳相比，我胜在意在你先，故步点总在你前。以意制动、以步制拳，全凭感应。此为理。我上封下进，非以拳胜，实以身步胜，此为法。虽屡跌你，但于搏击规则，大概不能得分。搏击乃体育游戏，非御侮之能耳。"这位冠军听完深为叹服。

父亲认为国人对自己的武术应该有自信心，相信我们的拳可以是一切技击技术的基础。父亲不断总结有效的技击技法，完善内劲，加强了对技击方面的锻炼，使技击的境界不断升华。为此，有人对父亲的评价甚高，如刘子明先生说："孙存周的武艺不仅全面而且精深，已臻神明通玄之境，其艺难以言述，乃父之外，中外各家，余所目睹者，其艺为最。"再如叶大密认为："孙存周有古侠遗风，气质超拔，是近代武林中非常罕见的武学大家，其武功造诣不在同时代任何人之下。"

父亲不仅仅是精形意拳，也善打太极拳，对于八卦拳研究更是偏爱。他的八卦功力非常深，在当年可称为武林中的一绝。上海武林耆宿秦老看过父亲演练的八卦拳后，称赞他的功夫“不让董海川前辈”。说我父亲转起八卦拳来，让人觉着不是一个人在转，而是一圈人在围着个圈转，分辨不出真人与人影，并能提气腾空，在大

孙存周拳照
（《形意拳学》之龙虎相交）

厅的立柱上连走数步，在屋顶上留下脚印。秦老还说我父亲周身像有高压电，只要从他身边一过，就被他吸引过去，任由他控制摆布，或当即被击倒，感觉像被闪电击中了一样。

1928 年 10 月的上海国术游艺大会和 1929 年 11 月的杭州全国性国术游艺大会召开后，近代武术大师、武当剑术传人李景林让他全部的弟子都拜在祖父的门下，包括李景林的女儿李书琴。祖父就让父亲和姑姑也去跟李景林学武当剑，所以他们俩成了交换互学。李景林的武当剑里头也有祖父的八卦剑，祖父说李景林的武当剑有他的独到之处，也吸收了他的特点，所以两个人都在自己的技术上有所提高。最后李景林还出重金请祖父去帮他整理武当剑技术。他们从技术上讲有一个互补，两人互相欣赏，在孙式太极剑里融有些许李景林剑法的痕迹。

父亲对武当剑并不陌生，跟李景林学习之余，经常与李景林的弟子们交流。实话实说，父亲的拳剑功夫都不在李景林之下，所以对李景林教的武当剑学习得也很快，一个多月的时间就基本掌握了武当剑的要旨。李景林对孙式八卦剑也有极高的评价。在上海国术大赛期间，杜月笙设宴招待与会的国术名家。当时人称李景林为“飞剑”，会上也有人称李景林为“天下第一剑”，李景林严肃地说：“否！否！”并走到父亲面前说：“存周的剑术就不在我之下。今天令尊大人没来，论武艺，天字底下第一号的还是孙禄堂大哥。”

“七七事变”之后，父亲从上海启程赶往北平。他在路上也遇到很多事情。1937 年 7 月 7 日，日军发起攻击，随即攻占北平，日本开始了全面侵华。父亲在上海担忧在北平的家眷，于是乘车准备北上。当时车站里十分拥挤，父亲见一妇女带着两个小孩挤不进车去急得直哭，于是放下手中的行李，双手各抱起一个小孩，让那妇女紧随其后，排众而前，把那妇女及两个孩子送上火车。待回身取自己的行李时，他发现竟有人趁车站人多嘈乱将行李偷走了，还好车票尚在衣服里，总算登上了火车。

火车在行驶途中，遭日军敌机轰炸，铁路被毁，车不能再开了。父亲只得徒步辗转至豫鲁交界地区，恰巧遇到了昔日国术馆的学生石敬之等。他们正在组织抗日游击，因此请父亲教授劈刺术。父亲随即参战，历经三年多大小数十战，终因力量悬殊队伍被打散。1942 年，父亲护送石敬之去重庆，经过郑州时遇到了他的师弟杨紫辰，当时南下已无通路，辗转至西安后返回北京（日伪政府将北平改称北京）。父亲返回北京后见家人无恙，心中安稳了许多。这时我大哥孙宝和，也就是父亲的长子已从黄浦军校毕业，随军赴上海参加“八一三”对日作战。听到这个消息，父亲很是骄傲。

父亲回到北京后，日本人听说孙存周回来了，知道他是孙禄堂的儿子，想请他出山教日本人武术。父亲说：“我不行，根本做不了。我早就放弃习武了。”他就这样直截了当地拒绝了日本人的邀请。父亲有爱国之心，日本人找他，他是绝不会去的。

日本人几次邀请父亲教授武艺，父亲均以左目失明、功夫已废等为由，坚辞不出。为了躲避日本人反复纠缠，不久父亲就离开北京去定兴县了。

父亲非常注重自己武艺的传承，最大的愿望就是把毕生绝学延

孙存周（二排左三）与定兴弟子合影

续下去。那时，他虽然失去了教学的工作，但是他坚持天天练功，始终没有间断过，所以经历了这些年，他并没有丢掉自己的武功。

在整个抗战期间，父亲甘愿忍受饥贫，枯守不出。抗战胜利后，闻知我哥哥孙宝和在 1944 年的洛阳战役中被日军炸弹所伤，壮烈牺牲，父亲手扶遗物慨然道："不辱家风！"过了不久，父亲得知自己的爱徒董岳山也已经去世了。这些事使得父亲深感悲哀。

在孙禄堂武学的发展过程中，三叔孙务滋的意外去世，对孙氏武学的对外发展影响较大。三叔去世以后，传承祖父创立的"拳与道合"的武学思想及技术的重担，就落到了父亲和姑姑孙剑云两个人的身上了。

我对父亲非常敬重和崇拜。父亲在家庭生活上是位能手，是位孝子，是位优秀的丈夫，是位非常好的父亲。在家庭教育方面，父亲经常告诫我们："对人只给予，不索取。"他还特别注意以身作则。

父亲在上海等地任职，传授孙氏武学。每到假期他准时回来，逢年过节也是，其他的时间不回来，特殊情况除外。但是，只要回来，他就会跟我们打成一片。跟孩子们一块做游戏时，他也严格遵守游戏规则，谁输了，谁挨罚。他说这是咱们大家定的游戏规则，咱们大家得去执行。那时候我们就懂得了，大家定的规则大家都来遵守，人人平等。所以，他就以身作则地教导我们。

我心目中的父亲在各方面都很优秀，是位百科全书型的人物。我问他什么问题，他没有答不上来的。我问他一些犄角旮旯的问题，他都能答。玩的时候，我们都敢和他开玩笑。到教学的时候，他又是一位很严谨的老师。他不仅在武学上卓尔不凡，在家庭里也获得了我们对他的尊敬。

父亲全面继承祖父的武学，接受祖父“拳与道合”的武学思想，他强调武学修身养性的作用，也倡导文武合一。他觉得没有“文”就无法支撑“武”，“文”与“武”具有同等的价值。他认为国术必须遵循其自身规律才能得以发展。所以道艺武学是有价值的传统哲学，并且文武是一理的，是不分轻重，互补互通的关系，可以培养人的性格，调节人们的神经，变化人们的气质。这一点他说得很清楚。他还申明“体用结合”的价值，逐渐形成了自己极具实践性的武学思想。父亲精通拳械技理，继承了他父亲孙禄堂的家传武学。他对形意拳、八卦拳、太极拳、纯阳剑、八卦剑、太极剑、雪片刀、八卦七星杆、八卦奇门枪、形意大枪、方天大戟、护手钩、弹弓及射箭等，皆掌握精纯，功臻化境。父亲中年以后，尤其对三拳三剑、形意大枪、雪片刀、七星杆进行了较深入的研究，极有心得，造诣极深。父亲把他和祖父一起研究的孙氏武学心得体会都记录了下来，给社会留下了宝贵的孙氏武学理论与技击要旨。可以说，父亲全面继承了祖父的武学事业。

在父亲的一生中，唯一受过的一次创伤是在1924年。父亲受几位盟弟的邀请，去弹子房打台球。父亲戴着水晶眼镜，坐在台球旁边的椅子上看报。这时候有个朋友进来跟父亲打招呼。父亲一回头，此时李霄禾手里的球杆突然脱手，一下子就打到了父亲的眼镜上，父亲被眼镜片伤及左眼，导致失明。此后，父亲就经常戴着一副墨镜了。李霄禾也跟父亲学艺，得到父亲拳术的指导。父亲左眼失明后，李霄禾非常内疚，跟父亲说："我得赔您，要不然我一生都过意不去。"父亲说："赔

孙存周

什么赔，您也不是有意的，不过您这一杆打退了我五百年的道行。”虽说是戏言，但父亲心里确实萌生了退隐的想法，当时他感觉非常心灰意冷。大家都知道，一只眼睛失明，就没有距离感了。在拳术上，凭的全是快、准、稳、狠。如果你测不出来对手在什么地方出手，焦点在哪里，就打不上或打不准对方，就会被对手所伤。所以这个时候，父亲就觉得他不能再练了，对外也称不练拳了。

这段时期，父亲心情比较沉闷。他的盟兄弟郑佐平经常开导他说："您之前的功夫都已经达到炉火纯青的地步了，您舍得放下吗？您一定要把功夫重新捡起来。”有了盟兄弟们的鼓励，加上父亲又是非常爱拳术的人，他信心渐增，恢复了锻炼。经过长达两年多的努力，父亲克服了常人难以想象的困难，重新找回了以前的技术，并且技艺渐臻化境。至此，朋友们就更加尊重他了。同时，父亲的功夫还得到了很多大师的赞誉，认为他已经达到“内劲精奇，身手矫健。感敏前知，身后有眼。击人不见其动，对手已败倒的境地”。曾经发生过几件事情，验证了他们对父亲的赞誉之言不虚。据说有一次在上海，父亲从友人家里出来，乘黄包车回九江路的扬子饭店。下车拿车钱付费时，他感觉身后有异，极速一俯身，子弹就擦着他的脊背飞过去了。此时父亲就顺势一个蛇形回身撩打，将车夫打倒。原来车夫是一个职业杀手，他认错了人。

还有一回，父亲应邀与武术界的朋友们一块乘船去游太湖。当时游船上都是武术界的朋友，大家相互之间都较熟悉。父亲正站在船沿上，远眺欣赏太湖的景色。游船上有位郭姓的武林名家，也是一位大师，他早就听说孙存周“身后有眼”，武功高深，就想跟父亲开个玩笑。他突然在父亲的身后飞起一脚，想把父亲踢到湖里去，不想脚去人空。郭某也没想到，他这一脚踢出去，人没碰着，自己却险些栽到湖里去。父亲继承了祖父孙禄堂武学中，所谓不闻不见之知觉的功夫。倏忽间他拿住了郭某，把郭某往湖面上掠了一下，又把他拉了上来。此时郭某的脸都被惊吓得变了颜色。船上的人都惊叹我父亲这种击人不见其动、对手已败的境界。

20 世纪 30 年代的上海，有位姓岳的老板开了一家上海大世界俱乐部。有一次父亲和朋友去弹子房打台球，这个时候旁边的大力士表演场有一位白俄大力士正在表演。岳老板一个劲撺掇父亲去和大力士比试。

父亲说：“那您让他来弹子房来吧，别去表演大厅里面，免得坏了人家的生意。”

不一会儿，岳老板就把这位白俄大力士带来了，还带了位翻译。我父亲举起一只手的食指说：“你如果扳动了我这一个指头，我就算输了。”大力士一扳，但扳不动。

父亲对他说：“你用双手扳。”结果他双手扳也扳不动，弄得他满脸的沮丧。白俄大力士说：“怎么会扳不动呢？”

父亲说：“我可以告诉你，这是我们练拳里头的一个技巧力，是一个整力，我会把整力应用在这上边，你是扳不动的。”

这个白俄大力士觉得他输了。父亲说：“你那个杠铃我也不见得拿得起来，可是你也扳不动我的手指头，因为你练的是杠铃的那种力量，我是练武术的内劲，我们俩没有可比性。”

白俄大力士很感动，说：“这位孙存周先生如果当场让我难堪的话，我就没法在这里卖艺了。”他不仅敬佩父亲的技术，更敬佩父亲的人品。

父亲经常琢磨，他发现中西方体力锻炼的效果和追求上是不同的，有很多区别。所以父亲在演武会上，就对整个情况做了一个对比，觉得从锻炼的效果上和追求上，都有很大的区别。

父亲一生都谨记祖父对他的教诲：“凡求道艺者务要虚心，虚心则心明，心明则性真。有若无、实若虚、远浮名。凡遇有一技之长者，无论其功夫高低皆要拜为师友，虚心求教，海纳百川。故其深不可测。艺无止境，岂有至高至妙之说？”

父亲深得祖父传授的太极、形意、八卦等诸拳械之精髓，一生笃学技击，远浮名，轻利重义，学养深厚。一生苦心孤诣研修武学，对形意拳、八卦拳、太极拳都有着独特见解与论述。父亲在论述形意拳的笔记中说：

形意拳相传由达摩易骨易筋洗髓经脱化而来，经后人千百回之研究改革阐微发奥，日求精进，神化所钟，玄妙莫测。练法式简意精，学易习难。以三体式为基础，在内为意，在外为形。有往体有来体，于顺中求逆，一曲一伸，不运气而气充，不加力而力无穷。

初学拳术，姿式变换往往迟钝散漫拘束，不能整齐舒展。欲避

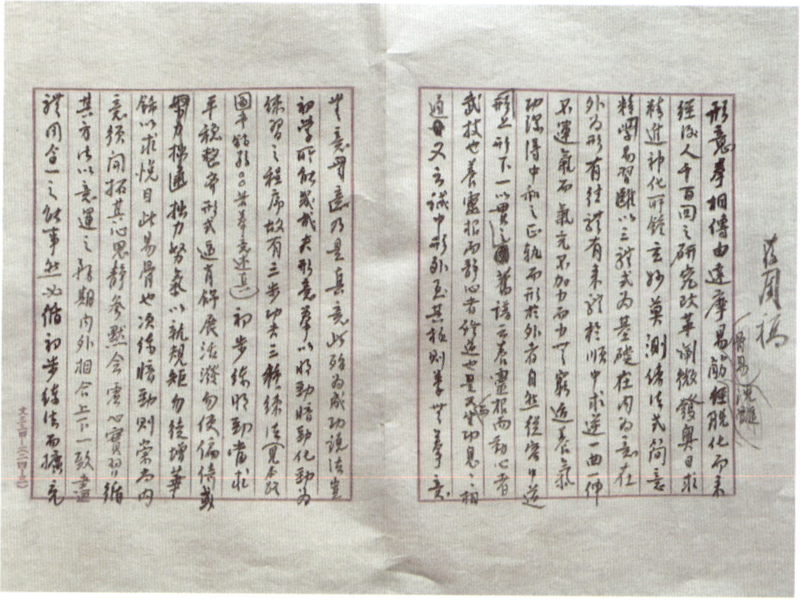

孙存周武学手稿《论形意拳》

免此弊，两腿先要有力，形意拳力起于足根。练习时，固其势为三折之形，虽用力极大，其震荡力只能到膝股之间，无震脑之虞。而门派具有成见者，每倡用力伤脑之说，学者初不知三折之义，多信其说，深望注意，勿为所误。

他在论述八卦拳的笔记中写道：

八卦拳，又名游身八卦连环掌。取象于数理，立体于八卦。体亦谓之用，用亦谓之体，体用一源。动静一气，以极简之式，达极

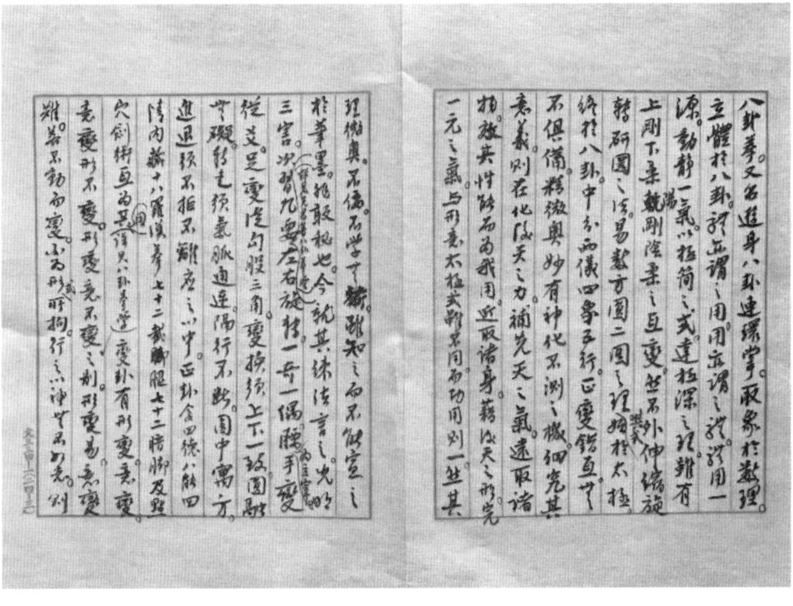

孙存周武学手稿《论八卦拳》

深之理。虽有上刚下柔阳刚阴柔之互变，然不外伸缩旋转研圆之法，易数方圆二图之理。其式始于太极，终于八卦。中分两仪四象五行。正变错亘，无不具备，精微奥妙有神化不测之机，细究其意义，则在化后天之力，补先天之气。远取诸物，效其性能而为我用。近取诸身，藉后天之形，完一元之气。与形意太极式虽不同，而功用则一。然其理微奥，不佞，不学无术，虽知之而不能宣之于笔墨，孰敢秘也。

今就其练法言之，先明三害，次习九要。左右旋转，一奇一偶。腰为主宰，手变从爻，足变从勾股三角。变换须上下一致，圆融无碍。转走须气脉通连，隔行不断，圆中寓方。进退须不拒不离，应之以中。正卦含四德八能四情，内藏十八罗汉拳、七十二截腿、七十二暗脚以及点穴剑术，互为其用。变卦有形变、意变、意变形不变、形变意不变之别。形变易，意变难。若不动而变，不为形式所拘，行之以神无不如志，则尤为上乘也。行步平稳若静水浮物，只见水流不见物行。变换忽高忽低忽左忽右，瞻之在前，忽然在后，极变化之能事，有莫测其由之慨。

总之，虽一式之微，莫不有速小柔巧、闪展腾挪之妙，然孰有实功者，不可得也。

他在论述太极拳的笔记中所述：

内家拳术，乃动中求静，强身固气之学也，能使吾人之精神，藉拳法顺逆伸缩阴阳变化之姿式，于无思无意之中得以修养也，其

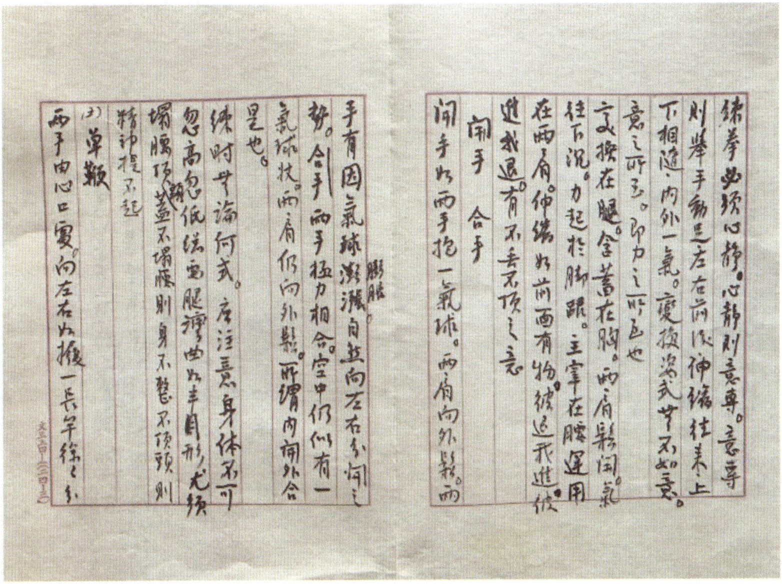

练拳必须心静。心静则意专。意专则举手动足左右前后伸缩往来上下相随。内外一气。变换姿式无不如意。意之所至。即力之所至也

变换在腿。含蓄在胸。两肩松开。气往下沉。力起於脚跟。主宰在腰。运用在两肩。伸缩如前面有物。彼退我进。彼进我退。有不丢不顶之意

開手　合手

開手如两手抱一氣球。两肩向外鬆。两手有因氣球膨脹自然向左右分開之勢。合手两手極力相合。空中仍似有一氣球狀。两肩仍向外鬆。所謂内開外合是也。

练时無論何式。應注意身体不可忽高忽低。须两腿弯曲如弓形。尤须塌腰頂頸。蓋不塌腰則身不整。不頂頸則精神提不起

(3) 单鞭

两手由心口處向左右分撥一長竿徐徐分

孙存周武学手稿《论太极拳学》

法姿式简易，即无折腰曲腿之苦，复无奇异难能之态，虽男女老幼皆可习之。

练拳必须心静，心静则意专，意专则举手动足，左右前后，伸缩往来，上下相随，内外一气，变换姿式无不如意，意之所至，即力之所至也。

变换在腿，含蓄在胸，两肩松开，气往下沉，力起于脚跟，主宰在腰，运用在肩，伸缩如前面有物，彼退我进，彼进我退，有不丢不顶之意。

父亲继承了祖父的武学体系，并结合时代需求的特点，经过不断的研究与实践，总结出合乎时代特征的训练方法体系。

父亲教拳时，非常强调基本功训练。他要求训练时要准确、坚实、明白。他把孙氏武学三拳的基本功浓缩为无极式、三体式、劈拳、崩拳、单换掌、懒扎衣。

父亲说："练技击有三个台阶，第一步是基本功，把基本功练通了，浑身都是拳。但到了这一步也还是个拳匠。还不能称师。第二步是知拍，与人对打，感应确切，应对自如，如是才出得来节奏。一般人不易做到，到了这一步可以称师。第三步是拳与性合，遇敌制胜，尽情尽性，喜怒哀乐因拳而出，皆能制敌，则可称家。如今能至是者极少。最终至木呐虚无，动静无兆，制敌于不觉中，如家严也。"

父亲概括总结了孙式形意拳、八卦拳、太极拳三拳求劲的要旨，提炼出三拳精髓所在，说：

横走，微也。竖撞，精也。手向前直推故曰竖撞。形意拳在十字上求功，八卦拳在上字上求劲。十字不出，而蓄于内，特闻两详。

太极拳在〇字上求劲。横走竖撞，脱身换影，八字相连。脱身，藏也、遁也，换掌之意也。

父亲承传了祖父的武学思想，继承了祖父的技术体系，在孙氏武学体系的建立过程中，都有父亲参与的痕迹。

据父亲给我们讲，祖父在传授他武艺的时候，爷俩不仅常在一起研究与实践，并且经常试手，检验拳法的精准和感觉。无论是形意拳、八卦拳、太极拳的单式练习，还是对练实做，以及走变技能，接手与散手等，都是父子俩一起总结、提炼拳术的运用规律与运用技术。父亲继承了祖父创立的“以中和为宗旨，以内劲为核心，以形意、八卦、太极三拳合一为基础，通融百家”的技术体系；总结出了“中和体用”的法则。其要点是，无极而太极，有无并立又有

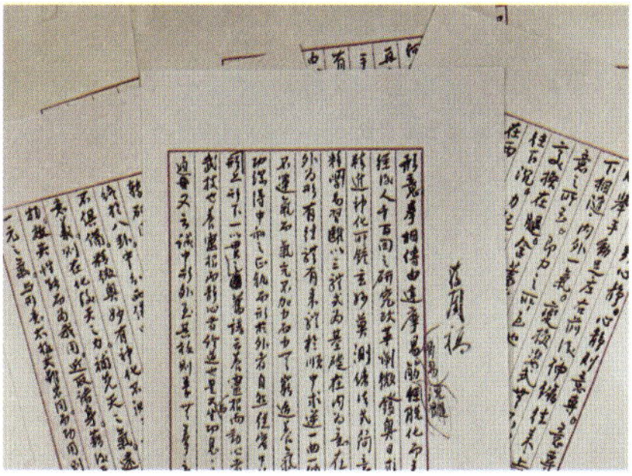
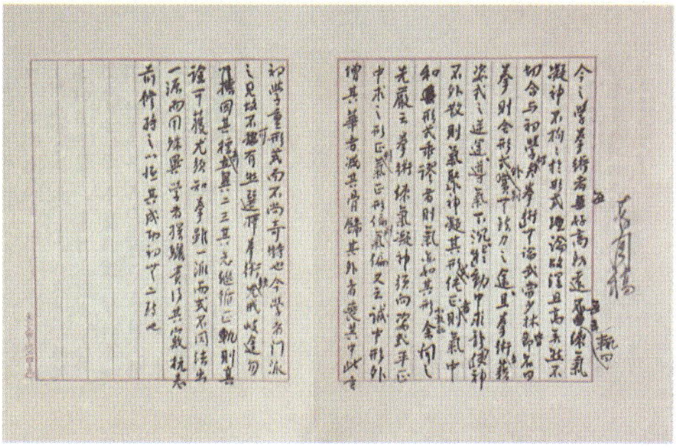

孙存周武学笔记手稿

无不立，以三体式为本体，以九要为规矩，以顺中用逆、逆中行顺为总纲，通过对内外合一、动静合一、体用合一、天人合一的追求，来实现“不求胜人，而神行机圆人亦莫能胜之”和“空而不空、不空而空、感而遂通”以及“实中、虚中、变中”的技击理念与效果等方面的拳学至理。

父亲记录了大量的武学笔记，对孙氏武学的三拳三剑等拳械都有自己的独特见解。他不仅精形意拳，善太极拳，对八卦拳更是偏爱，心得独多，功力尤深。

父亲的师弟龚剑堂先生对父亲的功夫评价较高，称赞道：“先师故后，存周师兄的功夫堪称当今中国第一人。”

父亲不仅功夫好，而且武德也高尚，帮助了很多同时代的武术名家提高技艺。同时，他让这些学生都拜在祖父的门下，以提高这些人的辈份。如郑佐平、肖格清、崔文澜等都得到过父亲的精心指导，都拜在祖父的门下了。其中崔文澜原是李存义的学生，也是黄柏年的结拜兄弟，本想拜李存义为师，后遇到父亲，觉得他武艺超群，托请黄柏年介绍，宁愿降低两辈，也要拜他为师。终得到他的亲自教授，后来父亲也让他拜在祖父的门下。得到父亲指导的名家还有很多，如郑怀贤、支燮堂、叶大密、高振东、朱国福、朱国禄、朱国祯、朱国祥、褚桂亭、郝家俊、郝少如等。甚至有一些比父亲辈份高的武术大家也曾向他请益，都得到过父亲的教授，比如黄伯

孙存周先生画的《松枝图》

年和程有功，都曾向父亲学习过八卦变掌；韩慕侠向父亲请教过七星杆；郭古民曾向父亲学习过八卦剑；郝湛如曾向父亲请教过八卦拳及活步推手；李集峰曾向父亲学习过散手和纯阳剑；刘彩臣也曾向父亲学习过形意大枪和八卦剑。父亲教授过的名家高手不胜枚举，得到的赞誉也颇多，其中郝湛如和父亲交流后说：“存周的功夫已臻化境，我在他手里动不了窝，就是当年约斋太夫子摆弄我也没有他那么从容。”

1946 年，父亲去上海看望故交老友，得知姑姑也从重庆来到了上海。于是兄妹相见。1949 年北平解放后，父亲返回了北平，隐居家中。这时有故旧请托教授祖家的孩子们武艺，其中有个女孩叫祖雅宜，她对拳术的爱好胜过她的兄长，练拳最认真刻苦，性格也泼辣，顽强好胜，性烈胆大，完全不像一女孩子，令父亲刮目相看。

孙存周与弟子祖雅宜散手拳照

父亲常去北海团城与故旧秦正之、雷

师墨、汪孟舒等人玩味拳艺，并以此为乐。当时北京的武术界闻知孙存周，都前来交流，如李敦素、刘正邦、吴子珍、吴图南、胡耀真、陈发科、唐凤亭、唐凤台、王芗斋、许延增、陈子江等，无不惊服父亲的武艺。

父亲的武艺超逸群伦，但因解放后就远离了武术界，那时年轻人中知道他的人不是很多。父亲晚年很少与人试手，怕无意间伤人。即使偶尔玩玩，也不露真功夫。但据上海见过父亲功夫的老人们讲："孙存周的内劲令人惊骇。"

1956 年，父亲的师弟支燮堂从上海来我们家看望父亲，鼓励父亲总结家学，把孙禄堂武学的技术理论和训练方法著书流传。他的建议也正是父亲一生的夙愿。之后，父亲就开始整理笔记资料，总结祖父"以修内劲为核心，拳与道合"的武学体系的相关内容。父亲经过数年的研究，整理出了孙禄堂武学的心得，但在准备出书的时候，由于当时特殊的社会环境，计划受阻了。

后来，父亲叫我把他整理编撰的这些珍贵的武术研究成果，上交给体委的武术管理部门。我联络上了当时国家体委武术处一位姓史的工作人员，我把父亲的这个意思转达给她。她回复说："现在不能收，因为还不是开展挖掘整理工作的时候，将来需要会再找你们。你们自己保存好。"此事也就搁置下来了，直到父亲逝世，他的愿望也未能实现。

孙存周像

祖父创立的孙禄堂武学，作为中华传统文化的精粹，在父亲的身上得到了集中的体现。其拳艺合乎老子无为之旨，其性德合乎孟子浩然之义，其精神合乎庄子自由之趣。父亲的一生诚如孔子所言："志于道，据于德，依于仁，游于艺。"父亲于武事外，以书画修心养性，这也是遵从了祖父的教诲。父亲在生活中幽居恬淡，怡然飘逸；博学清雅，通诗文词曲，知古乐音律；喜金石书画，以山水为多，尤其善绘松柏，这与他的性格十分贴合。

1963年8月28日，父亲突然感到心口憋闷。我弟弟孙宝亨是大夫，初步判断父亲可能是心肌梗死，就叫来汽车把父亲拉到北大医院。那时候车内是没有空调的，比较闷热。车子一到北大医院，弟弟就跑下车去叫医生护士。父亲嫌车里太闷热了，另外认为自己的身体也没有太大的问题，就自己下车往医院里走。孩子们过来要扶，父亲用手示意了下不用扶，就轰然倒下了。等弟弟叫来护士抬着担架出来的时候，父亲已经去世了，一代武学大师就此成为绝响。

孙存周画《清溪渔隐图》

才女：
女中魁元

青年时期的孙剑云

孙剑云，讳书庭，字贵男，剑云为号，世以号行，1914 年 6 月生于北京，卒于 2003 年，是祖父的小女儿。

姑姑出生在一个经济富裕的武术世家里，幼承庭训，文武兼修，得到了祖父真传。

姑姑小的时候天生丽质，聪颖过人。看到祖父他们每天都在练拳，她就跟着模仿，到 8 岁的时候，她自己就比画了，祖父问她："你会练吗？"她说："我当然会练了，我还能全练下来，你们练的我都会。"祖父一听就觉得这孩子真有意思，于是便说：

“那你练一个我看看。”她就练了一遍。就这样祖父让她也开始学拳了。

姑姑上面有三位哥哥，但有两位哥哥都去世了，就剩下二哥，也就是我的父亲了。她跟父亲年龄相差21岁。父亲真的拿她当小妹妹，因姑姑比我的姐姐孙仲容小2岁，比姐姐孙叔容大4岁，父亲甚至于将姑姑当孩子一样惯着、宠着。姑姑非常聪明，祖父去升会、参加活动、观赏比赛时都会带着她。她从小就阅人无数，所以她也见识广博，见过大场面。随祖父去参加各种会议时，她都能静静地坐在那里等着，直到散会。

孙禄堂（59岁）和孙剑云（6岁）合影

祖父对姑姑从小就宠爱有加，对她生活与学习的安排都非常上心。除习武外，祖父还请了他的弟子吴心谷给她讲《诗经》，让她随高道天学书法专练魏碑，经常去方曼云老师处练习绘画。1934年，姑姑考入北平美华

孙禄堂先生及夫人张昭贤女士与女儿孙剑云合影（1933 年秋）

美术专科学校，师从周元亮学习仕女画、山水画。1937 年毕业时，她还在北京中山公园举办过画展，当时被誉为“北平四小名画家”之一。

孙剑云画的仕女图

姑姑的文武起点都很高，一是出身在武术世家，同时自己也是聪明过人，所以祖父就对她更加宠爱。姑姑没有受过任何限制，无拘无束，想学就学，不想学就不学，她经常按照自己的主张与想法而为，很自由，也非常快乐。

祖父自姑姑幼年即带她在身边，从她习武以后，更是不离祖父左右了。我姑姑什么活动都愿意参加，有时还跟着祖父去开会。她见多识广，遇到的事儿也多。

祖父在江苏国术馆担任教

务长、副馆长时，父亲也去了，因为父亲要替祖父教课。只要祖父有事出去，父亲就代理教学，代表祖父去处理教务方面的事情。那时，姑姑逐渐长大了，也随着去了江苏。

1930 年时，祖父让姑姑和父亲一起跟李景林学武当剑，李景林的孩子们也跟着祖父学习拳剑，大家互相学习，交流武技。1931 年，姑姑与童麟珠一道担任了国术馆女子班的班主任。虽说姑姑只有 17 岁，由于她见识广，聪明机智，气质超群，也非常幽默，教课按部就班地进行，深得大家的喜欢，当然更得祖父的喜欢。

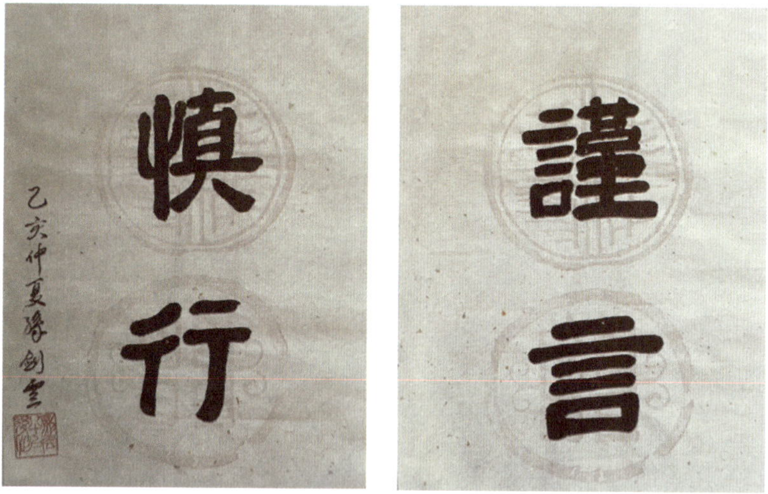

孙剑云书法

姑姑喜欢剑术，不仅继承了家传的八卦剑、太极剑、纯阳剑的技法，她还把李景林传下的武当剑精髓都学到了。1934 年，祖父的徒弟龚剑堂在华北与诸多国术名家观看姑姑表演的八卦拳、剑后，写诗赞曰：

禄翁艺高旷武林，而今唯有天上寻。
幸有孤女显真传，惊得众髯叹不群。
掌风杳渺幻似影，剑气莽苍漫如云。
荆卿若见悔献图，原来巾帼能灭秦。

1935 年出版的《国术周刊》中记载：

孙书庭女士，字贵男，河北完县人也，寄居北平，盖太极形意八卦大家孙师禄堂之女公子也，幼承家学，功兼文武，如正草隶篆，山水人物，书画无一不精，且嗜国剧，习老生颇似叙岩，尤精八卦，曾充镇江，江苏等，国术馆之女教授，拳艺得轻灵派之上乘，剑之更有独到之处，败其手下者，大有人在，凡江南一带，无人不知孙女士为剑术名家者，现年仅二十，在平读书习画，天津公学曾聘请为国术教授，因事未就，前来津在吴景濂宅，及龚剑堂寓，小住月余，余曾于龚君剑堂处，得瞻孙女士照像，则神气伟然，诚巾帼英雄，不愧为名师之后，龚君长次二女，及其幼子，皆拜孙女士胞兄存周门下习拳，复经孙女士时加指导，故行拳运步之神气，与众不同，盖龚君与孙女士，系师兄妹也，渊源所自，自非花拳秀腿者可与比伦也，孙女士玉照，第六期再行付刊云。

1931 年，姑姑跟着祖父回到北京。1937 年，姑姑由祖父的徒弟胡俭珍陪同，到外地去拜访其他师兄，并进行武术交流。在济南期间，她应师叔马耀南邀请前往拜访。马耀南见了姑姑以后激动得不得了，流着泪说道："看见你，我又想起了大师兄。禄堂大哥的武功高超，真称得上是前不见古人，今不见来者。你可千万别丢了咱们的拳。"

姑姑在济南停了些日子才继续南下，经河南，湖北武汉、宜昌进入四川。后来，姑姑到中国银行工作。此后，姑姑业余时间常被于右任请至家中，教授孙式太极拳。姑姑在重庆期间，与众位师兄进行技术交流，技艺日臻成熟。友人评价姑姑说："得乃父之神。"

抗战胜利了以后，她就跟着中国银行去了上海。因为单位让姑姑他们到东北去建新行，这样姑姑又去了东北。到了东北以后，姑姑生活上不太适应，自己想回去，跟单位提出能否调换工作地点，但被单位拒绝了。于是姑姑就离职回到了北京。

1957年，姑姑在师兄胡俭珍先生的协助下，出版了《孙式太极拳》白话横版本。当时此书对孙式太极拳的推广起到了很大的作用。

姑姑在北京时，没有其他人在身边，所以我弟弟孙宝亨经常过

孙剑云与师兄胡俭珍一起练拳

去看她。唐山大地震以前，弟弟学习、工作都在外地，很少在家里了。姑姑也指不上他，能够指上的只有姐姐孙叔容和孙季容。过节的时候，我们会给姑姑准备节日的礼物。我们遵照父亲的要求，非常孝敬姑姑。

到了1979年，北京市武术运动协会恢复了，姑姑被推举为北京市武术运动协会副主席。1983年，在祖父仙逝五十周年之际，姑姑以自己的影响力和努力，成立了北京市孙氏太极拳研究会，并当选为永久会长。翌年，在家乡河北省望都县东任家疃村修建了祖父的墓园，重新立了墓碑。

1985年，姑姑带着自己的徒弟刘树春出访日本。日本的媒体对姑姑的到访进行了全面的追踪报道。日本武术界尊祖父为“东方的武圣”“文武两道三大雄”，赞誉姑姑是“武圣之女”“中国当代武术大师”。

姑姑回国后不久，被中国武术院，也就是现在的国家武管中心，聘为特邀研究员。姑姑是当时唯一一位受聘该院特邀研究员的民间武术家。

这时候，姑姑在武术界的盛名已享誉海内外。登门求教者络绎不绝。但姑姑依旧教拳不收费，并严循传承，精益求精。姑姑也多次南下拜访健在的老师兄们，请他们对自己演示的孙式拳剑提意见。当年在天津拜在祖父门下的杨世垣，看完姑姑演示的拳剑后，感叹说：“让我又看了一遍老师的影子。”

1992年，在我的工作单位北京体育学院，也就是现在的北京体育大学，召开了全国太极拳推手研讨会。全国各派高手名家荟萃

1984 年孙剑云在孙禄堂先生逝世五十周年纪念会及新墓碑落成典礼仪式上

1984 年孙剑云在新墓碑落成典礼仪式上将修墓时出土的
孙禄堂生前使用的“龙泉剑”献给河北省武协

一堂，各显身手。会上，本次大会的组织者之一吴彬发现姑姑始终观而不语，就问姑姑："孙老师，您们孙式太极拳有推手吗？"姑姑本不想出头，一看被问到了就回答说："我们家的推手八法，名字跟诸位老师的一样，只是用法不同。我本人不会推手，看各位老师练得都很好，我也就是现学现卖，跟各位老师交流一下。"于是，姑姑与参会的一些太极拳名家进行了搭手试艺交流。大家见姑姑推手技艺精妙，功力浑厚，对这位年近八旬，还有如此身手的老人肃然起敬。《中华武术》杂志赞誉姑姑的推手功力"叹为观止"。

姑姑在 1992 年全国太极拳推手研讨会中推手交流的经历，让我想起了父亲有关推手的一段记载：

时有人谈起前人中如郝为真先生辈，在推手时能将人掷于无依靠之孤椅上，而人椅不倾，并称这种功夫自郝之后已无人能做到。孙存周说："不妨玩一玩。"于是在室中置一椅，四无依靠，孙存周分别与当中少壮支一峰、华春荣等推手，无论把椅子放他们身后和左右什么位置，孙存周都能将他们发落在椅子上而不倾翻。后来，在一旁观看的褚桂亭对孙存周说："如果把椅子放在你后面还行吗？"孙存周说："试试吧。"褚把周元龙推上去跟孙存周推手，结果孙存周把周元龙发落到自己身后的椅子上，人椅不倾。众人叹为神奇。

1995 年，国家体委举行全国"武林百杰"的评选活动。姑姑

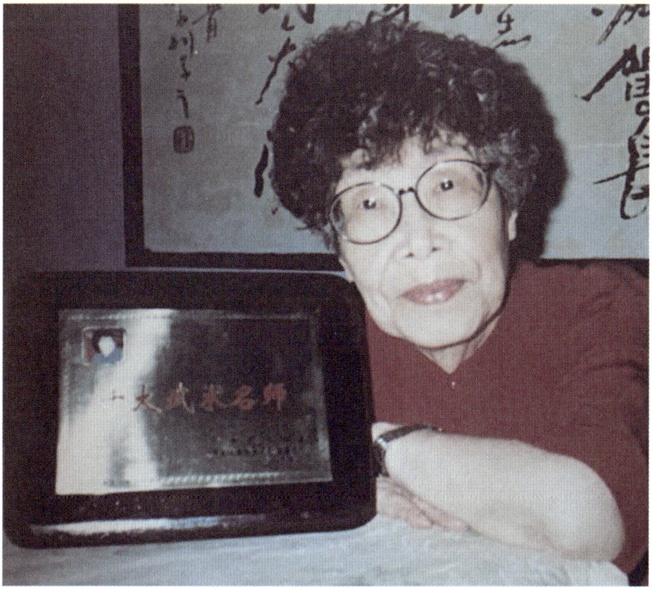

孙剑云当选为中国当代“十大武术名师”

不仅当选为“武林百杰”，还当选为杰中之杰的“十大武术名师”。之后，她又被永年国际太极拳联谊大会授予“特级太极拳大师”称号。

姑姑虽然得到了很多荣誉，但从不以名家自居，待人谦和而从容。她经常对来访者及拜师的人说：“我的功夫不及父亲的万分之一。你们来我这儿，是因为我们家的老人。我没有功夫，如果你们愿意，我们作为朋友相互研究。”

姑姑在1957年出版了《孙式太极拳》白话横版本。时隔39年，也就是1996年，她应山西科技出版社之约，编辑整理出版了《孙式太极拳、剑》一书。姑姑以84岁高龄，在弟子白普山等人的协助下，重新拍摄了拳照，整理了自己的习拳心得，极大满足了社会大众学习孙式太极拳的用书需求，受到了广泛的赞誉。

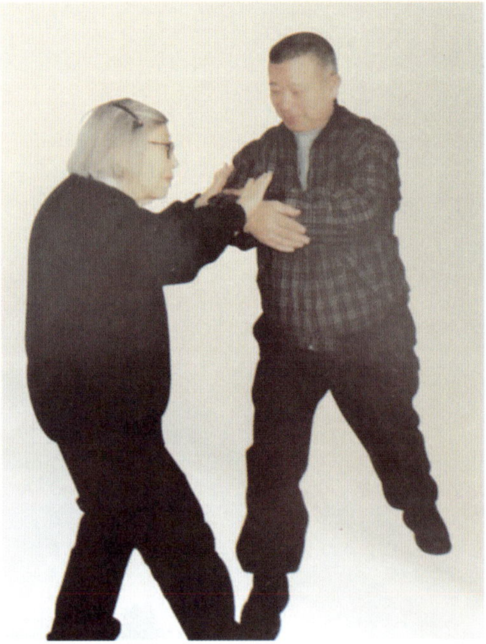

孙剑云和吴彬演练太极推手

2001年6月10日，姑姑在国内外的众弟子齐心协力集资在北京西郊的百亭公园，为祖父建立了铜像，以此纪念他在传统文化领域里的不朽贡献，彰显他在武学领域里取得的巨大成就。当时，国家历届武术界领导，包括徐才先生、张耀庭先生、李杰先生、吴彬先生及北京武术界各门派代表和孙氏武学的门人弟子共200余人，参加了铜像揭幕仪式。

孙剑云参加孙禄堂铜像揭幕典礼

姑姑自 1979 年到 2003 年，数下江南，几度出关，远赴广州、香港等地，甚至远赴日本，传播、普及孙式太极拳。在北京、沈阳、定兴、涿洲、沙河、望都、南京、镇江、淮阴、保定、太仓、香港等地先后成立了 12 个孙式拳研究会，在日本、美国、英国、瑞典等国家成立了孙式拳研究会。姑姑为孙禄堂武学文化的开展与传播做出了重要贡献。

姑姑单身几十年，晚年因没有子女，生活上不是很方便，主要靠二位侄孙女的轮流照看。2002 年，姑姑在弟子戴建英的建议下，住在保定市戴建英家一年多。

2003 年 10 月 2 日 12 点 10 分，姑姑孙剑云最终走完了她的人生旅途。

祖父的弟子，画梅名手刘如桐先生曾经赞誉姑姑孙剑云：“灿若繁星集万人视线，明如皎日放一代光辉。”

姑姑的弟子童旭东在文章中评价自己的恩师说：“孙剑云老师是个平凡的人，又是一个不平凡的人。平凡的是她也有平常人的七情六欲喜怒哀乐，不平凡的是她那铮铮傲骨和自强不息的精神。当人们问中国武术精神到底是什么的时候，孙剑云老师以其一生的凛然无畏、诚中形外、从容中道、自强不息、圆融中和，对这一精神作了生动的诠释，彰显出一种独立自在的人格气质。这是一种崇高的精神，是对中国武术精神内涵的显豁践行。”

姑姑为弘扬孙禄堂武学文化，一生历尽沧桑，呕心沥血，为孙禄堂武学的继承与发展做出了巨大贡献。

一生坚守
——为了把孙式拳学发扬光大

孙婉容自幼在家庭的熏陶之下，酷爱习武，并在父亲的指导下，步入武学殿堂。习武成为她一生的追求。作为孙氏武学及孙式太极拳的第三代传人，她勇挑传承重担。如今已九十多岁高龄的她依然孜孜不倦地传播武学、带徒授艺，可谓桃李满天下。

学拳：
习武逸事

1927年，我出生在北京的一个武术世家里，家庭条件较好，祖父、父亲都从事武术教学工作。1931年，祖父已过古稀之年，因“九一八事变”停课，被迫闭馆北上返回故里。父亲又返回上海工作。那时我大伯、三叔都已经去世，只有父亲还健在，是祖父的得力助手。父亲在上海、南京、杭州等地身兼数职，承担起养家糊口的重任。

我小的时候，母亲因受大伯母之请，并得祖母同意，陪其返回娘家河北完县。我们也暂时留在完县，一住就是八九年，当然有事时也会临时返回北京。我的童年时代是非常愉快的。

后来爆发了“七七事变”，当时我10岁。记得那时我们家五口人从河北完县逃难又回到北京，开始了我的北京生活，至今已80多年。

孙存周夫妇与女儿孙叔容、孙季容、孙婉容（右二），
幼子孙宝亨合影

大概在我15岁的时候，即1942年，父亲从上海回到北京，便开始教我正规的孙式拳法了。我在此之前只练习基本功，如立定摸高，跳绳，背掷，射箭等。

当时在家传武学方面有一个不成文的规定，就是想要学武，首先要自己酷爱习武，喜欢武术拳术，有很强烈的愿望想要去学习它，这样才能学好拳术。所以说在我们家里是很自由的，父亲看到我对孙式拳的热爱也就开始教我练拳了。我的家里就是这样，孩子喜欢学拳就教他，不喜欢练拳想学别的照样供他；并不必须是父传子，像皇上把皇位传给太子那样，不是这么一个概念。就像祖父认为我大爷是学武的材料，学得很棒，人也很聪明，但是大爷长大后不喜欢习拳了，祖父也不强迫他继续学。所以喜欢就做下去，不喜欢也绝不会勉强你去做，也不会逼着你去学，这就是我们家传武学的“公约”，是一个不成文的规定。对其他武术爱好者也是如此，不强迫人家来学我们孙式太极拳。

当时为了跟父亲学拳，我还保证不因学拳影响到学习和做家务劳动。不管学拳是多么地艰辛，我都会时常告诉自己，既然学拳是自己决定的事情就要坚持到底，不能三天打鱼，两天晒网。用现在的一句话讲就是：“人生贵在坚持！”

有了这样的机会，我觉得自己是非常幸运的。可以由父亲亲自口传身教，是一件幸福的事。在父亲的悉心指导下，我开始学习孙式太极拳了。在有了前期一些基础的情况下，父亲教我的第一个太极拳招式就是懒扎衣。他一个礼拜都不教我其他招式，只教我从太极拳中的无极到懒扎衣。父亲在教我的时候，也不会说太多的话，只是让我看他的动作，自己去感悟里面的动作要领。还记得我当时学习懒扎衣的时候问过父亲这个脚是怎么过去的，父亲当时理都不理我，只让我在一旁仔细观看，看着看着，我就发现懒扎衣的脚下动作是需要脚尖抬起，以脚跟为轴一个脚法动作。后来父亲跟我说：

“学拳，必须口传身教，先给你讲一下怎么练，你就跟着学，不用多话，只需要你细心地看，认真地做。”起初我并不能好好理解父亲对我说的这段话的含义，后来随着我跟父亲学拳的时间慢慢变长，我渐渐明白了其中的道理。

父亲在拳法上的要求是非常严格的。当时我和表姐还有父亲，在两间相通的不到30平方米的平房中练拳。我们三个人一起练拳，

孙存周教外甥女陈丽辉练散手

父亲在中间，表姐和我斜相对，她在南边，我就在北边面向南练拳。我们三人站好后开始练拳的时候，父亲会跟我们说："你们别管我，我躲你们，你们撞不上我。"他说完这句话，我就在想就这么大的地方，我们俩会撞不上你？于是我们就开始练拳，然后就真的是怎么练都撞不到父亲，父亲闪躲能力非常强、脚步非常快，不管我们练的什么招式、什么动作，我俩从来都撞不上父亲。现在看来，我还仍觉得这是一件非常神奇的事。

有一次，我和表姐犯坏，想了一个主意。表姐就说："今天难为一下姨夫，等练倒撵猴的时候，咱俩相对而站，正好错着，把姨夫挤在中间。"我说："好呀！"于是，我们俩做倒撵猴的时候想一准能挤住我父亲。但是在练习过程中，我俩还没反应过来，父亲就已躲开了。我们两个谁都不知道他是如何躲开的！我俩不甘心，就又挤了两回，但都没有成功。父亲当时什么都没说，等练完了才问我们俩刚才干什么来着。我和表姐相互一笑，说："什么也没干。"他说："早知道你们俩要干吗，感觉你们俩今天练拳不一样。"原来父亲早就已经感知到了。他平时不教课的时候都是非常和蔼的，在教课的时候非常严肃。他还说："练拳要有至诚之心，才能够有所前知。"正是因为父亲有至诚前知之心，我和表姐的这点小心思才被他早早感知到了，这也是父亲最厉害的地方。父亲的闪躲能力太厉害了，他曾在外面遭遇过几次暗算，但都以惊人的速度躲开危险之地并制服了对手。

天热时我们在院子里练拳，天冷时在屋子里练拳，但在院子里练拳的时候多一些，这就是我学拳的简单过程。正是因为我持之以恒、坚持不懈练拳，我得到了大家想得到而没有得到的机会，我也并没有因为练拳而影响自己的学业。我只是每天早起一点，晚上晚睡一点而已。

孙婉容拳照

日子就在按部就班的上学与每日辛苦的练拳中飞快度过了，直到 1947 年我考上北京师范大学成为一名老师，希望传承孙氏武学。届时尚未解放。

1951 年，我从北京师范大学毕业，8 月初分配到华北工委工作。1954 年 8 月调到中央体育学院（也就是现在的北京体育大学）工作，直到退休。

传播：
公益为先

我的家训是“只给予不索取，尊重别人”。我在做公益教学的时候，也秉持这样的原则。不管是普及还是提高，我都会认真地去教学员。有人对我说：“你总是不收费，我们怎么办？”我说：“这不影响你，如果大家有需求，你可以有偿教学。”我做的是公益教学，在推广中使孙式太极拳得到了弘扬、提升和发展。公益教学这个项目我一直都在做，已经坚持了40多年，累计教授学员近10万人次。多次接受电视台等新闻媒体的采访和报道。

我在北京体育大学负责训练、竞赛工作。每年我都要外出多次，工作之余，我都普及推广孙式太极拳。我每次出去，都能见到很多人。有一次去山西参加活动，参加者大都是体委的领导干部或竞赛训练的骨干，对我的家传孙氏武学都有很深的认识。他们认为孙式太极拳很适合广大群众学习，因为拳式没有容易受伤的动作，学起来心安。

祖父常说："民强则国强。"所以我也一直坚持在广大群众中普及、推广孙式太极拳。近几年来，我在北京体育大学综合体育馆前南广场上进行公益教学，教大家孙式太极拳。

我是从 1977 年开始做公益教学这个项目的。国家体委邀请我陪同相关人员到广西邕江武鸣县落实中国射箭运动训练基地的时候，我碰见了我的学生，他和广西的中学老师来当裁判。他们都知道我出生在武术世家，孙式太极拳是我的家传。他们说想跟我学孙式太极拳，我就答应了他们的请求。正是因为这么一个契机，我正式开始了公益教学。

2012 年 6 月 18 日，孙婉容社长为蒲阳拳社复社揭牌

2012 年 6 月 18 日，孙婉容社长与蒲阳拳社部分社员合影

近些年来，为响应国家全民健身的号召，我先后派教练进入机关单位、学校、社区街道等进行义务教学，很受欢迎。

2012 年，河北省顺平县里找到我，希望可以让蒲阳拳社复社。我便欣然接受了提议，承担起了责任，做了蒲阳拳社第二任社长。说来也巧，我是第三代孙式太极拳传承人，即便是接任也应该是第三代社长，可是父亲和姑姑他们没赶上机会。当时姑姑没有复社，而是成立了蒲阳拳社同学会，旨在宣传孙禄堂武学文化，也便于同门间的团结、沟通与交流。现在，大家都有这个需求了，我们就在这样一个情况下恢复了蒲阳拳社。当时姑姑与姐姐均已离世，所以蒲阳拳社的第二代社长的职务也就落到我的身上了。

蒲阳拳社自复社以来，得到了大家的关注与支持，组织了几次大型的活动，请了全国各地各个门派的代表人物来参与，收到了预期的效果。2020 年赶上新冠肺炎疫情，拳社暂停举办人员集中的大型活动。

带徒：
薪火相传

我在公益教学过程中，非常注重教学效果。大家学习的时候，我一直秉承着认真执教的理念，同时关注孙式太极拳传承人的培养。关于我的家庭传承，在我们家里，姑姑和姐姐孙叔容都比我大很多。她们两位分别为第二代、第三代的领军人物。姑姑在北京培养的百余名徒弟，分布在国内外。

1981 年孙叔容与姑姑孙剑云合影

姐姐孙叔容去了河南省开封市。该市素有“八朝古都”之称，

孙叔容在河南大学礼堂前教孙式太极拳

孕育了上承汉唐、下启明清，影响深远的“宋文化”，是具有深厚文化底蕴的城市。姐姐给这座城市带去了孙禄堂武学文化。姐姐在开封推广孙式太极拳时，有几千人跟她学习。姐姐也收了近50名徒弟，这些分布在国内外，对孙式太极拳的传播与传承发挥着重要的作用。

姐姐幼承家学，得到祖父、父亲教导，获益良多。她一生从事孙禄堂武学的挖掘、整理、传播和发展工作，并在诸多方面取得了突出成就。

1979年春，姐姐受聘为开封市武术协会顾问，置点在河南大学内传授孙式太极拳。1981年，她受姑姑之命，担任“日中友好武术学习访华团”形意拳教练，深得日本友人赞誉。1983年，姐姐受沈阳市孙式太极拳爱好者邀请前往指导，学者颇众；同年，她被聘为“北京市孙氏太极拳研究会”顾问。1988年，姐姐受聘为河南大学“特约拳师”；同年于河南大学体育系武术班教授孙式太极拳、形意拳。

1991 年 11 月，她创立“开封市孙氏拳研究会”并任会长。姐姐的弟子们曾多次参加省市级各类武术比赛，均取得了较好的成绩。

多年来，姐姐搜集整理祖父和父亲的武学资料，发表了《形意拳浅说》《八卦剑》《八卦拳今译》《孙式雪片刀》，2012 年编辑出版了《孙式太极剑》《孙式太极剑对练》由北京体育大学出版社出版，1992 年主编出版了《孙禄堂武学著作大全简注》由海燕出版社出版，在孙禄堂武学发展过程中起到了中兴的作用。

我的弟弟孙宝亨，幼承庭训，习练孙式太极拳、形意拳、八卦拳及剑术等。1957 年毕业于中国医科大学医疗系（本科）。从医及教学工作 40 余年。

弟弟曾在北京体育科学研究所从事运动医学的教学工作，多次参加国际运动医学研讨会，对提高运动员的体能做出了贡献，把运动医学的理念合理地融入传授孙式太极拳、剑中，使之更加老少咸宜。

孙宝亨拳照

孙婉容做客“北京体育大学体育科技大讲堂”

他与姐姐和我，编著《孙禄堂武学著作大全》简注、《孙禄堂武学著作大全》增订本、《孙式太极拳竞赛套路教与学》和《孙式太极剑》；并在《武魂》《武林》《体育与科技》等刊物上，发表过多篇有关拳术及运动的论文。

2004 年，孙宝亨任北京孙禄堂武学文化研究中心副理事长；2005 年，任北京孙禄堂武学文化发展中心第二任理事长。弟弟广泛教授后辈，依先人宗旨，无偿授艺，只要喜爱，皆给予指导，因人施教，现在初有所成者有子、女及门生等十余人。

我在义务教学的几十年中教过很多学生。不少人要求拜师，我都说不用，保持师生关系挺好，有的学生到现在都与我保持着师生关系。

在我的思想里，拜不拜师都是一样的，但他们说不一样，不拜师是老师教学生的关系，拜了师就是师父带徒弟了。关于拜师收徒这个问题，我觉得姑姑、姐姐她们都收了徒弟，我收不收都无所谓，有师徒传承就够了。所以当时我就没有收过徒弟。

姑姑在 2003 年去世了，姐姐在 2005 年也去世了，连我弟弟都走了，现在孙式太极拳的领军人物都走了，第三代传承人就只剩下我一个人。我觉得自己的责任更加重大，姑姑跟姐姐相继离世，孙式太极拳家庭承传及师徒关系的问题就显现出来了。那个时候我犹豫了很久，后来又加上出现了新生事物——孙式太极拳成为非物质文化遗产代表性项目，我也成为代表性传承人。师徒传承是非遗保护传承中的重要方式。在这种情况下，我当时已经是孙氏家族第三代习武的“老大”，责无旁贷，于是我在 2007 年开始收徒。

因为孙式太极拳传承的问题，我开始收徒。当时我觉得身为孙家的一员，就有责任、有义务宣传孙禄堂武学文化，我要是不去做传承工作，团结大家，共同发展与提升孙式太极拳，就对不起我的前辈们。我是孙式太极拳第三代的传承人，应该承担起来传承的任务，将祖父所留下的拳法招式传给后来人。为此，我不管自己的年龄，依然要竭尽全力为之。

孙婉容收徒情况

北京市

马如亮　田学明　孙丽君
康立萍　孙士杰　王爱声

河北省

石家庄：董克清
宁晋县：刘永芬
定兴县：李文启
望都县：安淑欣　贾玉英
　　　　刘丽琴　焦文萍

河南省

开封市：张新民　赵开生
　　　　吴玉良　张良才
濮阳市：岳耀明　多红杰
　　　　张文修　郭瑞卿
　　　　于运河　张志远
　　　　张莉萍　万红梅
　　　　史丽红

山东省

莱州市：邓鹏飞
烟台市：张寿基
青岛市：王　泉　綦典强
　　　　李艳秋
淄博市：徐连国　臧新元

江苏省

南京市：叶　兵　孙剑秀
　　　　张金华　高志峰
　　　　郭正香　戴美玲
　　　　汪美荣　裴怀红
　　　　王正柱　王恒进

安徽省

黄山市：胡希龙
亳州市：张超伟

贵州省

遵义市：曹　云

江西省

南昌市：蒋蕴华

甘肃省

兰州市：汪玉堂

吉林省

梅河口：孙利敏

广东省

深圳市：张孔娟　朱春立

海　外

韩　国：朴锺球

新家坡：洪添荣

我在公益教学的同时，还随着社会的需要，派徒弟、学生到各机关单位、学校以及基层社区等地，大力开展体育活动，并与全民健身运动结合起来。我们采取定时定点、走出去、网上教学等方式，有组织地开展义务教学，传播推广孙式太极拳。再就是师徒的学习，仍主要采用言传身教的方式，现在再加上网络的交流，起到很好的效果。

在家族传承过程中，我的三姐孙叔容曾是孙氏武学第三代领军人物，徒弟众多。姐姐的大部分徒弟跟我都很熟悉，有的尊称我师姑，有的尊称我为老姨，大家的关系都很好。

姐姐去世几年以后，她的三个徒弟岳耀明、马如亮、张新民想找我继续学习。姐姐在时，我们就很熟悉，并有往来。由于姐姐

孙叔容拳照

的介绍，我对他们比较了解。

他们说："您姐姐是我们的老师，您是老师的妹妹，姐姐老师，妹妹老师，都是我们的老师。虽然姐姐老师认真教我们，我们也认真学，但不幸，敬爱的姐姐老师离我们而去，就没有老师再教我们了，也就没办法更深入研究学习孙氏武学。我们愿从学于妹妹老师，继续学下去。"

我说："你们如此热爱孙氏武学，我很感动，谢谢你们对我的信任，姐姐老师的徒弟也是我的学生。你们要学我就教你们，但拜师就不用了。"

他们说："不能这样，我们总还是要有个仪式，时间不急，等您认为合适的时候。"他们坚决要求举行个拜师仪式，以示严肃郑重。一段时间后，他们三个正式行了拜师礼，递帖完成仪式。于是，姐姐的这三个徒弟就拜我为师了。

孙婉容教徒弟岳耀明练习三体式

我和他们有很多故事，先说岳耀明。濮阳市孙禄堂武学文化的全面开展，岳耀明功不可没。姐姐在世时就介绍他到我这里练拳。2005 年姐姐去世时，他已经到河南濮阳市工作了，也把孙氏武学带到了濮阳。我们之间经常通电话，他把到濮阳市的生活、工作、练拳等情况说给我听。后来他到北京向我学习，我建议他争取建立一个孙氏拳组织。没过多久，他就建立了濮阳市孙氏拳研究会，一下子打开了孙氏武学在濮阳市发展的局面。经过一段时间的发展壮大，他为我推荐了八个学生，他们中大部分人都是工作上的骨干，拳术已有一定水平。最后他们都成为我的入门弟子。我收的濮阳第一批徒弟中，年龄最长者是张文修，担任过濮阳市孙氏拳研究会的会长。在岳耀明的推荐下，多红杰、张志远、郭瑞卿等多人先后入门。濮阳市孙氏拳研究会会员不断发展壮大。后来国家规定了国家机关在职人员不能兼群众团体的职务。也就是说你可以练拳，但不可以兼任职务。所以包括岳耀明他们几位不再担任职务，暂时由我另外的徒弟郭瑞卿担任会长。因为他是经商开实业公司的，不是国家机关工作人员，不受此限制。郭瑞卿担任会长后，工作积极，热情认真，在自己的工厂里面建了训练场馆，悬挂我祖父和我父亲的巨幅

蒲阳拳社濮阳市分社、濮阳市孙氏拳培训中心揭牌仪式

濮阳市孙氏拳研究会首届武术表演赛

照片，还在训练馆内张贴了我祖父的太极拳全照，并发展自己工厂里的爱好者（大概 100 多人）练习孙式太极拳，号召力很强。在郭瑞卿的带领下，濮阳孙氏拳研究会的成果显著，先后成立了濮阳市孙氏拳培训中心、蒲阳拳社濮阳市分社。他们还走进了当地小学，义务教授孙式太极拳。

我徒弟万红梅，是濮阳市孙氏拳研究会秘书长、濮阳市特殊教育学校数学老师，是她把孙式太极拳带给这所特殊教育学校里特殊的学生们。濮阳市特殊教育学校是濮阳市教育局直属的一所集特殊教育、普通教育和特殊教育师资培训三位一体的全日制学校。万红梅带领学生们练习孙式太极拳，使这些特殊群体的孩子有了一个新的努力方向。正如万红梅所说：“孙式太极拳在这里有了用武之地。”2017 年“孙式太极”社团成立。这个社团对激发孩子们的积极性、提高学生上课的表现能力、锻炼学生的组织力和交际能力等诸多方面都有所帮助，为他们日后走向社会、适应社会打下基础。

濮阳市孙氏拳研究会的成员团结一致，共同推广孙式太极拳。他们建立了濮阳市孙氏拳公众号。在我徒弟于运河等人的努力下，公众号在宣传孙禄堂武学文化上有着较大的影响力。其中我徒弟史丽红的《丽红读经典》这个栏目办得比较突出，大众反响非常好。

我的徒弟张莉萍，是濮阳孙氏拳研究会副会长，她把孙式太极拳也带进了自己的家族企业中，在企业文化建设中起到了很好的效果。

濮阳市孙氏拳研究会的成员，还参加了很多比赛，都取得了很好的成绩。在他们的带动下，又有很多人加入进来，成为弘扬、推广孙式太极拳的生力军。他们做出了显著成绩，助力了全市武术文化的开展，影响很大。

马如亮从 1988 年就开始跟我姐姐练拳了，跟我姐姐的交往大约有 12 年。师徒关系比较好，姐姐信任他，他也为姐姐在武术刊物上发表过宣传孙禄堂武学文化的照片及资料。姐姐给我介绍过他。

姐姐那时会派学生到我这里来学孙式太极拳。她曾派过两个留学生还有马如亮到我这里来学拳。因此，我对马如亮的印象比较深。

马如亮习武师从多家，其中原中国刑警学院擒拿格斗高级教练李德玉也是他的师父。李德玉和我姐姐也熟悉，姐姐在东北沈阳教拳的时候，经马如亮介绍认识了李德玉。姐姐说李德玉人很好，对孙氏武学有着独到的见解。我在 2013 年 6 月 18 日邀请李德玉以嘉宾身份参加在河北省顺平县举办的“中国·顺平孙式太极拳高峰论坛暨纪念孙禄堂诞辰 153 周年、庆祝蒲阳拳社复社一周年活动”时，活动中见到了李德玉，真是一见如故。李德玉非常敬重我祖父，也喜欢练孙式太极拳。李德玉曾评价孙式太极拳是非常完美的拳。

2011 年 9 月，我主编出版了我祖父的原著《孙禄堂武学大全》，马如亮协助策划、编辑、印刷。这套书是用祖父的原版，经人工印制，因年代久远，工序繁杂，又是中华人民共和国成立后初探，所以比较珍贵。在 2012 年 6 月 18 日河北省顺平县举行蒲阳拳社复社仪式时，我赠送给来参会的全国各地孙氏武学的组织及研究会各一套，感谢他们为继承发扬孙禄堂武学文化所做的贡献。

蒲阳拳社复社后，在河北省顺平县举办过两次大型的活动。第一次是 2012 年 6 月 18 日，召开了蒲阳拳社复社大会。第二次是 2013 年 6 月 18 日，召开了“中国·顺平孙氏太极拳高峰论坛暨纪念孙禄堂诞辰 153 周年、庆祝蒲阳拳社复社一周年”活动。这两次大型活动中，全国各地来的孙门弟子及各界人士比较多，我都是让马如亮去协助顺平县副县长杨军华的工作。蒲阳拳社复社后，我每年都组织纪念活动。在 2013 年 6 月 18 日的活动中，马如亮以个人名义现场赠送给顺平县人民政府孙禄堂巨幅油画一幅，被顺平县人民政府收藏。

2016 年 5 月，由我主编、马如亮协助策划编辑的孙禄堂文武

孙禄堂画像揭幕

集系列丛书之《孙禄堂文武集》《孙存周武学集》《孙季容书画集》3 本书由中国发展出版社出版发行。

因工作需要，我于 2016 年 11 月聘请马如亮担任蒲阳拳社副社长。

2018 年 10 月 22 日，根据一代武学宗师孙禄堂的传奇一生所创作的话剧《武学宗师》正式建组。该剧是由北京市西城区文化委员会出品、北京市西城区第一文化馆创作承演的又一部“北京人家”

孙婉容与话剧《武学宗师》全体工作人员合影

系列原创话剧，并于2018年12月3日在天桥剧院首演。这是全国首部以孙式太极拳创始人孙禄堂为原型的艺术作品，又是全国首部以武术家为题材的原创舞台作品。该剧由北京人艺著名导演顾威与青年导演王翼共同执导，北京人艺创作室主任吴彤、青年编剧王甦执笔。创作过程中，吴彤多次与我交流，了解祖父的生活逸事并几易其稿。

孙婉容与弟子马如亮
于《武学宗师》演出现场合影

我是这部话剧的顾问。在建组之前的研讨会上，让我推荐本部话剧的武术指导时，我毫不犹豫地说："让我姑姑的徒弟、我的师弟童旭东和我的徒弟马如亮担任。"

马如亮没有辜负我对他的信任。最后他出色地完成任务，话剧演出圆满成功。本部话剧的导演王翼评价马如亮说："从戏剧来说，我们排什么戏都是采用如此流程和方法，但《武学宗师》例外之处在于我们对武术是门外汉，然而如果台上没有'武学'，则何谈'宗师'？因此如果没有您每日必到的付出，则没有这出戏，马老师您辛苦！”

马如亮现在工作忙，任务重，但他每天都会抽出时间练拳，现国内外授徒数十人，他们都是各行各业的精英骨干，都在为孙式太极拳的传播发展努力着。他无论工作多忙，我交给他的有关孙禄堂武学文化方面的工作，他都能完成。

马如亮正在组织翻译我祖父孙禄堂所著《太极拳学》的阿拉伯语、波斯语、土耳其语版的工作。我们都期待着这些书能早日出版发行。

我们也正在筹建孙禄堂太极拳学交流中心训练基地，旨在为国内外孙式太极拳的爱好者提供一个交流平台，以便更好地服务大众，使孙式太极拳得到更大的弘扬与发展。

孙婉容指导弟子张新民

开封市的张新民，是姐姐三个徒弟中年龄略大者，是河南大学保卫处退休干部，大学本科学历，国家武术七段，国家一级裁判，河南大学孙氏武学研究会会长，开封市孙氏拳研究会副会长兼秘书长，开封市传统文化教育研究会副会长。1988 年，他拜我姐姐为师，系统学习孙氏武学的三拳三剑，习武不辍。授徒数十人，他们在国家机关、教育系统和企业里工作，都在弘扬发展孙禄堂武学文化。张新民退休后，他个人及由他率领的团队参加国内外许多比赛都取得了很好的成绩。他曾到美国等国家和地区教授孙式太极拳剑。

2007 年 8 月由《中华武术》杂志和人民体育出版社联合举办的第二期太极拳名家讲堂在开封举行。我被聘为本次大讲堂的导师，讲授孙式太极拳。张新民等人也参加了这次活动。

2007 年 8 月第二期太极拳名家讲堂，孙婉容讲授孙式太极拳拳

《孙式太极拳剑》书封

2012年3月，我主编的中国太极拳传世经典《孙式太极拳剑》一书由北京体育大学出版社出版发行。书中的太极推手部分，我让濮阳市的岳耀明、多红杰两位徒弟来做示范动作，孙式太极拳竞赛套路及简化套路，我让张新民来做示范动作，以便他们今后更好地推广孙式太极拳。

我先后收徒60多人。他们来自北京、河北、河南、江苏、山东、辽宁、安徽、广东、江西、甘肃、贵州等国内多个省市，以及新加坡、韩国等国家和地区。部分弟子在各省市担任当地武术协会任职，为发展孙式太极拳贡献力量。据不完全统计，全国约有几百万人练习孙式太极拳，并且每年递增数万人。各地的徒弟们在大部分地区都成立了孙禄堂武学文化组织机构，为宣传孙式太极拳做出了很多贡献。

2017 年 6 月 18 日，我以蒲阳拳社社长的身份，确定北京学明艺术团为北京市首批蒲阳拳社北京孙式太极拳培训基地（一部），同时确定北京国人拳道功夫会馆为北京孙式太极拳培训基地（二部），并举行了授牌仪式。

2017 年 6 月 18 日，孙婉容授牌成立
北京孙式太极拳培训基地（一部、二部）

山东省莱州市于 2014 年 10 月 24 日成立了莱州市孙氏太极拳研究会，我的徒弟邓鹏飞任会长。该会于 2016 年 10 月 4 日承办了首届孙婉容老师弟子（莱州）联谊会。在山东省青岛市，我的徒弟綦典强、李艳秋负责蒲阳拳社青岛分社，我的徒弟王泉负责青岛孙氏武学研究会。他们于 2018 年 10 月 3 日承办了孙婉容老师弟子（青岛）联谊会。2019 年 4 月 20 日在安徽省黄山市，我的徒弟黄山太

2016 年 10 月 4 日，首届孙婉容老师弟子莱州联谊会

极书院院长胡希龙承办了孙婉容老师弟子（黄山）联谊会。在河南省，濮阳市成立了濮阳市孙氏拳研究会、濮阳市孙氏拳培训中心、蒲阳拳社濮阳市分社；开封市成立了河南大学孙氏武学研究会。此外，江苏省南京市成立了南京蒲阳拳社孙氏拳术研究会；韩国首尔成立了孙氏太极拳修习所；新加坡成立了新加坡孙氏内家拳研究会。

我在各地的徒弟们都积极筹办孙禄堂武学文化方面的组织，他们都在为更好地弘扬与发展孙式太极拳做着各自的努力。

孙式太极拳的受众群体是广泛的。我在传授孙式太极拳时，会根据不同的受众人群，采取不同教学模式和方法，使大家更快更好地掌握孙式太极拳。例如，我有个徒弟叫刘永芬，是河北省宁晋县农民。我刚接触她的时候，她身体健康状况不是很好。她家里人说她三天两头感冒，经常卧床，是个“心理”病号。她是通过友人介绍到我这里学拳的。我针对她的情况，有步骤地开展教学工作。她文化程度很低，但是很聪明，思想清纯、简略朴实。我刚开始给她讲道理，教她一些简单的动作，她能接受我的教导。我给她讲我祖父孙禄堂教农民徒弟齐公博练拳的经历，她很感兴趣，并说一定向齐公博先生学习，一定好好练拳。思想通了，练拳的劲也就大了。经过我一段时间的教导及她个人的坚持，她学会了孙式太极拳、剑。她家乡认识她的人，都说她好像换了一个人。她现身说法谈练拳的好处，很多人都纷纷向她学习孙式太极拳。现在她在她们县里也是孙式太极拳名人，带动了很多人练

孙婉容与弟子刘永芬

习孙式太极拳，她自己参加或带队参加全国各地的比赛，都取得了很好的成绩。她深深体悟到了练习孙式太极拳的益处，努力在当地推广孙式太极拳。

2020年新冠肺炎疫情发生后，我录制了很多孙式太极拳的简化套路，以供大家居家练习，同时也让我的徒弟录制孙式太极拳云手视频，共同参与“拨云见日中国泰吉” 世界各地太极云手大接力的活动。2020年2月20日，北京日报客户端与北京市文化和旅游局联合推出“抗击疫情北京非遗公开课”第三集，播出由我录制的孙式太极拳简化套路。

近些年，我累计出版13本书，现仍在编辑整理，准备出版孙禄堂家族篇系列之《孙禄堂文武集・基本功篇》《孙存周武学集・文稿篇》《孙剑云文武集》《孙叔容文武集》《孙婉容文武集》及标准版《孙式太极拳》等专辑。

兼容并蓄

——孙式太极拳的武学魅力

孙式太极拳是孙禄堂武学思想的集中体现，是在总结历代拳家实践经验的基础上，以形意、八卦、太极三拳为核心创新而成，深刻揭示了各拳在拳理上的内在联系。

孙式太极拳理论精深独到，深入浅出，便于学习者研读理解。近几十年来，在广泛积累孙式太极拳习练实践的基础上，传承人努力推动孙式太极拳和孙氏武学研究的不断深入。

融合：
三拳合一

孙禄堂拳照（《太极拳学》之左式手挥琵琶式图）

孙禄堂是在修习形意拳、八卦拳、太极拳已入化境的基础上，提炼出太极拳的普遍规律，融合了孙式形意、八卦两拳的精华，并以自己对太极拳独到的体会，在拳式名称上部分借鉴了武氏太极拳的名称，进行创编的。所以说，孙式太极拳最大的特点就是三拳合一。

孙禄堂一再强调，三派拳术形式不同，其理则一；

用法不同，其制人之中心而能于人者一也。三派之理皆是以虚无始，以虚无终，能与儒、释、道三家诚中、虚中、空中之妙理合而为一。

孙式太极拳的要求：无极而太极，有无不立，无为而无不为。以三体式为本体，避“三害”重“九要”，以“九要”做规矩。“三害”是指努气，拙力，挺胸提腹。“九要”是指：一要塌腰，二要扣胸，三要提，四要顶，五要裹，六要松，七要垂，八要缩，九要起钻落翻分明。

孙婉容与原中国武术协会主席李杰合影

要在顺中用逆，逆中行顺，内外合一，动静合一，做到天人合一，力求达到拳与道合的境界。

此外还要实现“空而不空，不空而空、感而遂通”以及“实中、虚中、变中”的技术理念和技击效果。孙式形意、八卦、太极三拳既互补自足，又相互贯通、互为基础。三者之同，在于其完备良知良能之统一功用；三者之分，意在相互启发其各自特性，以真正铸就融通百家之基。

孙式太极拳以儒（以《易经》为主）、道（以《道德经》、《丹经》为主）、医（以《黄帝内经》为主）三家学说为理论基础，以中和内劲理论（形而上）和动静合一理论（形而下）为核心，这是我们的观点，也就是说我们练了半天，要有“功”，这个功就是内劲，也就是说太极拳本身就是为修身而作。

孙式太极拳的拳式简约易学，形意拳更是如此，简约之式可以通拳术至妙之道，也很容易习练。拳中没有复杂的腾空、跺脚、震脚等动作，适合所有人习练，但练好还是需要时间的。孙式太极拳就是孙禄堂原著《太极拳学》九十八式。

2019 年 12 月 28 日，孙婉容荣获
“中国太极拳最具影响力人物”
终身成就奖奖杯

凝练：
深研武学

孙式太极拳不仅是中华武文化的里程碑，更是中华优秀传统文化中的瑰宝。略说三拳合一的特点，大致有以下几点。

1. “九要”规范身形。三拳的共同基础表现均以“九要”规范身形。通过“九要”以求阴阳互济、内外中和。

（1）塌。腰塌住劲，尾闾上提，阳气上升，督脉之理也。

（2）扣。开胸顺气，阴气下降，任脉之理也。

（3）提。谷道内提（提肛）也。

（4）顶。舌顶上腭，头顶（竖项），手顶也。

（5）裹。两肘往里裹劲，如两手心朝上托物时必往里裹劲。

（6）松。松开两肩如拉弓，不使膀尖外露也。

（7）垂。两手往外翻之时，两肘极力往下垂劲也。

（8）缩。两肩与两胯里根，极力往回缩劲也。

（9）起钻落翻。起为钻，落为翻，起为横，落为顺，如水之翻浪，是起落也。起钻是穿，落翻是打。起亦打，落亦打，打起落，如机轮之循环无间也。

另有八要说，指内力修为，即心定神宁，神宁心安，心安清净，清净无物，无物气行，气行绝象，绝象觉明，觉明则神气相通，万象归根也。

2. 以三体式为基础。孙式太极拳是以孙式无极式和孙式三体式为基础，两足要单重，不可双重，单重者非一足着地，一足悬起。练各形式时有双重之式，亦不离单重之重心，故三体式为万形之基础也。三体式之单重者，即得其中和之起点，故曰万变不离三体式。

3. 以劲力为统御，中和为宗旨。孙式太极拳、形意拳及八卦拳三拳皆以劲力为统御，中和为宗旨。道艺之用者，心中空空洞洞，心无其心，则心空也，身无其身，则身空也。所谓空而不空，不空而空，是为真空，乃至实至诚也。合乎蓄神养气之道。

4. 培养浑圆一气的球劲。孙式太极拳等三拳所培养的都是浑圆一气的球劲，三拳虽然劲力、形、性有所不同，但都符合动静合一、周身均匀、感而遂通的要求。

5. 以《易经》为指导。孙式太极拳包括三拳，皆以《易经》为指导，通融天理，具有体用不遗、修身育德之效。基于上述，可见太极拳、形意拳、八卦拳三拳合一之论，诚乃孙禄堂在武学领域内做出的巨大贡献。在所有的太极拳派中，孙式太极拳是创立得最晚的。一般来讲，先行者负开拓之艰、基础之重，后来者则集其大成，使之完善。孙式太极拳的出现是历史赋予的使命。自孙式太极拳出现后，三拳不再分家，习拳者多三拳兼习，但是许多人练习时是混合而不是融合，一人同时练某式形意拳，又练某式太极拳或又另练某式八卦拳，三者虽都是内家拳，但技术基础不同，未必能够完全合为一体。而孙式太极拳则不然，三拳套路外形不同，但其基础是一致的。所以孙式三拳能够完全融合为一体。

孙式太极拳在体现三拳合一方面，绝非是把形意拳、八卦拳的套路形式强加到太极拳中，是把其体用的精髓融合创新。这表现在以下几个方面。

1. 以形意拳三体式为基础。三体式为万形基础，两足要前虚后实，不俯不仰，“三害”莫犯，“九要”不失其理，手足动作合于规范，不失三体式之本体，练拳架势时，间有双重之形，但亦须有虚实之别。

2. 步法。进则前脚踩，后脚蹬，进步必跟，重心不过前脚掌，退则必撤，重心不过后脚跟。孙式太极拳又称活步太极拳，步法中以八卦拳等步法为用，如玉女穿梭式最为鲜明，其他如倒撵猴、进步搬拦捶、进步指裆捶等，其进、转、扣、摆等三拳已成一体，拳如行云流水，绵绵不断，所以练好孙式太极拳即可使步法轻灵。

开合手承接。开合手式是孙式太极拳独有的动作，也可称为该拳的标志性动作。由于其特点突出，因此孙式太极拳又被称“开合活步太极拳”。在整个套路中拳式多以开合为承接，全套拳式共九十八式，开合手共有二十六式之多，由此可见开合手在拳中之作用，习者不可忽视。

练习拳术，要求遂顺自然，以求恢复其虚灵之气，人自赋性含生以后，本藏有养生之元气，所谓中和之气是也，内外一气流转不

孙婉容演练开合手学

息，于是拳之开合动静即据此而生，放伸收缩之妙即由此气而来，开者为放为伸，合者为收为缩，开者为阳，合者为阴，开合象一气运阴阳，即太极一气也，以体言则为太极，以用言则为一气，时阳则阳，时阴则阴，时上则上，时下则下，阳而阴，月而阳，一气活活泼泼，有无不立，开合自然，皆在当中一点子运用，即太极是也，古人不能明示于人者，即此。实为开合动静相交处，司澈本原可得其妙用。在一开一合中，有吞有吐，动静合一，开手有挪、捋、探、例、肘、靠之用，合手有挤、按之用，包含了太极八法挪、捋、挤、按、探、换、肘、靠之用。

开合手，作为拳中动作转换的连接，有利于启发习者反复体会内在一气之规矩，这正是作者的独到之处。

进退步相随。步法灵活是孙式太极拳的又一大特点。孙式太极拳动作灵活、随顺、沉实，兼而有之，练时如行云流水，舒展自然，一气运行，在步法上吸收了形意拳、八卦拳的步法，进跟退撤。前进时，前脚迈进，后脚必跟；后退时，后脚撤步，前脚必随。整套拳中没有弓箭步和马步，圆顺、自然，要求以前进后退，步伐大小不移动重心为妙，求以动静合一，内气平稳。基于此，不要求习者架式高低，特别是体弱者，自适为宜，练功习武者必须注意规范，以掌握蓄势、移动以及气血运行的最佳时机，形成孙式太极拳步法的特点。

孙婉容演练无极学、太极学、懒扎衣学、开手学、合手学、单鞭学

孙式太极拳讲究进步必跟，退步必随，动作敏捷，圆活紧凑，一以贯之，一气流行。犹如行云流水，连绵不断，每左右转身以开合相接，其最本质的特点是将形意拳之内外合一和八卦拳之动静合一融蓄在太极拳的中和状态之中。走架时重心无上下起伏、无左右晃动的问题，通过活步使重心不断地在转换当中。

目前孙式太极拳有传统九十八式为主要演练套路。此外还有孙剑云先生的九十七式太极拳、竞赛七十三式太极拳、简化三十五式太极拳、孙式太极剑。

父亲曾说："太极拳学将来一定会被世人所接受，从而风靡世界。"现在他的预言已经实现了。

我牢记祖父提倡的"国术统一、拳与道合"的武学思想，努力为孙式太极拳的传承与发展贡献自己的全部力量。

附录一

孙式太极拳传承谱系

创始人

孙禄堂（1860—1933）

孙式太极拳创始人，中国近代著名武术家，有人称其“天下第一手”“虎头少保”“武圣”。创始人孙禄堂传次子孙存周、女儿孙剑云。

第二代传承人

孙存周（1893—1963）

孙式太极拳创始人孙禄堂的次子，孙式太极拳第二代继承人。孙存周传女儿孙叔容、孙季容、孙婉容，儿子孙宝亨。

孙剑云（1914—2003）

孙禄堂之女，孙存周之妹，孙式太极拳第二代传承人。

第三代传承人

孙叔容（1918—2005）

孙式太极拳创始人孙禄堂之嫡孙女，孙存周之女，是孙式太极拳第三代领军人物。孙叔容先生传女儿孙明、孙昭，及中外弟子数百人。

孙婉容（1927 年至今）

孙式太极拳创始人孙禄堂之嫡孙女，孙存周先生之小女，蒲阳拳社社长，原北京体育大学副教授，是现今孙式太极拳第三代领军人物。孙式太极拳北京市级非物质文化遗产项目代表性传承人。传女儿时小雪、时小冰，及中外弟子数十人。

孙宝亨（1933—2014）

孙式太极拳创始人孙禄堂之嫡孙，孙存周先生之幼子，孙式太极拳北京市西城区级非物质文化遗产项目代表性传承人。传子孙愚、孙愬、女儿孙怡及弟子十数人。

附录二

孙婉容非遗传承经历

◎ **1942 年左右**

正式跟随父亲孙存周学习孙式太极拳。

◎ **1977 年**

开始孙式太极拳公益教学。

◎ **20 世纪 70 年代末 80 年代初**

开始正式授拳。

◎ **1990 年夏**

应北京体育大学音像出版社邀请，与姐姐孙叔容、弟弟孙宝亨一起给中央体育台录制了传统孙式太极拳，孙式太极拳简化套路及竞赛套路。

◎ **2007 年 8 月**

参加《中华武术》杂志和人民体育出版社联合举办的第二期太极拳名家讲堂，讲授关于孙禄堂武学文化、孙式太极拳的课程。

◎ **2010 年 4 月 6 日**

走进 FM106.6 文艺之声《从文化开始》，讲述孙式太极拳。

◎ **2011 年 9 月 11 日**

作为主编，用原版恢复、整理、印制了孙禄堂的五本著作《孙禄堂武学大全》，向全国各地孙式太极拳研究会、有关图书馆无偿赠送。

◎ **2012 年 3 月**

主编的中国太极拳传承经典系列书《孙式太极拳剑》，由北京体育大学出版社出版发行。

◎ **2012 年 6 月 18 日**

蒲阳拳社复社，任社长。

◎ **2013 年 6 月 18 日**

参加在河北省顺平县举行的孙式太极拳高峰论坛。

◎ **2014 年 10 月 26 日**

参加山东莱州孙式太极拳研究会揭牌成立仪式。

◎ **2014 年 12 月 10 日**

参加北京市西城区非物质文化遗产保护中心、西城区第一图书馆主办的活动，专题讲授：孙禄堂与孙式太极拳。

◎ **2015 年**

在宋庆龄故居海棠文化节上开展“孙式太极拳”主题活动。

◎ **2016 年 1 月 1 日**

主编的《孙禄堂武学集注》由北京科学技术出版社出版发行。

◎ **2016 年 5 月**

主编的《孙禄堂文武集》《孙存周武学集》《孙季容书画集》由中国发展出版社出版发行。

◎ **2016 年 10 月 4 日**

召开首届孙婉容老师弟子（莱州）联谊会。

◎ **2016 年 12 月 26 日**

做客“北京体育大学体育科技大讲堂”公开课，主题是孙禄堂武学文化，孙式太极拳。

◎ **2017 年 6 月 18 日**

以蒲阳拳社社长的身份，确定北京学明艺术团为蒲阳拳社北京市孙式太极拳培训基地（一部），同时确定北京国人拳道功夫会馆为北京市孙式太极拳培训基地（二部）。

◎ **2017 年 6 月 22 日**

参加“太极·北京”北京国际健身交流大会，讲授了孙式太极拳，并且会见了日本、韩国、斯里兰卡等多国孙式太极拳的习练者。

◎ **2017 年 12 月 19 日**

应邀参加北京电视台主办的《太庙国学讲坛》节目录制。

◎ **2018 年 4 月**

参加河北电视台《大道太极》的录制。

◎ **2018年10月3日**

参加孙婉容老师弟子（青岛）联谊会。

◎ **2018年11月26日**

应北京交通电台《徐徐道来话北京》栏目的邀请，为听众讲述孙禄堂及孙式太极拳的故事。

◎ **2018年12月3日**

以孙婉容为顾问、孙禄堂为原型创作的《武学宗师》在天桥剧场隆重上演。

◎ **2019年3月31日**

参加“全国卫生产业企业管理协会武术与健康分会成立大会暨武术科学与亚健康论坛”。

◎ **2019年4月20日**

参加在安徽省黄山市召开的孙婉容老师弟子（黄山）联谊会。

◎ **2019年5月18日**

参加孙式太极拳博物馆开幕仪式。

◎ **2019年11月2日**

应邀参加在北京央视基地星光影视园举行的《中华武术健康大会》，讲解并示范孙式太极拳。

◎ **2019 年 12 月 28 日**

荣获中国体育报业总社《中华武术》杂志颁发的“中国太极拳最具影响力人物”终身成就奖。

◎ **2020 年 2 月 20 日**

在抗击新冠肺炎疫情的过程中，录制孙式太极拳的简化套路，便于广大爱好者居家练习。在北京日报客户端与北京市文化和旅游局联合推出的“抗击疫情北京非遗公开课”第三集中播出。

◎ **2020 年 3 月 27 日**

应北京城市广播电台访谈节目“城市文化范”的邀请，讲述孙式太极拳的历史传承、文化和哲理。

◎ **2020 年 10 月**

接受北京旅游杂志主办的《旅游》杂志的采访，介绍孙禄堂武学文化。

后记

在孙式太极拳的发展过程中，传人们始终践行孙禄堂先生提倡的“国术统一，拳与道合”的武学思想，坚持“民强则国强”的习武初衷，使孙式太极拳随时代的发展而不断发扬光大。

在采访中，我们感到孙式太极拳之所以会被大家接受并喜欢，是因为它本身可以培养浩然之气，招式简约易练，危险性小，科学性、观赏性、实用性强，没有太多高难度的技巧。

为了扩大孙式太极拳的社会影响力，传承人一直坚持义务教学，面向大众普及推广。如今国内外学习孙式太极拳的人不断增加，使中华武学不断深入人心。这是孙式太极拳最为突出的现实意义。

目前，传播孙式太极拳多采取定点教学的方式。随着互联网的发展，网上交流的方式将逐渐显出独特的优势。孙式太极拳的传承与弘扬任重而道远。

北京非遗

北京非物质文化遗产传承人口述史

北京非物质文化遗产保护中心主编

郑福来 口述 / 王苗苗 整理

卢沟桥传说
郑福来

中国戏剧出版社
CHINA THEATRE PRESS

目录
CONTENTS

项目简介

卢沟桥的传说历史悠久，代代相传。

卢沟桥始建于公元1187年，公元1444年重修时增加了桥栏柱头石狮，公元1640年在桥东侧增建了肥城。在修建、重建和增建的过程中，民间流传开许多关于卢沟桥的传说故事，被百姓津津乐道。1937年“卢沟桥事变”爆发，中国抗日军队在此打响全面抗战的第一枪，更是让这座古桥成为中华民族抗击外来侵略、捍卫国家主权和民族尊严的历史见证。

伴随着卢沟桥八百多年的历史，有关的故事传说越来越多，内容也越来越丰富，主要有赞誉传统建桥智慧与民族审美的；表现

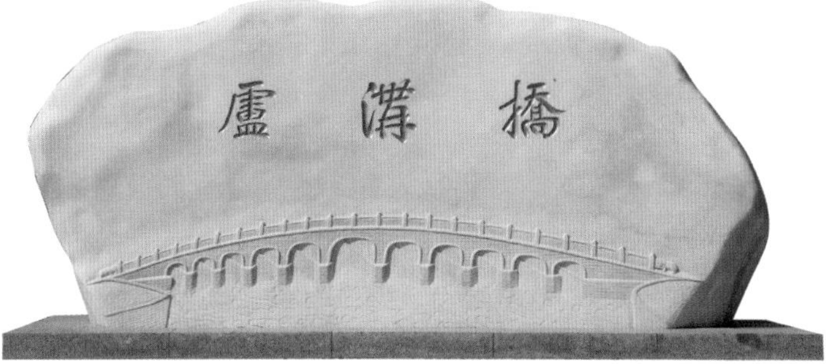

百姓勤劳善良，寄托人们对生活美好愿望的；宣扬惩恶扬善、忠勇爱国的；等等。这些传说故事成为京西民间口头文学的一座宝库，具有极强的生命力和宝贵的历史研究价值、文学艺术价值和社会教育价值。

卢沟桥的传说从辽代至今具有较大的历史跨度，其内容经过一代代百姓的创造与加工，得到不断丰富，并经过口耳相传的方式流传至今，具有扎实的群众基础。同时，这些卢沟桥的传说故事在流传的过程中，也逐渐成为诗词、民谣、小说、戏剧等多种文艺形式的题材，经过不断的艺术加工而广为人知。

卢沟桥的传说以京西永定河流域为核心，流传到全国；而且因为其所承载的民族精神和体现的民族气节，远播东南亚各国家以及世界华人聚居区，具有广泛的社会影响力。

传承人简介

六十八年坚持在卢沟桥畔义务讲解。

郑福来，男，出生于1931年，北京市丰台区宛平城地区办事处原副调研员，曾任新中国卢沟桥镇首任镇长，是“七七事变”历史的亲历者。多年来，他一直在卢沟桥为游客和参观者义务讲述卢沟桥的传说故事和抗战历史，是“卢沟桥传说”北京市级非物质文化遗产项目代表性传承人。

自1949年3月参加工作起直至退休的几十年间，郑福来始终在卢沟桥周边工作。如刚一参加工作，他即任卢沟桥镇民政委员兼公安委员；1952年，当选为新中国成立后第一任卢沟桥镇镇长，并兼任卢沟桥村党支部

郑福来在卢沟桥上讲述卢沟桥传说

书记；1983 年，调任丰台区人民政府修复宛平城办公室，任常务副主任；1986 年，调任丰台区人民政府宛平城地区办事处，直至 1995 年退休。

郑福来因为生于此、长于此并长期在此工作，与卢沟桥有着深厚而朴素的感情。正是在这个过程中，他了解到许多关于卢沟桥的故事和传说，并且烂熟于胸。在工作中，他经常给来访者介绍和讲解卢沟桥的历史过往；退休之后更是经常来到卢沟桥和宛平城，为游客和来宾义务讲解，至今已坚持了近 30 年。2008 年，他被卢沟桥文化旅游区办事处聘请为卢沟桥历史博物馆顾问。2015 年，他被认定为第四批北京市级非物质文化遗产项目代表性传承人；同年，被中宣部授予“时代楷模”荣誉称号，被评为年度十大“北京榜样”、北京市“学习之星”。因为常年坚持义务讲述卢沟桥传说，并开展大量的相关资料收集整理工作和带徒传授工作，他于 2017 年获得 2015—2016 年度“首都精神文明建设奖”，并于 2019 年被授予“全国离退休干部先进个人”称号。

故事人生

——一座桥一生缘

郑福来生在此，长在此，在这里工作了一辈子，直到晚年他依然守在这座名扬四海的古桥旁。人的一生与这桥的历史相比，实在是短暂。

世世代代生活在这座桥两边的人们，用自己的智慧把他们的过往经历、对生活的希望以及心中的好恶，编成传说故事讲与后人听。如今这些传说依然在百姓间口耳相传，与这座桥长久相伴。郑福来便是其中爱讲卢沟桥传说故事的一位可敬的老人。

寻源：
苦难岁月立初心

1931 年，我生于卢沟桥畔，现住在卢沟桥的桥西街，从我家走到卢沟桥上也就 200 米左右的距离。我这一辈子，从出生、长大到工作，以至于退休之后的晚年生活，都几乎没有离开过卢沟桥这块地方。连我都数不清从这桥上走过多少次，从旁边的宛平城穿多少回。

因为我是非遗项目“卢沟桥传说”的代表性传承人，网上有新闻报道说我是卢沟桥上的“网红”，我这个马上要 90 岁的人能成为年轻人心目中的“网红”，还是挺开心的。算到 2020 年，我在卢沟桥上已经义务讲了 68 年的故事和传说，尽我所能地给大家讲述卢沟桥建筑的魅力和蕴含在其中的民族智慧、蕴含于其间的中华文化和传统美德，以及与卢沟桥相关的抗战历史。只要我还能讲得动，我就会把卢沟桥传说，特别是与之有关的抗战历史一直讲下去，这也是我作为“卢沟桥传说”非物质文化遗产项目代表性传承人应尽的义务。

老话常说：“水有源，树有根，爱恨有因。”我自幼爱听故事，钦佩那些侠肝义胆、杀富济贫、惩恶扬善的英雄；憎恨那些为富不仁、仗势欺人、鱼肉乡里的恶霸。我小时候听到的卢沟桥的传说，

郑福来在卢沟桥上向游客讲解卢沟桥历史

无论是人们臆想出的神话故事，还是以史实为背景的发挥，或者直接就是对真人真事的叙述，无不是爱恨分明。我会把那些听来的故事牢牢记在脑子里，一有机会就讲给身边的小伙伴们听。他们也很愿意听我讲。事实上，大家的聆听给了我更大的鼓励和勇气。

在我六岁那年，震惊中外的卢沟桥事变发生了。我用一个孩子充满稚气的双眼见证了卢沟桥所经历的那场战火磨难。我亲眼看见了日本侵略者在永定河畔、卢沟桥前烧杀抢夺、残害我同胞的种种罪行。总会有人问我，当时您那么小能记得住这些吗？还会有人问我，您这么大岁数还能记得清那些事儿吗？我会非常肯定地告诉他们，那些记忆一直深深地烙印在我的脑海、扎根在我的心里，与我的生命共存，是不可能抹去和忘记的。因为那不是从别人那里听来的故事，而是我亲眼所见的事实。

我清楚地记得那一年，奶奶让母亲带着我和妹妹回河北保定娘家避难。进入了当时的保定政府军驻地，日本人是不敢杀进来的，但是天上日本人的飞机轰炸却连续不停。供我们避难的院子里已经人满为患，我们的生活条件非常艰苦，喝的是在房檐下接的雨水，吃的是烙得半生不熟的干饼。

我们的粮食十分匮乏，我成天盼着舅舅来送粮，最后实在没法儿再住下去，妈妈只好决定再次冒险返回北京卢沟桥旁的家里。在回家的路上，我见到尸横遍野的那种恐怖场面、听到伤者无助的悲惨哀号，对年幼的我来说如同恶梦一般，成了终生抹不掉的记忆。我清晰地记得，儿时经常和我玩耍的一个小伙伴，就是被日本侵略者的炮火炸伤后不治身亡的。

我们好不容易回到家，看到家里的房子塌了，我父亲也不知去向。母亲只好带我们搬到附近的耶稣堂暂住。经过几番打听，才从伯母的娘家那儿得知我父亲住在舅姨家。但终归在亲戚家久住不是个办法，于是我父亲也搬到耶稣堂和我们一起住。我家的房屋被炮弹轰炸后，我们一时无力维修，于是在耶稣堂一住就是好几年，等七拼八凑地修好房子之后我们一家才搬回去暂时安顿下来。现在那耶稣堂已经拆了，但旧时的院子还在，日本侵略军曾经驻扎过的庙也还在。我们现在这村子是新中国成立后盖的，全是新房，没有旧屋。

七七事变之后，卢沟桥周遭的气氛十分紧张，眼中的景象破败不堪，有很多人死在日军的刺刀下，妻离子散、家破人亡的不计其数。还有很多妇女被日本兵欺辱后含恨而死，更有很多人因没有粮食吃而被活活饿死。那段朝不保夕、苦难缠身的日子，对我来说刻骨铭心、没齿难忘。

在七七事变之前，把居住在卢沟桥东、西两侧的人口都算进去，大约有 1000 多户人家。因为卢沟桥是南来北往的客商进出北京的交通要道，过往行人络绎不绝，所以在这里做买卖、开店铺的特别多，在当时就算得上很繁华了。一些卖苦力的、没饭吃的人以及流浪在外没地方住的人聚在这里讨生活，经常在这儿帮往来客商拉车、喂马、遛马等，特别当下雨道路泥泞、下雪路滑不好走时，就替车主垫道。可打起仗来了，卢沟桥街面被糟蹋得破烂不堪，环境特别差，客商少了，这些人的活路也就断了。

郑福来讲解卢沟桥的抗战历史

因为永定河是沙石地，种不出什么东西，粮食打不了几斗，所以这里的百姓大多是穷苦人家，就靠养骆驼拉车运一些西山种的杏或桃之类的水果到城里贩卖来养家糊口。日本人占领这儿以后，实施了所谓的“强化治安”，大搞经济封锁，不让百姓外出，而且对

郑福来在卢沟桥上讲述传说故事

粮食、布匹、棉花、纸等民生物资进行严格管控，甚至连点灯的煤油、火柴，遇检查站都要严加检查。

日本侵略者搞经济封锁后，老百姓日子更苦了，没有粮食吃，只能吃日本人提供的“共和面”。什么是“共和面”呢？这“共和面”是日本人给起的一个好听的名字，就是将发霉的陈粮、糠、麸、榨油剩下的豆渣等一些东西掺和在一起，算不上真正意义上的粮食。就连这样的东西，老百姓都不能敞开买，还得排大队才能买得上。老百姓吃完“共和面”就拉肚子。这掺有老鼠屎的“共和面”是啥滋味？如同我小时候，吃过的馊饭。有一年，稻子收割后，恰遇连阴雨。在没有烘干机的年代，没法晾晒，家家的谷子都发了芽，变得又黑又臭，卖不出去。辛苦一年，农民舍不得扔，只好下锅自己吃，那味道臭不可当。当年的“共和面”吃起来，就是那滋味。

再说说野菜。例如苋苋菜，这是北京人的一种叫法，也叫野苋菜，具有清热解毒和利尿的功效。老百姓常用它治痢疾、腹泻、蚊虫叮咬等。像这样能吃的、有药用价值的野菜，全都被日本人给抢走了。没多久，能吃的野菜都被吃光了，树叶也吃光了，连被风刮到河里的菜叶子、菜帮子，也都被人捞起来掺杂到“共和面”里一起吃了。

那时候，病死的或饿死的人相当多。人们出门经常遇见“倒卧”。“倒卧”是北京话，人们把因饥饿、寒冷而昏倒或死在街头的人叫作“倒卧”。那时候亭子里、庙门口、路旁、树林里，到处都有“倒卧”。我和母亲摘树叶时，经常摘着摘着就会见到一个“倒卧”。那时我虽然年纪还小，但见多了也不觉得害怕了。新中国成立后，老百姓常说新旧社会两重天，“倒卧”一词也就消失了。

日本人占领卢沟桥后，在宛平城中开办收容所，美其名曰“做慈善”，实际上是一个“只准进不准出”的杀人地狱。当时有歌谣是这么唱的:“粥厂好比鬼门关，进去容易出来难;进去皮包骨头瘦，出来白骨扔沙滩。”卢沟桥沦陷的8年中，据估算仅在1941年就饿死了三四百人。日本人最怕的就是八路军。为了切断沦陷区老百姓和解放区八路军之间的联系，他们搞强化治安、经济封锁，给百姓带来了巨大的灾难。

那会儿，有一次几个村民在河边打鱼，日本人一听密报是八路军就立即开着车，带着狼狗过来抓人。7个村民打鱼，有6个被抓走了，其中还有的人被狼狗咬伤了筋；当时有个年轻人极力反抗，虽然最后被保释出来，但被折磨得没过几天就死了，最后他的媳妇改嫁了，他的小孩成了孤儿。还有一个老头在河滩里撸柴火，住在附近庙里的日本兵，刚刚领了新枪要试试，便把那老头当活靶子给打死了。童年时我有个小伙伴叫四春，肚皮被炮弹炸伤，抢救不过来，也死了。当年国民党挖战壕时，挖出过很多被日本侵略军杀害并掩埋的百姓尸体骨头，惨不忍睹。

中华儿女要树民族正气，

立壮志强国。

自强，自强！

决不再受欺侮！

郑福来

1984.7.7.

新中国成立后，卢沟桥附近有个收容所，我去造访过看管收容所的一个叫范财的老人。我问他：“老大爷，在旧社会你抬过多少死人？”范大爷说：“有 300 人不止！就用那个穿心杠抬。”我问他穿心杠是什么。他告诉我：“就是用一根木杠，前后各绑一个圈，把死人的头和腿分别穿到前后的圈里，杠子一兜抬着就走了，拉到宛平城墙北边扑通一丢，就没人管了。

20 世纪三四十年代，卢沟桥经历了战争炮火的洗礼，记录了永定河两岸人民的苦难生活，成为中国人民不屈不挠、奋起抗争的见证。身为七七事变的亲历者，我与卢沟桥共同经历了那段苦难的

岁月。这些往事，如今的人听起来叫“故事”，可对于我而言却是血淋淋的经历，就发生在自己的眼前。

卢沟桥，在我的眼里不仅是一座有历史的石桥，不仅是“卢沟晓月”的赏景地，它还是那段苦难历史，以及如今我们民族复兴的最好见证。为了不让后人忘记卢沟桥上曾经的过往，我特别想把这些真实往事讲给年轻人听。过去在工作岗位上我时常讲，退休后我更有时间去讲了。如今我已经退休快 30 年了，我也为大家又讲了近 30 年，算是发挥余热吧。

讲述：
六十八载说卢沟

中华人民共和国成立前，我们全家七八口人都是依靠伯父做些小生意、父亲打短工卖苦力，饥一顿饱一顿地维持着生活。后来，我们家开始租种别人的 18 亩地。天旱不下雨时，父亲就急得吃不下饭；雨水多时，山水冲下来淹到地里，他更是寝食难安，脾气也会变得很坏。其实，他的心情全家老少都明白，他也是为全家的活路着急上火。即便生活压力很大，父亲还会在闲暇时给我们兄妹俩讲故事，哄我们开心。我有很多故事和关于卢沟桥的传说是听父亲讲的。

我的父亲是一个很要强的人。他安分守己，正直善良，性情直爽。他敢和横行霸道的日伪人员打架；国民党兵让他带路，他敢顶着不去，枪口对准他，他也一点不畏惧。在 1948 年底，卢沟桥地区刚解放，准备南下的解放军在我家住了一个班。这段日子里，解放军的一言

郑福来在卢沟桥上

一行，我父亲都看在眼里、记在心上。他说："共产党领导下的军队好，不管是哪个朝代的兵都比不了。" 后来，父亲给我们讲了这样一个小故事：

那么冷的天，我主动给住在咱家的解放军战士们烧热炕、蒸白薯，但是他们总是笑着推辞不吃。于是我就硬是将白薯塞到他们手上。后来连长和指导员来班里检查工作时看到了战士手里的白薯，严厉批评了他们。

我就脸红脖子粗地冲着他们俩大声说："你们光知道让他们（战士）给我扫院子、挑水、干活，我让他们吃块白薯都不让吃，你们天天唱的歌是怎么唱的，什么八路军和老百姓是一家人啦！老百姓是养鱼的水，八路军是水里的鱼啦！老百姓没路走，八路军是开路的人啦！这白薯你们要不让他们吃，立马从我家搬出去！"

我闹得连长和指导员你看看我，我看看你。还是指导员先说了话："大爷，我们解放军不拿群众一针一线，不能随便吃老百姓的东西，这是我们共产党军队的纪律。"

我就急赤白脸地说："我从心眼里愿意让你们吃，今天你们二位领导也得吃。"这时暂住在家里的一位小战士帮了腔："我们吃大爷的白薯，大爷吃我们的高粱米饭！"就这样，小战士给解了围。

这个故事与父亲以前讲给我们听的都不一样，话里话外都充满了真情实感。解放军南下的时候，父亲他老人家流下了眼泪，虽然只是很短时间的相处，却留下了深厚的军民鱼水情。

我从1949年3月参加工作到1995年5月退休，整整47年。当年父亲故事中指导员的一番话始终令我记忆犹新，同时也启发了我日后自己要多讲一些这样充满真情、反映新貌的故事。就是从那个故事开始，我注意收集整理发生在卢沟桥边的新人新事，讲给同事、家人、朋友和到我们这里进行工作交流的人们听。

郑福来在卢沟桥上讲解卢沟桥历史

1949年初，建立了人民新政权——卢沟桥镇人民政府。那一年我18岁，当了干部、入了党，组织上教育我要全心全意为卢沟桥地区的群众服务，时刻把党和群众的利益放在第一位，当好人民的勤务员，关心群众的生产和生活，广泛联系群众，成为群众的贴心人。组织上还教育我要时刻注意维护党在群众中的形象。学习了这些道理后，我琢磨着如何落实在行动上，如何向群众宣传。思来想去，我觉得给大家讲述发生在卢沟桥附近的这些故事，特别是自己的亲身经历，就是一种很好的方式。

在我刚参加工作不久，老领导要调任别处，在临走之前特地安排了三天对卢沟桥当地的风土人情和历史文化进行调研学习。我跟着领导走访了很多卢沟桥附近的老住户，听他们讲述卢沟桥当地的故事。借着这次机会我又学习和了解到很多有关卢沟桥的传说。这一次调研学习让我搜集和整理出许多以前没有听过的卢沟桥传说和抗战故事，可谓是收获颇丰，更为主要的是使我掌握了大量的一手素材。

没过多久，组织上委派我以卢沟桥镇政府民政委员、治安委员的身份，带领卢沟桥镇的群众代表去天安门参加中华人民共和国开国大典。得知这个消息后，我和全家人都兴奋不已。我记得那天母亲给我烙了两张饼，煮了四个鸡蛋。我们一行人凌晨起程，坐着拉货的火车进城参加典礼。受过苦难的人从此当家做了主人，怎么能不心潮澎湃、万分激动呢！当毛主席宣布“中华人民共和国中央人民政府成立了”时，全场爆发出雷鸣般的掌声和欢呼声，我和周围的同志们激动得热泪盈眶。从天安门回来后，同志们见到我都打趣地说：“这次你的故事篓子里又添新货了。”这个经历令我终生难忘，每每向人讲起来，我都会感到那天天安门广场上的热烈一幕仿佛重现在眼前一般。

1952年，我当选为卢沟桥镇第一届镇长。在大家的鼓励和支持下，我走上了新的工作岗位。说实话，那个阶段的工作很艰难，因为卢沟桥依然是北京通往各省的交通要道，人员情况很复杂，再加上推动实施土地改革，农业生产也刚刚恢复不久，饱经战火蹂躏的百姓们生活仍然非常困难。在这种情况下我的工作重点是带领当地群众加快恢复农业生产，让群众都有饭吃、不挨饿，所以我经常带队深入一线，和群众们一起下地干活。那时候我们这些干部与基层群众不分彼此，亲如一家，都抢着多干活，怕在群众面前丢了镇里干部的脸。在劳动之余，我经常给大家讲卢沟桥的历史传说，特别是抗战时的一些亲身经历，还有解放军初到卢沟桥地区时的真人真事，可谓是劳动休息和宣传教育两不误。同时，我还从一起劳动的群众那里听到了很多新的传说。我的讲述经常能唤起大家的共鸣，因为很多干部群众都是这些往事的亲历者；也有的同志在听过我的讲述之后，又将故事讲给家人和朋友听。

后来，我在不知不觉中养成了一个习惯，就是在单位和大家一起聊天的时候，总会捎带着讲一些卢沟桥的往事。没想到大家都很爱听，还鼓励我把这些故事整理成文字资料。就这么着，我一边投入革命工作，一边坚持收集整理卢沟桥传说和与卢沟桥有关的故事。

从我参加工作开始，陆续接待了包括美国、英国、罗马尼亚以及日本在内的七十多个国家和地区的友人。

1983年的时候，我被调职到丰台区人民政府修复宛平城办公室任常务副主任，负责宛平城修复工作。那个时候，有施工队给我送钱、送礼物，我一概不收，找不到人退不回去的财物，我就上交

郑福来（右一）与同事在中国人民抗日战争纪念馆前合影

上级领导。我觉得，平时总用卢沟桥传说中当官爱民如子、廉洁奉公的故事教育别人，自己更要以身作则。后来区人大、政协都通报肯定了我的做法。

对我来说，既然做这项工作，那就必须负责到底，爱护文物、保护文物、廉洁奉公，这是我对自己的要求。在修复宛平城城墙时，我曾向当时的市领导建议一定要保留和保护宛平城城墙上被炮弹轰炸后留下的弹痕，这是日军侵华的铁证。市领导很支持我的建议并表示让我负责实施。当时大搞养猪产业，有人想拆城墙的砖用，我坚决反对。养猪我支持，发展养猪产业我们可以想别的方法解决，但毁坏文物万万不可以。

郑福来（左三）与同事在卢沟晓月石碑前合影

后来我又成了卢沟桥文化旅游区的调研员，参与了很多卢沟桥文化旅游建设方面的资料整理和研究工作。我一直收集整理的卢沟桥传说也成为其中的重要内容，受到各界的重视。

延伸阅读

北京美术摄影出版社出版的图书《卢沟桥传说》中收录的郑福来整理的卢沟桥传说目录。

1. 关于卢沟桥修建历史的传说

（1）姑嫂造桥

（2）子打父为何故

2. 关于卢沟桥上石狮子的传说

（1）蝎子蛰 狮子泪

（2）华表座狮讨封

（3）狮子和大象

（4）石狮戏醉汉

（5）和珅数狮子

（6）自食其果 理所当然

3. 卢沟桥与龙蛇龟兽的传说

（1）大水漫不过卢沟桥

（2）三青落在卢沟桥

4. 桥与臣子的传说

（1）三十晚上看月亮——乾隆赏月

（2）有道明君

（3）乾隆察民情微服私访

（4）鸡和骆驼没税

（5）一个饼子一锭金

（6）东门是喜门

5. 卢沟桥与普通百姓的传说

（1）城隍好见 小鬼难缠

（2）马屁精受审

（3）光脚丫不怕穿鞋的

（4）拴娃娃

6. 卢沟桥抗战事迹的传说

（1）川岛惠子和田代一郎

（2）龟田小队长学说中国话

（3）三青爷惩罚日本兵

（4）石狮戏中村

（5）中国人民不是好欺侮的

（6）大水冲走半条街

卢沟桥的抗战故事，我不知道讲了多少遍，可总是怕随着时间的推移，人们会慢慢忘记这段历史，所以不管刮风下雨，不管工作日还是节假日，我都坚持到桥上去为游客讲抗战故事。时间久了，这已经成为我退休后的一项“新工作”。现在还有许多游客到卢沟桥专门来听我讲故事。我给他们讲卢沟桥碑文的故事、“石狮子数不清”的故事，以及如何分辨“六代同堂”的石狮子、桥面为何坑洼不平等。其实只要大家喜欢听我讲，我就高兴。

郑福来在卢沟桥上讲传说

我经常站在桥上一讲就是一上午，有时候能讲一整天。记得有一年夏天，我一直讲到晚上九点多。老伴不放心，见我这么晚还不回家，急得跑到桥上来找我。我说再等会儿，把这段故事讲完就回家。

郑福来获得“时代楷模”荣誉称号

我作为卢沟桥的义务讲解员，转眼工夫已经68年了。因为几十年都在坚持宣传抗战历史、传承抗战精神，2015年，我被中宣部授予“时代楷模”荣誉称号，并被评选为2015年度十大“北京榜样”，这些荣誉既是对我过往的肯定，也是对我的鼓励。

郑福来获得的部分荣誉

有一次，我为祖孙俩讲卢沟桥的故事。听完后，老先生感慨道："看起来您应该年长我几岁，一口气讲了这么久，逻辑清楚、底气也足，了不起。"我说："我已经快 90 岁了，身体还算硬朗，如果可以活到 100 岁，那我就把卢沟桥的传说和抗日战争历史讲到 100 岁。"

老先生笑着说："没问题呀，老哥哥您至少能活到'茶'年！"我不解其意，当时也没顾上深问。

等回家之后，我就琢磨这"茶"年的意思，后来拿笔在纸上一写，这才算是搞明白了。"茶"字怎么写？先是草字头，草字头就两个"十"连起来，相加就是"二十"；然后是一撇一捺，就是象形的一个"八"字；再往下写是一横一竖，是"十"字，加起来就

是“八十”；最后还差两笔，一撇一捺，又是一个“八”字。把这三组数字加起来，就是“二十”加“八十”再加“八”，正好一百零八。所以说人真是要“活到老，学到老”。我查了些资料，民间还真有“茶寿”的说法，是自古以来人们对长寿的雅称，除此之外还有喜寿（七十七岁）、米寿（八十八岁）、白寿（九十九岁）之说。后来我在讲传说时，还特意加了一些传统文化小知识，让大家听了觉得更有趣。

我现在就这么想，只要我能多活一天，我就把卢沟桥的故事多讲一天。我就是要尽自己的平生之力，以卢沟桥为背景宣传抗战历史、传承抗战精神。我希望卢沟桥传说和抗战史的故事可以流传得更广泛、更久远，不屈不挠的抗战精神也能得到更好的传承。

创作：笔耕不辍心中事

在卢沟桥建成后的漫长时间里，总会有以其为背景反映人民群众内心褒贬、好恶的传说出现。可以说卢沟桥已经成为群众口头文学创作的素材之源和灵感之源。

我所讲述的卢沟桥的传说故事，主要是以自己的亲历、亲见、亲闻为基础，以 1937 年前后至今为主要时间跨度，以弘扬爱国主义精神为主要内容。我想通过讲故事的形式，揭露日军侵华的昭昭罪行，歌颂中华民族军民奋起英勇抗争的事迹，告诫当代人勿忘国耻、奋发图强，也对后人起到爱国主义教育和继承发扬革命传统的作用。为此，我在收集整理相关资料的基础上，着重创作了一批与抗战史实相关的故事。例如我以革命烈士沈忠明在 1937 年七七事变爆发时，奉命驻防卢沟桥畔的回龙庙，率领全排战士奋勇杀敌的英勇事迹为创作素材，编写了《爱国勇士——沈忠明》。故事是这样讲的：

七七事变前，沈忠明在北京大学读书，经人介绍加入中国共产党，后来经组织安排到二十九军，去金振中营的第一连当排长，驻守回龙庙，守卫大铁桥。他举止洒脱，平易近人，有着高大结实的身材，英俊微黑的脸庞，有着两道浓密的剑眉。

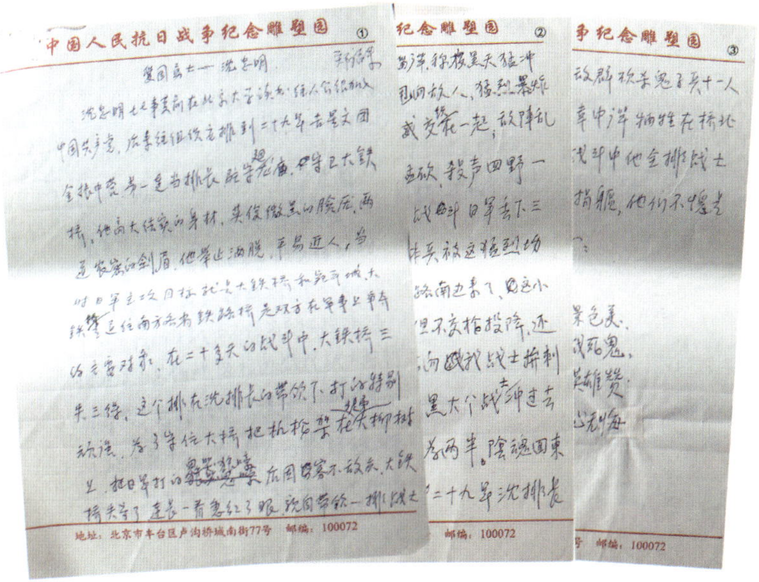

郑福来的手稿《爱国勇士——沈忠明》

当时日军主攻目标就是大铁桥和宛平城。大铁桥是北京通往南方各省的铁路桥，是双方在军事上争夺的主要对象。在二十多天的激烈战斗中，大铁桥三失三得，这个排在沈排长的带领下打得特别顽强。为了守住大桥，把机枪架在堤旁大柳树上，把日军打得鬼哭狼嚎。后因寡不敌众，大铁桥失守了。连长一看急红了眼，亲自带领一排战士丢掉长枪，只用大刀、手榴弹，趁着夜里天黑猛冲过去，把成捆的手榴弹甩向敌人阵地。猛烈的爆炸声和城上士兵的呐喊助威声交织在一起。战士用大刀猛杀猛砍、杀声遍野，一举夺下了大铁桥。

这次战斗日军丢下三十多具尸体。有一个日本兵被这猛烈场面吓晕了头，跑到铁路南边来了。这小子见了我们的战士，不但不缴枪投降，还摆出武士道精神，举枪向我们的战士摆出冲刺的架势。这时我方一个黑大个战士冲过去，手起刀落，把小鬼子劈成两半，阴魂回东京了。这次战斗中我们二十九军沈排长，就地十八滚闯进敌群砍杀鬼子兵十一人，在追击敌人时不幸中弹，牺牲在桥北回龙庙。在数次战斗中，全排战士三十多人全部为国捐躯，他们是当之无愧的中华民族优秀儿女。有诗赞曰：

卢沟晓月景色美，
怎比爱国战死身。
世人常把英雄赞，
魂在九泉心无悔。

我还写了一个故事，名为《害人的白面房》，希望通过通俗易懂的故事，揭露旧社会白面儿房及抽白面儿，也就是抽鸦片，对老百姓身心健康的危害，也告诉老百姓日本侵略者正是利用白面儿来蛊惑人心、摧残中国人民体质、瓦解中国人民的抗战意志。不仅如此，他们还通过向沦陷区贩卖白面儿，从中攫取大量民间财富，进一步削弱我们的国力。我在故事里讲到：

日伪统治时期，卢沟桥南有个叫杨春井的人，外号叫杨林子，是个普通的缝鞋匠。他家里有三间灰房，外带一个小院，虽然不算富裕，但全家的日子还算过得去。

天有不测风云，杨春井的家被一个姓金的朝鲜人看上了，并且霸占了去，明目张胆地开起白面儿房，也就是鸦片烟馆。这个姓金的全家有四口人——他、妻子和两个女儿。他的妻子跟着他一起干这档买卖。姓金的仗着日本人的势力公开卖白面儿，还给抽白面儿的人提供吸毒场所，没人敢管他的白面儿房。金家的白面儿买卖很是兴隆，从早到晚去他那儿抽白面儿的人络绎不绝，也有很多人躺在白面儿房里彻夜不归，直到花光钱被人扔出来。

俗话说，上贼船容易下贼船难。一个人只要抽上瘾，每天不抽就不行，毒瘾上来那模样难看死了，眼泪鼻涕忍不住往外流，打哈欠耷拉脑袋，就像霜打的黄瓜秧。不管是谁，只要抽上白面儿就算走上了一条不归路，最终不仅是毁了自己，也会毁了全家，很难有好下场。当时有一首流行的竹枝词，描写的就是鸦片烟对京城百姓的毒害：

瘾深烟气透肌肤，
虽具人形骨已枯，
白纸一张颜色变，
通称烟鬼却非诬！

当时，有的人为了抽白面儿卖房卖地，等家产卖完后还会卖儿卖女卖老婆，丧尽天良，泯灭人性。还有的人为了抽白面儿，最终落得倾家荡产，家破人亡。如桥西有个“全大个”，听这个名字，就知道其人原先有一副好身板，结果夫妻两人全抽上了白面儿，也没心思干活了，最后全家穷困潦倒致死。还有的人为抽白面儿，坑骗偷抢什么坏事都干。如有个叫小苗的，身体都被白面儿掏空了，平时走路都打晃儿。他实在没有钱了，最后就靠偷。有一次偷东西，因为身体太弱跑不动，被人抓住狠揍了一顿，后来又冷又饿地死在土窖里。又如有个叫“乔瞎话”的，烟瘾上来了，就把弟媳才拆洗完的两床棉被偷走了，马上抱着去了白面儿房，换白面儿抽了。他可不管弟弟全家是否挨冻。

这些上了毒瘾的人，早已不顾廉耻，失去了人格，害己又害人。而更加可恨的是日本的特务和军官。他们发现贩毒有利可图，就开始公然组织销售针对中国人民的毒品。正是在这些侵略者和毒贩的相互勾结下，无数中国人民深受其害，无数中国家庭支离破碎。

延伸阅读

白面儿房，是指中华人民共和国成立前老北京历史上的“白面儿房子”，也称“大烟馆”，是鸦片、吗啡、海洛因等毒品的半公开交易场所。为了方便吸食者进入，大门永远是开着的，一般从清晨开到夜深人静。在整个院子里，白面儿房子多是北房或所有房子中比较整齐的一间，窗户上糊着白纸，好点的是玻璃后面挡着纸帘，窗户的下方单开一个格子或一个窗洞。买毒品的人需要懂几句“暗语”，不能直接说“买白面儿”，而要说“买药”，躲在窗户后面的人才会把毒品从格子或窗洞里递出来。“买药”不一定要用钱，首饰、当票甚至房契都可以。北京的白面儿房子在1936年的禁毒运动中遭遇过沉重打击，但是卢沟桥事变后，随着日本侵略者占据了北平，这件毒害中国人民身体健康的邪恶事物在侵略者的默许下又死灰复燃。

（参考《老北平的“白面房子”》：《文摘报》2019年7月4日第8版）

郑福来参加西城区万明园社区党委纪念中国人民抗日战争
暨世界反法西斯战争胜利70周年宣誓活动

我创作的故事，除了抗战题材的，还有很多是反映新中国建设发展的。如2000年7月，为纪念中国共产党诞生八十周年，我以卢沟桥人民当年为建设人民大会堂兢兢业业、热情奉献的史实为素材，写了一个小故事——《卢沟桥人爱首都》，其中就写道：

人所共知，永定河自古以来是一条害河，雨季到来，洪水泛滥，淹没村庄，平原变成沙滩。冬春两季风沙特别大，漫天的黄沙滚滚，天昏地暗，人走路得背着风倒着走，因为睁不开眼睛。中华人民共和国成立后人民政府对这条河进行了治理，河堤加固，植树造林，在上游修了官厅水库。因此这条河就变成了一个宝地，可以开采高质量的沙石，用这些材料支援首都建设。特别是旧社会饱经自然灾害之苦的卢沟桥人，在中国共产党领导下和大自然做斗争，治理好了永定河。让居住在这里的人民群众逐渐丰衣足食，真正成为国家的主人。每到汛期，卢沟桥人民自动组织防洪抢险，日夜守护在卢沟桥东大堤，保卫首都安全。

1959年在举国上下迎接中华人民共和国成立十周年的时候，卢沟桥人日夜奋战在大河滩，不怕风吹日晒，精选上等沙石料，供应首都天安门前十大建筑群。对人民大会堂使用的豆石、水沙，五八分石料筛选得特别标准。所有人都怀着热爱党、热爱首都北京的心情，任劳任怨，那真是一丝不苟，保质保量地劳动着，把合格的沙石料按时用马车、汽车源源不断地运送到城里的工地上。天安门前人民大会堂等十大建筑的建成，有我们卢沟桥人的汗水，有卢沟桥人爱人民首都北京的一片真情。

当年，我们卢沟桥乡有三位代表出席了人民大会堂的竣工大会。当时北京市副市长万里主持会议，也有中央领导出席会议。人们兴高采烈进入大会堂时，因刚刚竣工还没来得及铺地毯，因此不管是男是女，人人自发地手提鞋袜光着脚丫进入大厅。大会开得非常热烈，我们卢沟桥乡也受到表扬。

几十年过去了，当时的青年人也都变成了老年人，我们回忆起往事时，都觉得那段经历特别有意思也很有意义。那是我们从内心感到的喜悦和欣慰，特别是在电视机前，看到国家领导人在人民大会堂接见外国朋友和全国人大代表在大厅讨论国家大事的镜头，就会有人情不自禁地流下激动的热泪，再低头看看自己带有老茧的双手，用手摸一摸多年来铁锨把儿磨疼过的大腿根，用手拍一拍被扁担压得像铁皮一样的双肩，嘴里不说但心里想，我们这些普通老百姓，能给下一代留下爱祖国爱首都的精神，心里就踏实满足了。有诗赞曰：

十月建成大会堂，
千秋万代颂声扬。
卢沟桥人选精料，
爱国精神远流长。

此外，我还将在现实中发生的一些事件编成故事，兼顾了卢沟桥传说的多样性，如以我亲眼看见雷电劈毁了卢沟桥石狮的特殊经历作为灵感来源，以卢沟桥石狮子为创作素材，写了一篇故事。

1988 年雷击石狮照

我记得特别清楚，那是 1988 年 9 月 12 日的下午，一时间风雨交加，电闪雷鸣，我正在家门口附近，离卢沟桥西也就百米距离。只听一道雷电“咔嚓”一声，不一会儿一个人跑过来和我说，卢沟桥上的一尊石狮子被劈碎啦！我低头一看表，是下午四点一刻。

修复后的遭雷击石狮

我赶忙跑去卢沟桥文物保管所报告此事，并跟随保管所所长及其爱人带着照相机一起赶到卢沟桥现场。经过清数，是卢沟桥北侧从东头数第六十八尊石狮子于当天下午被雷电劈毁。那天本来我也与石狮在合影，但当时风雨很大、事发突然又很紧急，拍我的那张照片时相机盖没摘，不过好在现场石狮损毁的现场是留下了记录。

亲眼看到卢沟桥石狮子被劈毁，我心中难免惋惜，由此也心生触动，借题发挥，以石狮子被劈毁这样一个事实为基础，创作了一个卢沟桥故事《自食其果，理所当然》。主要讲的是一只小狮子在民间为非作歹，坑蒙拐骗，搜刮民财，最后被大宫惩罚。我希望通过创作故事告诉人们不要作恶，否则会自食其果。这个故事被收录到北京美术摄影出版社 2017 年出版的《卢沟桥传说》一书中，大致为：

卢沟桥上的石狮子因年代久远，风吹雨打中会有损毁，至今已经修复过多次。据说有一年，卢沟桥又要进行整修。在修复过程中，工匠们对大多数石狮更换了位置。历代石狮看见自己要换位置，都高兴地就位了，就连群狮的祖宗——金代老石狮也顺从地就位了。可唯独一只近代小石狮，野心勃勃地强行占据了北侧正中的王位。它不但在群狮中称王称霸，而且经常化成人形，到民间为非作歹，坑蒙拐骗，搜刮民财，吃喝嫖赌，损人利己，好事不干，坏事做绝。

它的行为被人举报给当地城隍，由城隍上报了天庭。既管天又管地的玉皇大帝听了，非常恼怒地说：“一只小小石狮竟敢如此大胆，坏我声誉，立即传旨命雷公把它处治了！”于是当天申时许（下午15点至17点），卢沟桥北上空乌云密布，雷声滚滚。一阵狂风过后，下了几点雨，就见电光一闪，咔嚓一声，桥面北侧从东往西数排列在第六十八位的石狮被雷击得粉身碎骨。晚上，在明亮的月光下，群狮沸腾了。它们蹦啊、跳啊、叫啊，高兴极了，嘴里还唱道：“上苍有眼，惩恶扬善，自食其果，理所当然。”

从1982年开始，每年的7月7日，我都以写诗的方式纪念七七事变，也通过这种方式留存对那段历史的记忆。例如：

忆七七

（1982年7月7日）

（一）

大桥七七遭劫难，
亡国之苦倍凄惨。
晓月苍苍云影淡，
疏星寥落曙光寒。

（二）

改革开放晓月明，
美景依旧夺天工。
迎来宾客满天下，
风雨兴衰似梦中。

纪念七七

（1983年7月7日）

七七炮声隆，
日寇夜弄兵，
鸡鸣狗儿叫，
惊醒和平梦。
天空硝烟滚，
城内出奇兵，
勇士刀光闪，
鬼魂回东京。
各界慰问团，
冒险来宛平，
官兵士气大，
杀敌立奇功。
卢沟晓月明，
人民爱英雄，
留得美名在，
后人广传颂。

桥城

（1984年7月7日）

古桥巍然矗立，
城楼弹痕犹存。
两座历史文物，
日寇侵华铁证。

七七话七七

（1987年7月7日）

亡国奴生活八年，
吃够苦辣酸和咸。
要知甜是啥滋味，
解放后春满人间。

亡国苦难忘

（1995年7月7日）

亡国之苦灾难忘，
强化治安加灾荒。
铁蹄之下命难保，
苦难岁月八年长。

忆七七

（1991年7月7日）

七七历史话卢沟，
忆起当年民族仇。
善良人们遭杀害，
晓月碑前鲜血流。
永定河水清变浑，
一轮明月遮乌云。
古桥身上铁蹄踏，
宛平县城灾难临。
春夏秋冬四季轮，
瞬间就是五十春。
每到七七纪念日，
举国上下祭忠魂。
代代不忘亡国苦，
爱国精神永世存。
保家卫国献身躯，
醒世当今育后人。

“七七”六十年

（1997年7月7日）

卢沟古桥雄姿在，
永定河水犹在流。
抗战圣地人向往，
桥上宾客来九州。

歌唱卢沟桥

（2011年7月7日）

说卢沟，忆卢沟，
七七事变血泪流。
国耻民仇永不忘，
沦陷之苦整八秋。
说卢沟，赞卢沟，
而今卢沟铺锦绣。
放开歌喉歌颂党，
锣鼓喧天庆丰收。
爱卢沟，赞卢沟，
以桥为媒连九州。
景美人美心灵美，
迎来宾客桥上游。
唱卢沟，赞卢沟，
改革更上一层楼。
齐奔小康更富裕，
精神物质同步走。

七七事变
62周年有感

（1999年7月7日）

古桥饱经兵荒，
军民爱国名扬。
雄狮依然微笑，
民族正气流长。

卢沟桥传说的传承与创新是相辅相成的，是一个不断积累、不断出新的过程。我的创作工作与收集整理工作并重，希望能多给后人留下些好的故事传说。

源远流长
——卢沟桥故事多

自从有了卢沟桥，关于这座桥的传说故事就一直层出不穷。这是因为卢沟桥的地理位置十分重要，南方官员、客商等进京必经此桥。走的人多了，知道这座桥的人也就多了。若以这座桥为背景讲故事，更容易引起听者的共鸣，并增强故事的真实感。

开智：
民族智慧展精髓

中国是桥的故乡。北京卢沟桥与潮州湘子桥、河北赵州桥、泉州洛阳桥，并称为中国四大名桥。这些中国古代桥梁无论在建筑艺术方面还是建造技术方面，都充分显示了中国古代劳动人民的非凡智慧。

卢沟桥旧桥面遗址介绍

中国有那么多的桥，为什么与卢沟桥相关的传说故事层出不穷、相继流传呢？我想主要有三个原因。

一是卢沟桥在中国古代桥梁建筑史上的重要历史地位和建筑价值。卢沟桥，始建于金大定二十九年，也就是公元1189年，距今已有800多年历史，位于北京市丰台区永定河，距天安门西南约15公里，全长266.5米，宽7.5米，最宽处可达9.3米，共有桥墩10座，

桥孔 11 个。整个桥身都是石体结构，关键部位均有银锭铁榫连接，这也是卢沟桥传说中常讲的“铁柱穿心”。卢沟桥独特的建筑结构和精美的雕刻艺术，在世界石桥建筑史上都是罕见的。也正因为如此，自古以来人们都在感叹并赞誉卢沟桥的巧妙设计和高超的建筑工艺。围绕卢沟桥建筑的传说率先流传开来，并经久不衰。

延伸阅读

“铁柱穿心”的由来

据说，当年建桥时，领头的工匠姓鲁，是鲁班后代。他率众人用“铁柱穿心”法立起桥墩后，虽然河水一浪高过一浪，桥墩却岿然不动。大家都以为大功告成了，谁知到了夜间，骤风起，河水更加汹涌，恶浪发疯般扑向桥墩。鲁工匠不放心，跨上桥墩。一上去，他就觉出不妙：脚下的桥墩在摇晃。他趴下察看，才发现由于灌入穿柱石圆孔中的灰浆被河水浸泡多时，已经有些松动了，铁柱和桥墩石之间有了缝隙。幸好大铁柱已深深插入河底，桥墩石才没被大水冲走。

鲁工匠正暗暗叫苦，一个巨浪卷着一棵大树撞上桥墩，“轰”一声巨响，桥墩一阵幅度更大的摇晃，把他晃倒了。他双手紧紧抓住桥墩上的铁柱，才没落水。

风浪渐小，桥墩不再摇晃了。鲁工匠定睛一看，又惊又喜：抓铁柱的两只手都破了，鲜血流下，混入灰浆，本已松动的灰浆一遇人血便凝结起来，把铁柱和桥墩石粘结在一起，桥墩又立稳了，更显牢固。

鲁工匠得到启发，决定用铁水浇铸桥墩石中的圆孔，使桥墩从上至下铸为一体。

第二天，鲁工匠指派工匠们开炉炼铁，又叫人把凿好的桥墩石依碴口竖好，准备好盛铁水的大勺，等铁水一放出，就接去浇铸桥墩。

鲁工匠脱掉上衣，手持一把匕首站在炉边，静观炉中的铁水。调炉的铁水开始沸腾。在众人的惊呼声中，鲁工匠猛地将匕首刺进了左臂。鲜红的血液淌入翻滚的铁水中，铁水冒起青烟，变红了。工匠们想起“莫邪投炉铸剑”的故事，明白了鲁工匠要用血和铁水来浇铸桥墩。他们纷纷咬破自己的手指，让血水滴入各自的大勺内，接了铁水，去浇铸桥墩。

融入工匠们鲜血的铁水注入桥墩石的圆孔中，使巨大的桥墩上下连成一体，扎根于河床，在汹涌的河水中稳如中流砥柱。

卢沟桥一带的老百姓都说，桥底的铁柱，表面看穿的是石，其实穿的是心呀。

（节选自《醒狮：跨越时代的卢沟桥》）

卢沟桥传说中，有很多是围绕卢沟桥建造而进行的内容创作。例如说，这桥是谁修的，到现在也没有十分确切的说法。在传说故事中，有一则《金朝真龙发怒下旨造卢沟桥》的故事。故事讲的是：

金朝众官员接到圣旨后，开始全国征集手艺精湛的木工、石工、泥瓦匠和铁工等，花了一年时间从房山等县的大山里采运大理石等石材。又耗费了几年工夫进行加工，雕的雕，刻的刻，凿的凿，完成了桥上大小华表、石栏、石柱和大大小小姿态万千的石狮子。心

想着准备做好了，终于可以搭桥了，但没承想大雨来了，桥下汪洋一片，河底烂泥如膏，这可怎么立桥墩呢？眼看工程期限日日逼近，如果完不成工，大伙都人头难保。终于算是等到了风平浪静的一天，带头的匠人马上召人尽快打下桥墩。谁知辛苦了一天，隔天再一瞅，河面竟然空空荡荡，别无一物，桥墩和大石头也都不见了。如此这般一立一垮，连着好几天，领头工匠蒙了，叩头上香向老祖宗鲁班爷祈请指点迷津，好保住脑袋，另拯救四方百姓于苦海。

某天夜里三更时分，工匠头信步踱到河边，正望河兴叹，忽然从天上传来密语，隐隐入耳“石桥万年牢，铁柱穿心过”，工匠头细心聆听这--说，立时心领神会，欣喜若狂，直奔回屋，天亮立即召集工匠，解说这建桥心法。

就这样按照鲁班爷的指点，建成后的桥墩任凭浪水冲击，屹立不摇，接着，炼铁铸柱，再将铁柱和桥墩粘在一块。终于，一座始建于金世宗二十九年（1189 年），建成于金章宗明昌三年（1192 年），全长 266.5 米，宽 7.5 米，计 11 孔，东桥头为狮，西桥头为象，桥上石狮子数不尽的联拱石桥于此诞生。卢沟桥通桥后 42 年，金朝覆亡。明清时期，永定河的水上交通大大强化了南北文化和贸易交流。

关于卢沟桥建造还有一个比较常讲的传说是《姑嫂造桥》，说卢沟桥是鲁班家族建造的，是鲁班的小女儿和她的嫂子因打赌而修建成的。

大家七嘴八舌说了半天，也没有说出什么好办法。平日里聪明的三公主在龙母耳边悄悄说着什么，龙王看见不禁有些生气，心想：大家都在着急想办法，你们母女却有闲心说悄悄话，真是岂有此理。龙王正要发火时，龙母对三公主说："把你的想法向你父王说说吧。"龙王听了三公主的办法心中大悦，连夸三公主的办法妙，马上吩咐属下照办。

三公主回到后宫，即刻发动宫女编织铜网和铁网，用织成的铜网把两岸的河堤保护起来，把织成的铁网铺在河底以防大水冲刷，这就是后来人们传说的"铜帮铁底"。厚道孝顺的四太子和五太子，见小妹都能为父王排忧解难，于是每到汛期，就自动趴在桥孔处吸水保桥，为父王分忧。

如今，卢沟桥的桥孔仍有两个龙头在吸水呢。"铜帮铁底，大水漫不过桥"，三公主编织的铜网和铁网护堤虽然只是传说，但对现代人的防汛和防洪工作也是有启发意义的，至今仍有很多地方用铅丝编织成网笼，再装上石头，用以护堤，效果很好。

卢沟晓月石碑

二是卢沟桥自古以来占据着重要的地理位置，是进出北京城的咽喉要道，是连接南北重要的交通枢纽和货物集散地。在古代，水至卢沟，那是巨浪滔天的。那时候的这条河，河水经常泛滥。为了交通畅通无阻，能够通过陆路南下用兵、运粮、商贸往来，修建一座永久性的石桥势在必行。于是在1188年，金世宗下定决心建桥。在《金史·世宗本纪》中记载，“大定二十八年（1188年）五月诏，卢沟河使旅往来之津要，令建石桥”，可惜未及付诸实施，他便于次年病逝。金章宗完颜璟即位后下诏，在卢沟渡口建造一座大石桥，历经三年紧张施工，终于在明昌三年（1192年）建成，敕命为广利桥，也就是今天的卢沟桥。

自卢沟桥建成以来，卢沟桥的修缮和治水也是历代统治者十分重视的国家治理目标之一。今天我们仍可以看见卢沟桥西侧清代康熙所书的《重修卢沟桥碑》，以及卢沟桥东侧乾隆御书“卢沟晓月”碑。也正因历代帝王对卢沟桥的重视，民间对这座桥也给予了更多的关注，所以围绕这座桥的故事、传说才会层出不穷。

延伸阅读

卢沟桥是清代拜谒西陵和去南方九省巡视的必经之地，为此清代由广安门至卢沟桥修了一条石路，因此路是通往南方九省的干道，也称九省御路。北京古籍书《日下旧闻考》中曾记载，清代为了出行和交通方便，在北京城外修建了三条石道，分别是朝阳门至通州石御路、广安门至卢沟桥石御路、西直门至“三山五园”石御路。

三是卢沟桥为“七七事变”的发生地，因此“七七事变”又称为“卢沟桥事变”。卢沟桥事变是我国近代史上一个十分重大的历史事件，这也使得卢沟桥又被赋予了重要的历史价值。1937 年 7 月 7 日那天，卢沟桥的日本驻军在没有通知中国地方当局的情况下，径自在中国驻军阵地附近举行所谓的军事演习，实际上是一种武力挑衅，并借口失踪了一名日本士兵要进城搜查，实质就是想以找兵为借口，占领宛平城。日方的阴谋被我方识破，当地驻军严词拒绝了日军的无理要求。随即日军向宛平城和卢沟桥发动进攻，中国驻军第 29 军 37 师 219 团奋力抵抗。于是，这里成为日本帝国主义全面侵华战争的开始，同时也成为中华民族全面抗战的起点。我还想

说的一点就是“七七事变”为什么会选在卢沟桥。因为打仗得运兵运物资，这里是交通要道，是北京通往南方各省的咽喉要道，九省运路，要想从旱路通向各地，就要通过这座桥。这一标志性历史事件和重要的历史节点，使卢沟桥的传说故事又增添了大量弘扬爱国主义和谋求民族解放的新素材。

育人：
一代激励一代人

总会有人问我，这些古代的卢沟桥传说对现今的社会和人们是否还有价值和意义。我想这些流传几百年的传说由群众创作，并由群众传播，百姓以民间传说作为艺术表现手法，以卢沟桥这一客观存在的物体为依托，有的传说是纯虚构的、有的是虚实结合的，将民众对历史的认识、评价、爱憎编织成具有传奇性的口头文学作品，其中既有传承中华民族美德的故事，又有讽刺社会邪恶的故事，蕴含其中的朴素的价值观和是非观是卢沟桥传说之所以能够代代相传、广泛流传的原因所在。

例如，关于卢沟桥从何而来的一个传说《子打父为何故》，故事中讲：

有一个老道，他曾经是一名上京赶考的举子，但是到京城考试时被冒名顶替了，于是他便出家当了道士。有一天在卢沟桥附近算命，正巧碰上了微服私访的乾隆，这老道就把自己的经历说给了乾隆爷听，也就是咱们说的这个故事“子打父为何故”的由来。

老道给乾隆爷讲，十几年前这个地方有一个摆渡的船家，他在十几年前就谋财害命。后来他生了一个儿子，这个儿子老是打他，一直长到了十多岁还是老打他。这子打父为何故呢？因为他曾经图财害命。偷走了一位进京赶考的举子的包袱，还把举子沉进河里喂鱼。那个死了的举子就投胎成为船家的儿子，再次来到人世报仇，这就是子打父的缘故。后来这船家夫妇拿出很多钱，在这河上修了一座桥来赎罪，这座桥就是卢沟桥。

这个故事传说虽然离卢沟桥真正的建桥史实相去甚远，但百姓口耳相传至今，主要是借这个故事告诉世人善恶有报，要行善做好事，别做坏事。这样朴素的道理永远都不会过时。

我再举一个例子，关于清朝的两位皇帝康熙和乾隆重修卢沟桥的故事。“康熙重修卢沟桥碑”立于卢沟桥东的马路北侧，碑文记载着康熙八年重修卢沟桥的情况；“乾隆重葺卢沟桥碑”，立于卢沟桥西的马路北侧，碑文记述了乾隆五十年修葺卢沟桥的经过。这“重修”和“重葺”，可是两个截然不同的概念。乾隆为何称自己是重葺呢？恰巧有一个传说就是关于其中缘由的。

话说在清朝的乾隆年间，乾隆收到了一份奏折。咱们现在叫写报告，那会儿叫写奏折，奏折中说的是什么呢？就说这卢沟桥到乾隆年间已经有500年左右了，因长年过满载货物的车，导致了卢沟桥的十一个洞门松动，需要彻底大修了。乾隆看了奏折，十分重视，就亲自带着人到卢沟桥去查看，这上下一看，没发现这十一个洞门有什么大问题，觉得简单补一补就可以了。

乾隆于是让施工人员打开一面洞门看看，这一看，不能不赞叹古代匠人们的聪明智慧：桥底下的基础是大柏树的木材，经过木匠的加工，把它们穿插起来做根基，上边摞着一层又一层的大板石，有序排列得仿佛鱼鳞似的。乾隆就和陪同他一起来的官员和施工人员说，你们看这石工鳞砌，固似铁钉，坚固莫比，要是咱们给这石头折了，再弄不回原样，就再也达不到前人所造时的坚实，既弄巧成拙，又劳民伤财，搞不好还把这座古建筑给破坏了，这是对前人劳动成果的不尊重，对老祖宗留给世人的这么好的一座桥的不尊重。

于是，这一次的修桥，并未像奏折所建议的彻底大修，而仅仅是进行一些象征性的修葺而作罢。对于此次修桥之事，乾隆甚为重视，并把对于整件事的经过和反思刻在石碑上，一来赞叹古人措意之精、用工之细，建造了如此伟大的工程，二来防止将来有人借口大张其事的“重修”而侵吞国库资金，以此警世。

这故事虽说发生在清朝，但治国之事总可以以史为鉴，对现代人的组织治理、工程建造同样具有警示和教育意义。

乾隆重葺卢沟桥碑

延伸阅读

卢沟桥桥基“插柏为基”的建筑构造，就是在河床桥墩下面打入许多柏木桩做基础，再往桩基上面砌石为墩。古人建桥大多采用了这种墩下打桩的方法，以此增加松软的泥沙河床的抗压力，减少桥基深陷。

警示：
勿忘历史当自强

口军侵华带给中国人民的是一场浩劫。如果让我用两个词形容，那就是“生灵涂炭，民不聊生”。当时中国的土地一大半被日本人占领，还有南京大屠杀，人们生活在水深火热之中，中国人被欺侮，日本人烧杀抢掠无恶不作。1931 年，东三省被占领后，日本人觊觎我中华的狼子野心昭然若揭。那时候，在中八线、丰台这一带，驻扎了 1800 多名日本兵。他们到宛平城卢沟桥小火车站的城外打靶演习，其真实目的是想在占领东三省之后继续扩张，占领中国华北地区，最后是整个中国。其野心真是够大的！

卢沟桥是架在永定河水系上的一座桥。800 多年来，卢沟桥所处之地俗称为“九省御路”，是一条进出北京城的主要道路，所以它是咽喉要道，是兵家必争之地。想要侵占华北，日本人势必要占领卢沟桥。就我所知，当时日本兵经常在卢沟桥附近一带骚扰，打靶演习，想办法过桥进城。当时，国民革命军第 29 军驻守天津、河北和保定一带，承德隶属河北省，也是 29 军和其他部队所管。守卫咱们卢沟桥这儿的是 29 军 110 旅 219 团。第三营营长金振中，是河南人。这个营是加强营，共有 9 个连，还有迫击炮连、重机枪连，共 1400 多人。当时日本在丰台的兵力也就如此，于是两军对

七七事变日军攻打宛平城留下的弹坑

上了。日军想过桥进城，29 军拼死不让进。双方对峙了近一个月，经常发生摩擦和谈判。1937 年 7 月 7 日那天，日本借口丢了一个士兵，要进城搜索。事实上日本兵根本没丢，日军就是想找借口，进入宛平城并实施占领。因此，我方守军 29 军坚决不准许。7 月 7 日那天清晨天未亮，日军就开始炮弹攻城，其中就有炮弹落在我家的房前屋后。

七七事变日军攻打宛平城留下的弹坑

卢沟桥西街那边有个岱王庙，正好是29军军营中心区，庙是驻军的地方，再往后面还有一个连驻守着。日本人早就调查好了，知道有中国军队驻扎，就频频搞活动捣乱，后来那个连就搬到宛平城里去了。

当时，驻丰台的日本军中有个叫作一木青直的，他来到卢沟桥这里，既不骑马，也不坐车。在没有任何仪器的协助下，他用目测、和步测的方法，最后找到了目标，也就是“七七事变”的第一颗炮弹的目标。当时的那一炮把县政府大厅给炸塌了。

29军在宛平城和卢沟桥苦苦坚守了20多天，日军根本没能踏进宛平城，甚至连卢沟桥也没走上一步。在短短的20多天里，日军发射了七千多颗炮弹，宛平城墙上弹痕累累，但当时的国民政府却命令撤退，白白把宛平城让给了日本人。驻扎在卢沟桥的29军部队撤退时都被老百姓骂。

作为“七七事变”发生的标志地，卢沟桥因为是代表着中国人民争取民族独立的桥而被载入史册。如今，卢沟桥以及卢沟桥旁的中国人民抗日战争纪念馆、中国人民抗日战争纪念雕塑园，是全国重要的爱国主义教育示范基地和北京市优秀爱国主义教育基地。在卢沟桥传说中，有很多是围绕抗日战争而创作，并得到广泛流传。

郑福来（第一排右一）参加卢沟桥历史博物馆开馆仪式

人们常说的一句歇后语是“卢沟桥的石狮子——数不清”，为什么数不清呢？我在卢沟桥上也经常给来往的游客讲，这卢沟桥上的石狮子，每一个都是艺术品，年代越久远越需要保护。石狮子底下的石柱，很多久经风化不能用了，于是从石狮子底座切下来，换上新的石柱，这新石柱上的石狮子是年代最久远的，这桥 828 年，这石狮子就828岁。还有一些石狮子也在不同时代被修整过，每一次翻修都可能会导致石狮子的数量变化。现在卢沟桥上的小石狮子有410多个，整个连着华表都算上是501个石狮子，这些石狮子是“六代同堂”了，历经金代、元代、明代、清代、中华民国、中华人民共和国。这最具代表性的卢沟桥特色之一——石狮子，也成为卢沟桥传说创作的重要元素之一，由石狮子演绎出来的抗战传说也在大众之间口耳相传。

例如我曾整理过一篇《石狮戏中村》的神话故事，讲的是卢沟桥的石狮子戏弄日本军官的故事。

话说卢沟桥被日军占领后，日本鬼子无恶不作，害得这儿的老百姓只要太阳一落山，就关门闭户不敢出门。

有个名叫中村的日本鬼子，经常喝得醉醺醺的，挨门挨户地找花姑娘，借酒闹事。周围百姓不敢惹他，只好把家里的姑娘都送到别处藏起来，没地方去的姑娘就都剃了光头，打扮得和男人一样。

有一年除夕夜，中村又借着酒性到处滋事。按旧俗，大年三十家家户户吃饺子，人们一听他来了，就都把饺子藏了起来。中村砸开了几家的门，不但花姑娘没有，连饺子也没见着。他一生气，到处乱翻，找到几个饺子，也不吃，全都给扔在地上，用大皮鞋乱踩。

出门时，他鞋底一滑，脑门撞在门框上，顿时起了一个大青包。他手捂着脑门东倒西歪地上了石桥，迎面看见桥头的大石狮，迷迷

郑福来在卢沟桥上解答游客提问

糊糊以为是个人，挥起拳头就打，嘴里还凶狠地骂着“巴格牙路”，直打得两手血淋淋的。

这时正是夜深人静，卢沟桥上明月当空，把石桥照得通明。中村左右一看，大小石狮全活了，一只一只地从桥上跑下来，乱蹦乱跳把他围在当中，戏耍起他来。中村心里一惊，酒醒了大半，转身想跑。说时迟，那时快，四面八方的石狮一拥而上，有的抱他的腿，有的搂他的腰，还有的小狮子趴在他的肩上咬他的耳朵。闹得中村跑不了，又打不过，手足无措，竟然满头大汗晕倒在桥上。

后来，换岗的鬼子兵发现了他，才把他架回了大王庙驻地。第二天一早，中村昏昏沉沉地醒来，看见床头有个黑影，吓得大叫：“狮子，快走开!”那个“黑影”赶紧解释：“太君，我是翻译，不是狮子!您昨天喝醉了，看花眼了。”中村瞪着两只布满血丝的红眼说：“不不，是我亲眼看见了，是狮子!”那神情，好像狮子会随时从某个角落向他扑过来。

从那以后，中村再也不敢像以前那样飞扬跋扈了。当他一个人走在桥上时还是提心吊胆，左顾右看，生怕石狮再来戏弄他。

除了根据卢沟桥相关实物元素进行的创作，还有以卢沟桥当地居民人物为创作内容，讲述卢沟桥当地百姓对日本侵略军的反抗和支持中国军队抗战的故事，其中就有这样一个传说故事《中国人民不是好欺侮的》。

卢沟桥被日本人占领后，有个拉洋车的年轻小伙子，在桥上碰到两个喝得烂醉的日本兵。这两个日本兵一胖一瘦，各提着枪和刺刀。日本兵随手拦下洋车，胖的日本兵坐上去，使劲往小伙子后背踹了一脚，高喊快跑；瘦的日本兵跟在后头，直往南面而去。天气太热，两个日本鬼子见到小伙子跑得大汗淋漓，双腿发软，却狂笑不已，更加放肆叫嚣“去你的东亚病夫”！

小伙子用中文边跑边嘟囔，日本兵听不懂，但路边听到的村民直冒冷汗。不多久，两声枪响传入了村子，后来，两个浑身湿淋淋的身影从河岸边走过来。瘦的日本兵扶着另一个胖的，两人一拐一拐地走进附近大王庙的军营。但是洋车和那小伙子却再没有出现过。附近的老百姓便暗地里咒骂日本鬼子，心想又一条生命无辜冤死在日本人的枪下。

一两个月过后，卢沟桥上出现了一个中年人和一个年轻小伙子，他们来到西桥头的饭馆喝茶，喝着喝着，就吵了起来。小伙子冲着中年人说：“大叔，你对我那么好，如果我把你的车给卖了，我还算是个人吗？真这样，你说要多少钱我就赔你。那时候真有两个日本鬼子拿着枪，逼着我一路拉车，跑得我筋疲力尽，不信你问附近的村民，他们肯定有人看见过我！”

这时候，坐在边儿上的一位老爷上前搭话了，问着：你们说的就是这个月前掉到河里的那辆洋车吗？那天出事的时候我正巧在场。年轻小伙子一听，欢喜得不得了，连忙请老爷子入座喝茶，请老爷子把那天看到的经过再继续说下去，原来大伙以为那个拉洋车的小伙子被打死了，尸首可能被暴涨的永定河大水给冲走了，但是日本鬼子老在查问这个人。老爷子问：你难道就是那个小伙子？

郑福来在卢沟桥上向游客介绍永定河

没错，我就是那个拉车的小伙子。那日本鬼子实在太张狂了，敢在别人的地盘上欺负人，为了给他点颜色，我特地把洋车拉到河堤边儿，用力将车带人给推到河里去。当时河水流得很急，他们开了两枪，都没打着我。为了保命，我把车给扔了。车是租来的，我说给掌柜的听，但他不信。一直等到那批日本鬼子换防了，我才带上车的主人来这儿找人帮我证明。掌柜的一听，这下相信了小伙子的话，连连称好，还对小伙子说，车子你不用赔了，我还要请你喝几杯！

还有个故事，讲的是小孩和老妈妈支援战士杀敌的故事。

话说7月7日，日本发动卢沟桥事变，就在日本攻城最紧要的时刻，出现一男一女两个孩子，冒着炮火，端来磨刀石和水，跑到城门上大喊：叔叔，快磨好刀、杀鬼子吧！这番举动惊动了守城官兵。一直到7月9日晚上，29军吉星文团长听说日本人已占领卢沟桥等交通要道，马上集合一帮敢死队队员，准备拿大刀夜袭。正在他给队员训话时，外边儿通报有位瞎眼老太太求见，吉团长问老太太有什么难处？老太太说，他儿子被日本兵给害死了。现在她带来两个鸡蛋和一壶水，鸡蛋是给团长补身子的，水是要给战士磨刀杀敌用的！

像这些民间创作的传说故事，以男女老少不同人物、鲜活的语言表达形式和生动的故事情节，在民间广泛流传，讲述并传播中华民族和中国军民的不屈抗争、奋勇抗敌的英勇故事，同时也是以老百姓喜闻乐见的方式向一代又一代的后人进行爱国主义教育。

薪火相传

——讲给后人听

卢沟桥的故事一代人讲与一代人，就这样一直流传至今。其中有很多具有积极的教育意义和文学价值，但也有的因受时代影响带有封建迷信的色彩，我们在传承过程中应取其精华去其糟粕，使卢沟桥传说顺应时代发展而不断推陈出新。

历史：
去伪存真示原貌

在古代卢沟桥传说中，有一些内容涉及封建迷信、神鬼怪力的故事情节，因为那时的人们对客观事物和现象的认知是有限的，缺乏认知事物的科学视角和科学手段。但总体来说，传说故事作为一种民间口耳相传的文化载体和传播方式，其目的是要发挥教育大众的功能。

我在卢沟桥上义务讲解的时候，经常会主动走上前询问那些看碑文的游客，问他们能不能把碑文从头到尾看懂。当他们看不懂时，我十分乐意给他们讲解碑文的意思和相关的故事。

如卢沟桥西头的石碑刻的是康熙写的《察永定河诗》："源从自马邑，流转入桑乾，混流推浊浪，平野变沙滩，廿载为民害，一时奏效难，岂辞宵旰苦，须治此河安。"我经常和游客们说，康熙作为一代封建帝王，能勤于政务，能心里装着百姓，难能可贵。

再拿“乾隆重葺卢沟桥碑”来说，我经常跟游客讲，你看清代的时候，就知道凡事要搞调查研究，不能轻易听信别人夸大其实的建议，不能草率决策去干劳民伤财、事倍功半的事，而且自己要具有深刻的反思反省能力，能把整件事情的经过和教训刻在石碑上，以此谨记。这不仅是时时警惕自己不要重蹈覆辙，也是对满朝文武为官行事的警示，以及对后世今人都具有十分重要的教育意义。

例如现在社会的大型工程建造，如何做好工程管理，防止豆腐渣工程；又如城镇化的高速进程，如何做好对文物古建的保护等等。毛主席在《改造我们的学习》中曾说："'实事'就是客观存在着的一切事物，'是'就是客观事物的内部联系，即规律性，'求'就是我们去研究。"毛主席主持工作时就一再强调，要重视调查研究，也就是说，依据科学的理论联系实际才能做出正确的结论和正确的取向，所以，任何人想要做好工作都要深入人民群众，走群众路线。毛主席告诫我们千万别脱离群众，迈开双腿走一走，竖起耳朵听一听，睁开眼睛看一看，用脑子好好想一想。只有这样才不会走错路做错事，才能把事情办好，才能取得人民的信任。

身为七七事变的亲历者、见证者，我曾接待过很多国际游客。在讲述这一段历史故事的时候，我始终保持着严谨的态度，尊重历史真相是绝不容颠覆的原则。在我接待的国际游客中，也不乏日本人，无论是来华访问旅游的，还是公差办事的，其中有友善的，也有心存怀疑的。但不管对方是怎样的态度，我都坚守着自己的原则，"历史不能篡改，真相不容否定"，讲历史故事，要恪守真相。

至今我还能清晰地记得，我有一次接待三名游客，两男一女，其中一名男游客是日本人。那天我先陪同他们去参观了大王庙。这里原先是国民革命军第 29 军驻扎营地，"七七事变"之后成为日本兵营驻扎地。经过翻译讲解之后，其中那位 50 多岁的日本游客听后摇头，嘴里自言自语，那大概的意思就是：不不不，我们日本人不会故意杀人的，你又是怎么知道日本人在此杀人呢？

于是我就给他们讲述自己亲身经历的事情。我说："我亲眼看见当时的日本侵略军胡作非为，杀人放火搞"三光政策"——杀光、抢光、烧光，被残害的中国百姓尸横遍野，这都是我亲眼所见的！"我还给他列举了日本侵略军对卢沟桥老百姓残害的事例，其中就有一位十几岁的姐姐惨遭不幸，硬生生被日本侵略军拖进庙里，被好多日本兵给糟蹋了，最后人是被抬着出来的。我告诉他，中国妇女最讲究贞节，因为不堪受辱，很多惨遭不幸的妇女选择自杀。而活下来的也大都是一生悲惨，在之后的生活中，尤其是在有封建思想的家庭中，一辈子受气，命运坎坷。

那位 50 多岁的日本游客仍旧不信，依然反驳我说："我们日本人不会故意杀人。"否认历史，是触及原则的事情，我绝不会置若罔闻，也坚决不能回避。我说："是不是我们中国人受你们侵略，不能反抗？我们是被认可的亡国奴是不是？狼进屋了，你打不打？强盗进家了，你不反抗？这是你们日本教科书对历史的篡改，你们的教科书颠倒黑白，不尊重历史，欺骗了多少青少年，欺骗了多少日本人民。"为此，我还以卢沟桥为背景举了很多血淋淋的例子，最后那位日本游客被讲得低下头，无言以对。

故事：
寻史觅新与后人

从卢沟桥东到卢沟桥西长 266.5 米，从宛平城东到宛平城西长 640 米，从年轻到现在，在这段将近 1 公里的路上，我已数不清走过了多少遍。我一直在讲卢沟桥的故事，给家里的孩子讲，给村里的百姓讲，给来参观游览的旅客讲，也去学校给大中小学生讲，给企业及职工、政府机关干部、海内外游客和国际友人讲。

我现在已经是四世同堂了，对自己的儿女以及子孙后代，我从小给他们讲卢沟桥的故事，我认为勤和他们说着点，总是有好处的。

郑福来为北京第八中学学生讲解卢沟桥历史

我也经常给年轻人讲，从幼儿园到小学、中学、大学，我都去过。每到节日、纪念日、寒暑假时，社区或者家长们都会邀请我给学校的孩子们讲抗战故事。给中小学生讲，如给北京八中、北京外国语大学附属小学等学校的学生，每次大概50分钟。给大学生讲时，我一个人能讲上一个半小时。

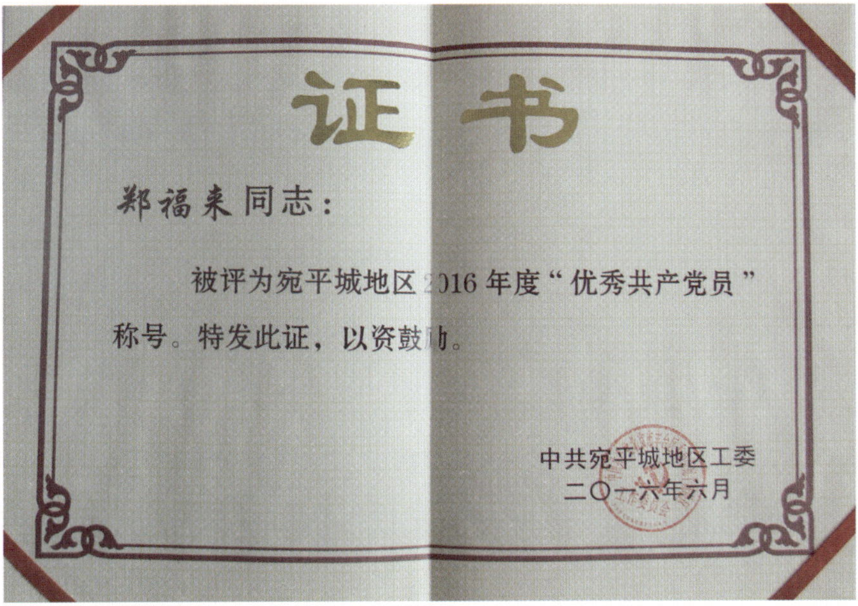

证书

郑福来同志：

被评为宛平城地区2016年度“优秀共产党员”称号。特发此证，以资鼓励。

中共宛平城地区工委
二〇一六年六月

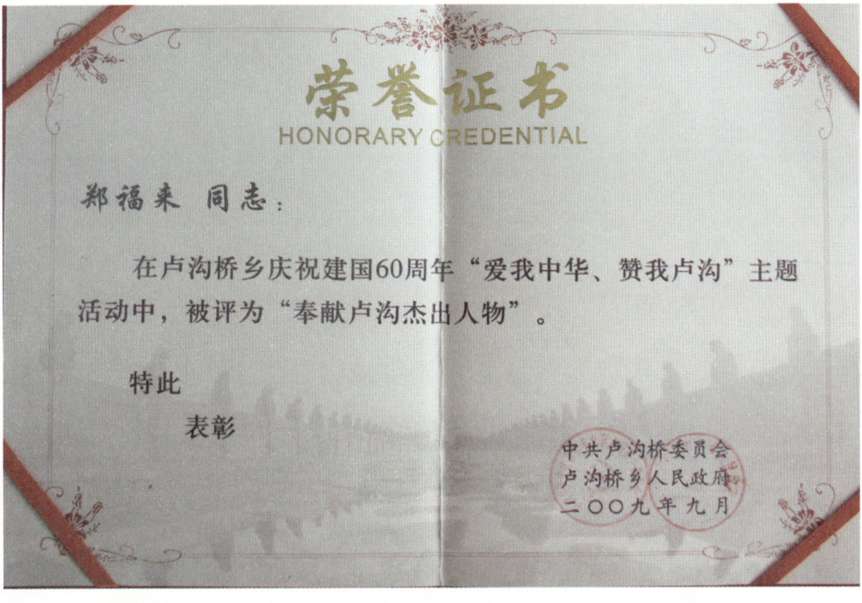

荣誉证书

HONORARY CREDENTIAL

郑福来 同志：

在卢沟桥乡庆祝建国60周年“爱我中华、赞我卢沟”主题活动中，被评为“奉献卢沟杰出人物”。

特此

表彰

中共卢沟桥委员会
卢沟桥乡人民政府
二〇〇九年九月

现在，卢沟桥和宛平城是国家重点保护文物，也是国家爱国主义教育基地。对现在的年轻人进行基础教育很重要，我就是想通过卢沟桥传说和卢沟桥抗战历史告诉他们，做人要真实坦诚，宽厚善良，品行端正，学习好科学文化知识，报效国家，真正学好习近平新时代中国特色社会主义思想，做好革命的接班人。作为年轻人，要自信，只有自信才能自强。

在给学生们讲这些故事时，我也时刻保持自己的立场正确、观点正确。毛主席总说，“一天不读报是缺点，三天不读报是错误。”所以，我也一直在学习，保持思想的先进性，与时俱进。

在给年轻干部讲卢沟桥的相关故事时，我告诉他们，共产党的干部是人民公仆，要全心全意为人民服务，也正因此，共产党才能得到全国各族人民的拥护和爱戴。我常用一句话告诉晚辈们，你的钱包忘记放哪了不要紧，但千万别忘记了历史。吃水不忘挖井人，生活幸福别忘了报党恩！我从参加工作到退休整整 47 年，对这一点我有很深的体会：那就是做一名优秀的共产党员，做一名党的好干部，才能给党增辉，才能报党恩。

我想，一定要告诉年轻人，我们生活的地方曾经经历过怎样的惨烈战争，人们受到过怎样的苦难磨砺，要让年轻人知道今天的生活来之不易，并以此激励年轻人奋发图强，振兴中华。

郑福来为学生讲解卢沟桥历史

我还经常参加居民自发组织的抗战剧演、红色故事会等活动，希望通过更多的群众活动、社区活动等形式和途径，让更多的人了解历史、铭记历史。

作为“卢沟桥传说”非遗代表性传承人，我也多了一份非遗传承使命。现在，我收了一个徒弟，叫张妍，她目前在北京抗战纪念雕塑园工作，也是北京市丰台区卢沟桥文化旅游区的讲解员。

我这徒弟是1987年的，是一个“80后”，平时在工作中认真学习业务知识，对游客提出的问题都认真回答，而且特别好学，有机会遇到文人学者讲述历史的时候，她都认真听、仔细记录笔记，经过考证和消化之后再丰富到自己的讲解词上。也是凭借着这一股热情和执着，在丰台区宣传部的安排下，我和她第一次见了面。

那天正值2015年7月7日“卢沟桥七七事变”七十八周年纪念日，在组织安排下，我们在中国人民抗日战争纪念馆进行了正式的收徒仪式，由此我也有了自己的徒弟，“卢沟桥传说”非遗项目有了正式的下一代传承人，注入了年轻的血液。

郑福来的徒弟张妍（左一）为游客讲解卢沟桥的抗战历史

慢慢地我把我的所见所闻都讲给她听，也把自己整理的卢沟桥传说故事都给她拿去学习消化。不管什么时候，只要她听到有关卢沟桥、宛平城的内容，都会马上记录下来，不断补充到自己的讲解素材中。都说“80后”给人们留下的是怕吃苦、没冲劲的印象，可我这位徒弟是巾帼不让须眉，在工作中爱岗敬业、刻苦学习、服务热情。

记得2015年的时候，正是中国人民抗日战争胜利70周年，也是世界反法西斯战争胜利70周年，在党中央提出“铭记历史、缅怀先烈、珍爱和平、开创未来”的主题下，多个党政机关单位、民主党派、大中小学等等，纷纷组织到抗战纪念馆、卢沟桥等爱国主义教育基地参观学习。那段时间讲解工作任务十分繁重，又正逢夏日炎炎，我这徒弟多次中暑但依然坚持奋斗在宣传一线。

就在那段时间，她接连两三个月里接待了三四十家国内外媒体采访，天天加班加点，但她没有任何怨言，都以最饱满的精神状态讲述抗战历史、传承抗战精神。我为她感到非常骄傲。

张妍作为年轻人的榜样，传递正能量，让青年人牢记历史教训，增强忧患意识，时刻提醒青年人“安而不忘危，存而不忘亡”。她一直记着我时常跟她说的，时刻提醒自己忘记历史就意味着背叛，我们不是要记住仇恨，而是要铭记和捍卫来之不易的胜利果实。

郑福来在卢沟桥上为学生讲抗战历史

传播：
广为传颂民族情

有一回，电视台的记者带着一队人去参观人民抗战纪念馆（中国人民抗日战争纪念馆），邀请我去给他们做解说。当时一行人中有一位中年日本记者，我便对他说："中国人民大仁大义，铭记历史，并不是延续仇恨，但是你们必须面对历史，承认自己的罪行，要忏悔认罪。"这话一说，其中的英国记者点头称是，但是日本的记者开始反驳："我们日本人就是不愿意听到侵略二字。"于是，我就补上一句："中国有句名言'一就是一，二就是二。'真的假不了，假的真不了。"

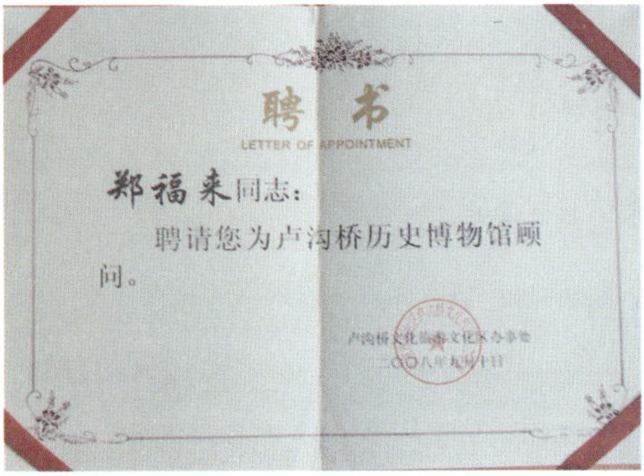
聘书
LETTER OF APPOINTMENT
郑福来同志：
聘请您为卢沟桥历史博物馆顾问。

宛平城城墙“七七事变”弹坑遗址

如今宛平城的城墙上还有当年留下的弹痕，这就是侵华的铁证！我就要宣传抗战历史到底！我心想啊，既然是当着各国记者的面，我就要把理由和证据摆出来，让人分辩，让人信服。我是七七事变的见证者，是那段苦难岁月的亲历者，我要给他们讲述我自己亲历的故事。

当年我跟随母亲一路逃亡，看到道路两旁死尸遍野。那时我还只是个七岁大的孩子，好奇心特别强，大人越是说不能看，小孩偏偏越是想看，我拉着表哥的后衣襟偷偷看，看完之后就害怕了。一家又一家的尸体，那是怎么杀的？老百姓跟着国民党军队逃难，身后头就是日本兵在开枪，枪子哪管谁是军人谁是百姓？

历尽艰辛总算是到了我姨家，走了100多里路，鞋早磨破了，脚底也磨得直流血，血又粘到袜子上，袜子浸着血又粘在鞋上，怎么都揭不下来。

我对日本记者讲，日本的老百姓同样也是日本军国主义的受害者，我们不会和日本人民之间延续仇恨。现在的中国，已非昔日的中国，我们有大国之力，但我们并不会因为强大就向外侵略，但如果有人还想侵犯我们，那我们也绝不退让。

前段时间有外省市来的记者采访我，并希望能在卢沟桥上给我拍张照，但那时正值北京的冬季，天气很不好。年轻的记者就问我："现在外面刮风下雪了，天气很冷，您还能跟我们上桥吗？"我反问他："你说呢？"年轻的记者有些不太好意思，说最好还是能去桥上照个相。我说："那咱就走！"他们又问我："那还可以到宛平城走一下吗？"我说："那就走着！我就当锻炼了！"采访结束后，年轻的记者给我深深鞠了一躬，说："谢谢大爷！"

我喜欢和年轻人在一起，他们是朝阳，是祖国未来的希望，看见年轻人，可以给年轻人讲故事，我就十分高兴，这一高兴，心胸也开阔，身体不觉累反而是受益啊！

2014 年，正是全民族抗战爆发 77 周年，7 月 7 日那天上午在中国人民抗日战争纪念馆举行仪式。当天，我去中国人民抗日战争纪念馆的“独立自由勋章”雕塑前献花，回来后就和居民们一起座谈，学习习近平总书记在纪念全民族抗战爆发 77 周年主题活动上的讲话精神，总书记的讲话警示我们要铭记历史、勿忘国耻，要振奋民族精神，大家都要发挥正能量、圆中国梦！正义必胜，人民必胜，和平必胜！

2019 年 10 月 19 日，一个多云微风的周六，我在卢沟桥上像往常一样，看到有人在“卢沟晓月”石碑前浏览参观，就走上前去问他们能念得出碑上的诗句吗，那几名游客仔细看了半天，说确实有些字认不全。于是我就给他们一句一句地念上面的诗句，详细介绍这块石碑的来历以及诗句的内涵。

后来得知，听我讲解的几位游客，其中有两位老人是进入耄耋之年的香港同胞，他们对抗战这段历史非常感兴趣，专程从香港前来凭吊卢沟桥。我知道后，内心也有点激动，这种相同的爱国情怀让我们惺惺相惜，我就提议陪同他们一起参观卢沟桥，做进一步的讲解。

他们听了非常高兴，但是担心当天的气温有些偏凉，怕我受不了，于是我说：“真要走起来，你们未必走得过我。”于是我就陪同他们，还有一些当时碰巧在场的游客，一起跟着我听我讲解卢沟桥的往事。我们一起在“卢沟晓月”碑前合影留念，我也邀请他们到我家小憩，一起拍照留念，拍照时我和两位来自香港的刘老伯、李老伯十指紧扣，这照片现在还摆在我家里呢。

郑福来（右三）与香港游客桥头合影

只要有人需要我上桥讲故事，想让我带着走一圈宛平城，我都愿意去。有的时候天热儿子不让我去，有的时候天冷老伴不让我去，不过他们都拦不住我。有一回讲解回来我感冒发烧，腿疼得厉害，老伴用两壶热水给我投手巾敷腿，折腾得老伴跟着半宿没睡觉。我还是跟他们说，我就是活一天就要讲一天，即使没人叫我去，我自己也愿意去，而且乐此不疲。

2020 年六一儿童节的时候，丰台区推出“庆祝‘六一’儿童节、讲好云端思政课”主题云宣讲，我还通过云方式和小朋友们分享我幼年时期的亲身经历，给他们讲卢沟桥的传说故事。

这段时间因为新冠肺炎疫情防控，卢沟桥也采取了相应的管控措施。作为一名老党员，在疫情防控方面，必须有高度自觉意识，积极配合，不让上桥，咱就不去溜达，别去添乱。等疫情过去后，我还是要到桥上去，给游客们、给年轻的孩子们继续讲卢沟桥的故事。历史能启发人，历史能教育人，历史是一面镜子，所以历史必须讲。我是经历过新旧社会的人，我有责任把这个历史告诉晚辈，要他们铭记，要薪火相传。

我非常希望我们中华民族的后代铭记历史，为祖国的繁荣昌盛感到骄傲，为人民今天幸福安康的生活感到自豪，千万不要忘记是伟大光荣正确的中国共产党，引领中国走向人间正道！

附录一

卢沟桥传说传承谱系

卢沟桥传说的讲述者多是卢沟桥周边地区的普通百姓。2007 年丰台区文化馆在组织“卢沟桥传说”参加北京市市级非物质文化遗产项目申报时，对丰台区内会讲述卢沟桥传说故事的人做过一次调研，当时能够讲卢沟桥传说故事的人包括郑福来在内已不足十人。

郑福来在这些卢沟桥传说传播者中极具代表性。郑福来，男，1931 年出生于卢沟桥，长于卢沟桥，曾担任新中国成立后第一任卢沟桥镇镇长，常年在卢沟桥义务讲解卢沟桥抗战历史和传说故事，于 2015 年被认定为“卢沟桥传说”北京市级非物质文化遗产项目代表性传承人。

其他卢沟桥传说传播者：

张　霖

男，1925 年生，曾任北京市丰台区文化馆副馆长，会讲反映劳动人民智慧、鞭挞贪官、齐力治水等有关卢沟桥的传说故事。

郭文明

男，1937 年生，会讲几十个有关卢沟桥的传说。

李世明

男，1930 年生，会讲关于卢沟桥抗战事迹的系列传说。

刘路非

男，1941 年生，会讲部分卢沟桥传说。

邢锦堂

男，1929 年生，会讲部分卢沟桥传说。

张　妍

女，1987 年生，于 2015 年 7 月 7 日在北京市抗日战争纪念馆正式拜师郑福来，成为“卢沟桥传说”年轻一代传承人，目前就职于中国人民抗日战争纪念雕塑园，是北京市丰台区卢沟桥文化旅游区讲解员。

附录二

郑福来非遗传承经历

◎ 1949 年以前

在童年和青少年时期，听老人们讲述卢沟桥传说，并对故事内容进行自我消化，形成对卢沟桥传说故事的记忆。

◎ 1951 年

开始在卢沟桥上义务为人们讲解卢沟桥传说故事和抗战历史。

◎ 1952 年

接待美国友好人士、著名记者爱泼斯坦，为其讲述卢沟桥抗战历史和卢沟桥传说故事，自此开始广受邀约为社会各组织机构讲述卢沟桥传说和抗战历史的相关内容。

◎ 1962 年

开始分管中国－罗马尼亚友好公社外宾事务，四年半的工作期间曾多次带领国外友人参观卢沟桥，为外宾讲述卢沟桥抗战历史和卢沟桥传说故事。

◎ **1983年**

调任丰台区人民政府修复宛平城办公室常务副主任，负责宛平城文物修复工作，曾提议对宛平城城墙弹痕进行保留与保护。

◎ **1985—1988年**

任卢沟桥文化旅游区调研员。

◎ **1995年**

退休之后，开始利用更多时间对过往积累的卢沟桥传说口头文学素材进行文字整理，同时开始自己编写创作卢沟桥故事。

◎ **2002年**

提供卢沟桥传说故事素材，部分收录在文化艺术出版社出版的《卢沟桥的传说》一书中。

◎ **2008年**

担任卢沟桥历史博物馆顾问。

◎ **2009年**

参加卢沟桥乡庆祝新中国成立60周年“爱我中华、赞我卢沟”主题活动，被评为“奉献卢沟杰出人物”。

◎ **2015年**

被认定为第四批北京市级非物质文化遗产项目代表性传承人。同年，在北京市丰台区宣传部安排下，正式收张妍为徒弟。

◎ **2016年**

在中国人民抗日战争纪念馆举办的首都大学生“忆抗战学党史强党性”党课活动中，为大学生讲述卢沟桥相关的抗战历史和卢沟桥传说故事。

◎ **2017年**

提供卢沟桥传说故事素材，在北京美术摄影出版社出版的《卢沟桥传说》一书中收录26个卢沟桥传说。

◎ **至 今**

仍然坚持在卢沟桥上义务讲解，并义务参加党政机关、学校、企业、社区等组织的各种公益活动，广泛传播卢沟桥传说和传承卢沟桥抗战精神。

后记

在数次采访郑福来的过程中，我们也深深地被这位即将九十岁高龄的老先生感动着。每次见到郑老师，他的胸前都佩戴着党徽，熠熠发光，党员的身份、党员的责任时时在他心中，一刻也未有过放松。在郑老师的书桌上，放着一本学习笔记，直到今天他依然坚持每天学习并记笔记，本子上面密密麻麻的字迹，都是他读书看报后认真摘抄和学习的体悟。

北京的初秋，天气已微凉，采访中我们问郑老师能否带我们上卢沟桥走走，他欣然地答应。从郑老师家出门往东不到两百米就是卢沟桥西头，一上卢沟桥，郑老师立刻就成了义务讲解员，融入往来的参观游人中，教大家识别石碑上的文字，给大家逐句讲解碑文的意思以及延伸的故事。有些后来的游人没听到前面的讲解内容，提出让自己感到困惑的问题，郑老师都不厌其烦地耐心讲解。

走上卢沟桥，郑老师就会指着桥面一道道深浅不一的车辙痕给大家讲解缘由。走到不同的石狮子旁边，郑老师会教大家一些辨识不同年代的石狮子的常识，也融入石狮子相关的传说故事。最后，郑老师仍不忘告诉大家卢沟桥和宛平城是全国重点文物保护单位，也是全国爱国主义教育基地，希望大家到此游览的同时也得到一次爱国主义教育。

那些一路听着郑老师讲解的游人，都自发地为郑老师鼓掌并表示感谢，也深深被这位耄耋老人、老共产党员的一言一行感动。那天正是郑老师 89 岁的最后一天，马上就要迎来 90 岁的生日，游人纷纷向郑老师道贺，既表达了对这位老先生的喜爱，也表达了对卢沟桥文化及卢沟桥传说故事的喜爱。

北京非遗

北京非物质文化遗产传承人口述史

北京非物质文化遗产保护中心主编

章学楷 口述 / 杨文璐 整理

联珠快书

章学楷

中国戏剧出版社

CHINA THEATRE PRESS

图书在版编目 (CIP) 数据

北京非物质文化遗产传承人口述史 / 北京非物质文化遗产保护中心主编. --北京: 中国戏剧出版社，2020.12
ISBN 978-7-104-05051-3

Ⅰ.①北… Ⅱ.①北… Ⅲ.①非物质文化遗产－介绍－北京 Ⅳ.① G127.1

中国版本图书馆 CIP 数据核字 (2020) 第 246515 号

北京非物质文化遗产传承人口述史
联珠快书 · 章学楷
BEIJING FEIWUZHI WENHUAYICHAN CHUANCHENGREN KOUSHUSHI
LIANZHUKUAISHU · ZHANGXUEKAI

策　　划：武　云
监　　制：肖　楠
责任编辑：郭　峰
责任印制：冯志强

出版发行：中国戏剧出版社
出 版 人：樊国宾
社　　址：北京市西城区天宁寺前街 2 号国家音乐产业基地 L 座
邮　　编：100055
网　　址：www.theatrebook.cn
电　　话：010-63385980（总编室）
传　　真：010-63383910（发行部）

读者服务：010-63381560
邮购地址：北京市西城区天宁寺前街 2 号国家音乐产业基地 L 座

印　　刷：北京华邦印刷有限公司
开　　本：787 毫米 x1092 毫米 1/16
印　　张：7.875
字　　数：115 千字
版　　次：2020 年 12 月 第 1 版 第 1 次印刷
书　　号：978-7-104-05051-3
定　　价：320 元（全五册）

目录
CONTENTS

传承人简介

受家庭熏陶，向前辈名家学习，形成自己的独特表演风格。

章学楷，生于1935年12月16日，北京人，自幼受家庭影响，喜爱京剧和八角鼓。他启蒙受教于著名弦师德润田先生，1942年拜师赵俊亭先生，随师就学于北京朝阳庵“胜国遗音”子弟八角鼓票房，学唱联珠快书、单弦和岔曲等，并聆受前辈名师韩洁远、荣剑尘、金晓山和傅少云等先生的教导。1947年又被德俊峰先生收为弟子。20世纪40年代后期以演唱联珠快书而闻名，曾应邀在北京的庆平轩、宝富轩、一条龙、东海轩、三友轩、富元居等十几家茶馆演唱，被听众称为“小凤凰”。

章学楷个人照

章学楷的快书以声腔铿锵激越、工架优美英武而著称。他不拘一格向前辈名家学习，并在融会贯通各家之长的基础上，把自己平生喜好的话剧、京剧、武术等融于快书之中，形成自己独特的表演风格。

20 世纪四五十年代，一些专业文艺团体曾邀请和商调他加盟，但因多种原因都被他婉拒。1954 年，他由曹宝禄先生介绍加入“北京市工人业余艺术团曲艺队”演唱联珠快书，其间深入工厂、农村、部队、机关和学校等地演出。

1979 年，章学楷与钱亚东、何志辰一起发起组织的“集贤承韵”鼓曲票房，公开彩排演唱传统鼓曲，受到了社会上各界人士的关注和支持。

数十年来，章学楷为弘扬联珠快书艺术做出了不懈的努力。2008 年，他被认定为联珠快书北京市级非物质文化遗产项目代表性传承人。2010 年，北京市曲艺家协会授予他“北京曲艺特别奉献奖”。如今，已是耄耋之年的章学楷，仍然热衷于有关联珠快书的讲学、著书、带徒等传承活动。

童年忆旧

——我的长辈们

章学楷从小就在浓郁的曲艺氛围中长大。长辈们对子弟书、八角鼓、岔曲、联珠快书的热衷，深深地浸润着他，让京味曲艺的种子悄悄在他的心底生根发芽。

在老先生们的影响和教诲之下，章学楷从八角鼓到岔曲，再到联珠快书，慢慢步入曲艺艺术的殿堂。

熏陶：
长辈故旧

联珠快书，大致始于清代的道光、咸丰年间，兴盛于同治、光绪年间，渊源是清代中期八旗子弟创作出的子弟书[①]。当年，石玉昆、王庆文、郭栋、高显臣等子弟书演唱名家，在演唱中逐渐形成了各自不同的风格，如“南城调”“北城调”“西城板”“石韵书”“硬书”“快书”等。其中以高显臣为代表的“快书”节奏轻快、一气呵成，深受人们喜欢，吸引大家纷纷学唱。联珠快书属于八角鼓艺术范围，后来逐渐发展成为北京的地方曲种。

① 是一种短篇鼓词，全称为“清音子弟书”。

章学楷的姥爷吴丽泉

我与联珠快书的缘分，应当从自幼受子弟书、八角鼓的熏陶说起。我小时候住在姥爷家，我姥爷闲暇的时候作为一种消遣，爱唱子弟书、八角鼓。我在几岁的时候就开始听姥爷唱子弟书，那时连词儿还听不太懂。

除了常听我姥爷自弹自唱外，他还有几个爱唱八角鼓的老朋友常到家中做客。他们有时高兴了还即兴弹唱，我就在一旁听着。他们对我后来学习曲艺，特别是联珠快书产生了巨大的影响。

延伸阅读

据清震钧《天咫偶闻》所载："旧日鼓词，有所谓子弟书者，始创于八旗子弟，其词雅驯，其声和缓。有东城调、西城调之分。西韵尤缓而低，一韵纡萦良久。"清富察敦崇《燕京岁时记》也记载："子弟书音调沉穆，词亦高雅。"子弟书因"词亦高雅"受到社会各阶层的喜爱，自清乾隆至光绪朝历百余年在京城盛传不衰。

（节选自中华书局章学楷所著的《联珠快书词论集微》）

如常来姥爷家的白宝山先生（1872—1947），北京人，满族，身材魁梧，擅长骑马射箭，精通武术，还会摔跤，人称“宝二爷”，是位八角鼓名票，以演唱岔曲、快书和小口大鼓而闻名。我学的联珠快书《截江夺斗》，就是他教的。这是我已经开蒙学联珠快书时的事，当时我已经有了一些功底。那时先生教得很细致。他一句一句拆开来教我，我也一句一句跟着学。

如教这段书的“流水板”时，先生先唱一句：“夫人车至沙头镇，弃岸登舟要过江。猛听得背后有人声大喝，原来是赵子龙勒马手持枪。”然后给我讲解吐字技巧和身段，我就跟着学一遍。我学会了这句，先生再往下教：“这将军巡哨方回得此信，星飞电转至长江。尊夫人某来饯行休要走，惊动了周善断喝逞豪强。”这段书不长不短，大概有两千字，我学了好一阵子才全部掌握。

又如常雪樵先生，当时已年过古稀，鹤发童颜，银须过腹，但依然神满体健，步履轻盈。先生那时还是“群英乐事”子弟八角鼓票房的把头儿①、京城著名的票友。他的联珠快书唱得特别好，如《秦琼观阵》《闹昆阳》《草船借箭》等都是先

① 旧时称把持一方或某一行业的行帮头目。解放前，戏曲曲艺行内也存在“把头”性质的人物。他们可以操纵演出和演员，在行业内具有较强的掌控力。

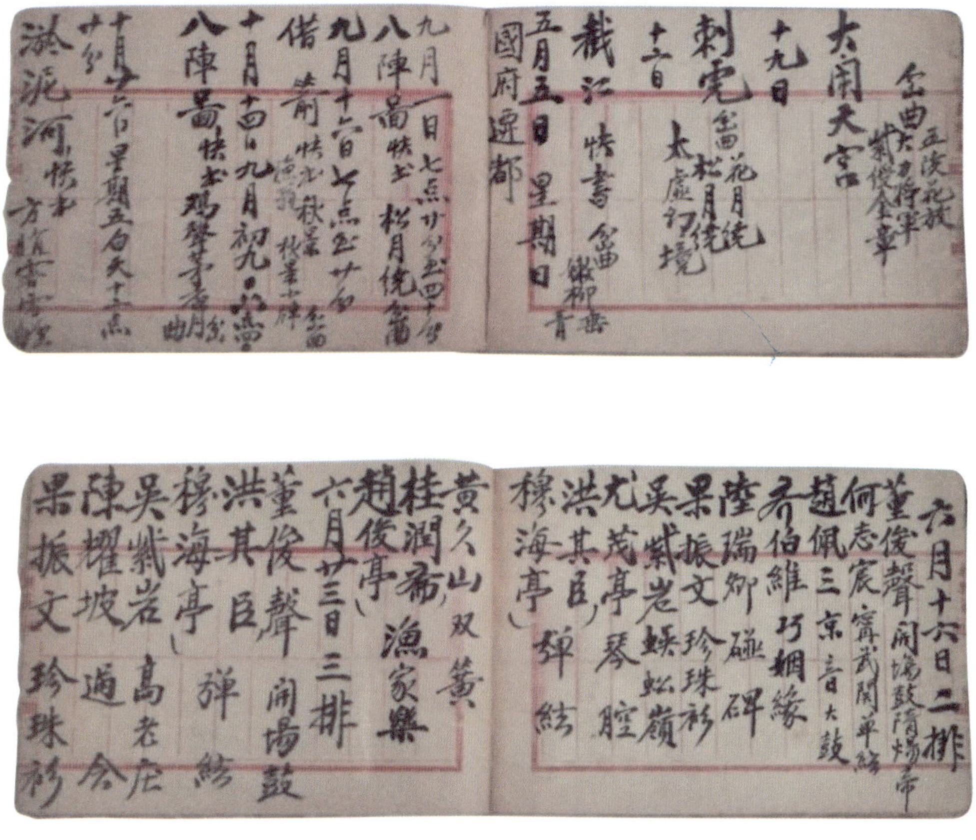

赵俊亭先生于1946—1947年在北京各电台演播快书目录的部分记录

生最拿手的唱段。我特别爱听先生演唱的联珠快书，对他演唱的《秦琼观阵》中的春云板印象最深：

隋炀帝要逛琼花观，在陆地上挑河把民坑。这一来有六十四处烟尘起，十八家反王把国号称。只闹得春无风来夏无雨，秋不见严霜冬不冻冰。苍天不忍民遭涂炭，派一位紫微大帝降真龙。兴隆寺产生一位皇殿下，讳叫世民是唐太宗。白虎投胎就在淄川县，二贤庄上降青龙。山后生长一位黑煞帅，山东济南降天蓬。二十八宿离了斗府，九曜星君下天庭。到后来前朱雀后玄武左青龙右白虎五斗三曹全秉那佛爷的牒文玉帝的敕旨，认母投胎长大成人，一个个在那贾家楼上曾结拜，在马王庙焚香他等歃血为盟。

再如德润田先生（1871—1957），北京人，满族。先生是八角鼓一代名师、三弦名家，曾在电台讲授曲艺演唱和伴奏等技艺。早年间，先生给德寿山弹弦，后给沈云澄（外馆沈家）在北京电台伴奏长篇单弦《十粒金丹》，并给德俊峰、赵俊亭和荣剑尘等名家伴奏快书和单弦岔曲。德先生和我们家是近邻，两家相隔不到五十米，闲暇时常来我们家串门聊天。德先生是我的八角鼓启蒙老师，先生的悉心教导，给我后来的八角鼓演唱打下了比较扎实的功底。

这些都是来我家唱八角鼓的常客。我常围在他们身旁听他们弹唱。在这些长辈的熏陶下，我对子弟书、八角鼓产生了浓厚的兴趣，这也为我日后学习联珠快书，以及一生对联珠快书艺术的追求，产生了潜移默化的影响。

1949 年，德俊峰（右一）、王毓贞（右三）、
赵静岩（左一）拆唱联珠快书，刘荣培（右二）伴奏

联珠快书

开蒙：
初学快书

从我们家出门往东不足50米，有一条横胡同叫“六个门儿”，把口路西第一个门内是“长远堂”——把头儿常远清先生家。先生能弹会唱，以组织八角鼓班子应邀演唱为职业，也应赵俊亭先生之请为朝阳庵子弟八角鼓票房弹弦儿，人称“三长”，我叫他三大爷。我经常去他家听唱。先生对我说：“要用心听，小声跟着唱，跟着跟着就会唱了。”先生的话果然让我受益匪浅，如《小赐福》《大八仙》《万寿香》等群唱，我都是通过跟着唱慢慢学会的。

延伸阅读

岔曲、票友与票房。在清乾隆年间，阿桂领兵征讨四川省大小金川土司叛乱时，在军中所唱的一种歌曲，是曲宝恒字小岔所创作的。演唱起来佐以三弦，弹击八角鼓，曲词腔调新颖别致，深受将士们喜爱，继而相互传习演唱，并冠以宝小岔之名称作“小岔曲”。后来讹传为“岔曲”，一直流传至今。金川战役取得胜利后，奏凯回朝的将士们鞭敲金蹬响，齐唱凯旋歌，因而“小岔曲”又被称为“得胜歌词”。

阿桂班师还朝，乾隆亲迎到良乡城南行劳师之礼，回京在紫光阁赐宴凯旋将士及王公大臣。时有人参奏阿桂，说他在金川时军中演唱一种叫“岔曲”的歌词。乾隆询问阿桂此事，命阿桂传几名从征将士演唱。乾隆听后很是喜欢这种腔调，遂允许八旗子弟军民人等演唱此种歌曲。据传说，乾隆专门为此事还曾下达过“龙票”。于是京城八旗子弟中多有以演唱岔曲为乐者，他们凭借龙票之说引以为荣，称作“票友”。

票房是票友的团体组织，但彼此不要经济约束，凡是参加票房的成员，不论是专业还是业余都称票友。在票房中，不管你的社会身份，职务和经济地位的高低，一律平等。

（节选自章学楷先生个人手稿）

我能够从小学习曲艺、练就一身“童子功”，还是因为我姥姥的支持。姥姥有位同乡德润田先生，他是西郊蓝靛厂人，我叫他姥爷。他见我喜欢上了八角鼓，就对我姥姥说：“孩子（指我）爱唱就叫他学点，也吃不了亏，将来或许还能用得着，也是碗饭儿，艺不压身嘛！”姥姥和我母亲听他这么一说，觉得很有道理，于是就请他教我学唱，那时我刚满五岁。

八角鼓

八角鼓是以岔曲为基础，以快书、单弦为核心，兼容其他曲种的一个综合性的艺术。润田先生教我唱的第一段快书是《淤泥河》。

润田先生告诉我说："《淤泥河》是快书的'母子'[①]，学会了《淤泥河》再学别的快书就容易很多了。"

快书《淤泥河》应该是清代光绪之前的作品，是流传下来的较早的快书段子。故事取材于小说《薛仁贵征东》，大概讲述的是李世民有一次率兵出战，落败后被辽东元帅盖苏文追杀，连人带马陷入淤泥河的故事。前辈快书名家如葛恒泉、德俊峰、曾振庭、赵俊亭等都经常演唱这个段子。

经过老师的详细讲解，我才清楚之所以把《淤泥河》称为快书的"母子"，是因为唱联珠快书的演员都要先学会《淤泥河》，这算是学习快书的启蒙课之一。《淤泥河》大约有一千两百多字，比一般的快书段子要短，比较适合初学者学习，学会了这个段子再去学别的段子就容易很多。

① 指本源。属于偏义复词，偏于"母"字上。

章学楷的姥姥

延伸阅读

淤泥河

【诗篇】

堪叹人生天地中，使碎心机为利名。富贵荣华花上露，好勇争强火化冰。三寸气在千般用，一旦无常万事空。任君使尽平生巧，难免荒郊被土蒙。

【书注头】

表的是，贞观天子领雄兵，跨海漂洋番营来平。

【春云板】

都只为盖苏文定下一条牢笼计，把唐天子围困三江越虎城香营人马三十万，战将千员也数不清。一个个签明甲亮如潮水，密层层在四面八方扎下营。唐贞观看阵内缺粮草，日夜忧愁盼救兵。思想起兴唐众将人人老，难胜飞刀盖总戎。昨朝军前曾打仗，阵亡了金刀赤马美髯公。架海金梁擎天柱，白袍画戟一英雄。我不表秦山报号把重围闯，说一回淤泥河边龙虎相逢。

【流水板】

贞观驾坐黄罗帐，对着群臣把话明。孤王夜内得一梦，梦只见白虎一只入帐中。此梦得的真奇怪，不知主吉与主凶。哪位公卿来圆梦，言还未尽闪出茂公。徐勣跪倒来圆梦，口尊我主请听明：此梦得的访贤兆，今朝准见应梦雄。贞观座上忙传旨，哪位随驾去亲征。吩咐那咬金程爷和张公瑾，二人同保驾出城。军前遇见番营将，张公瑾在飞镰刀下丧残生。混世魔王也难取胜，败走了兴唐老将鲁国公。害怕得天子往回跑，盖苏文紧紧相追不放松。前边厢哧滴滴飞星电转的逍遥马，后边厢啪啦啦赶日追风艾叶青。贞观扭项回头看，见贼人相貌猛又凶。一张怪脸瓜皮绿，须发扎煞火焰红。四个獠牙生唇外，一双怪眼似金灯。坐下骑那匹铁青四蹄翻飞如爆豆，当啷啷碰碎胸前紫金铃。威凛凛声似露房如虎啸，恶狠狠锯齿飞镰举在空，吓得那贞观天子哆嗦地战，唇如靛叶面皮青。唰唰唰紧打坐下逍遥马，猛抬头见城门不远在咫尺中。但则见，吊桥叠起城门闭，哪有唐家救应的兵。后边厢堪堪贼人追得紧，唐天子才一带丝缰奔了正东。往前跑有时多会，见一道长河把去路来横。

【诗白】

赫赫威名天地动，兴兵来犯中原境。安心要夺锦江山，我今岂肯饶尔命？

【联珠调】

盖苏文大撒征驼朝下赶，声音洪亮似铜钟。大叫唐童哪里走，留下人头吾立功。呼啦啦艾叶青鬃飞冷雾，光闪闪朱缨金背舞寒冰。遇难唐王心害怕，这位爷身逢险地祸到临头唤天天不语唤地地无声。遇难天子长吁气，说我李世民也曾在刀枪林内万马营中南征北战东挡西杀，剿灭了六十四路烟尘扫平了一十八国年号，称得起惊天动地的美英雄。想不到今年今月今日今时我死我灭我绝我败，把苍天苍天叫了几声。这也是我生有处死有地，发狠的天子把心横。凭着我定唐刀和逍遥马，你来来来会会飞刀盖总戎。军前力斩番邦将，也把天朝脸面增。两条性命归一处，一腔热血定雌雄。贞观才要图战马，不由辗转暗叮咛：朕当去与他拼了命，那个贼力大刀沉武艺精。血溅尸横我不怕，怕的是被获遭擒可不成。我今一死含羞愧，馁弱了李氏门中祖共宗，不免今日将河下，我的马也曾跳过虹霓血溅坑。佛保天差趟过去，寡人死里又重生，不言死在此河内，也免得落在贼人手后中。语罢言绝把丝缰举。唰唰唰紧打坐下马能行。那马发威四蹄咆哮鬃尾乍，咴咴咴咴咴地喊叫眼圆睁。四蹄攒劲腾空起，扑通通跳在银河雪浪中。这道河水浅泥深沙性软，落花水沫点点滴滴嘀嘀嗒嗒把唐贞观宝甲征袍金鞍玉辔全湿透，那马挣扎半步难移嘶呖呖声咤咤，定住一匹能行惯走的蛟龙。

（节选自中华书局章学楷所著的《联珠快书词论集微》）

拜师：
入门学艺

1942 年，我七岁的时候，赵俊亭老师正式收我为弟子。先生时年 52 岁，住在西直门内大街桦皮厂前王子胡同二号。拜师仪式是在老师家中举行的，邀请了张子鱼、吴紫岩、洪其臣、穆海亭、齐伯维等十几位来宾和我四舅吴允中先生。

过去拜师的规矩很多，引、保、代三师都要有。所谓引师，就是介绍我入师门的人；保师是师徒双方的担保人；代师是指师父忙的时候能代替师父教徒弟的老师，过去最早是指代笔师，负责写门生帖等。我的引师是桂润斋先生，保师是傅雅轩先生，代师是常远清先生。

拜师仪式开始，先由桂润斋先生讲话，然后师长们就座。桂先生是俊亭老师的结义大哥，所以列居位首。其次是傅雅轩先生（“国风雅韵”子弟八角鼓票房把头儿），再次是常远清先生。俊亭老师坐在右边的椅子上，旁边就坐的是师母白氏。

章学楷的四舅吴允中先生

拜师典礼开始，首先由桂润斋先生讲话，叫我叩头，立身一旁，师辈和来宾先后讲话。礼成后大家一起离家出胡同口，顺着马路往西到路北一家饭店永和居吃饭。

拜师与收徒是我国传统文化的主要传承方式之一。由于行业的不同，拜师的方式和形式也各不相同。以曲艺门来说，过去没有科班或学校，最主要的拜师方法就是师父收“手把徒弟”，就是“写给”师父的方法。所谓“写给”，就是订立师徒契约，写字据。内容是学习的年限及在年限内与满师后的若干规定事宜。曲艺界一般当学徒年限是三年零一节。这种契约字据名叫“关书”，是旧时到商店当学徒、进戏班学艺时签订的一种契约。立关书的拜师仪式一般不请客摆支，只由师父、徒弟的家长和中人在关书上签字，师徒关系就正式确立。

待到徒弟学业期满，出师后，要举行一次谢师仪式。由徒弟出钱在饭店预备酒席，少则一两桌，多则不限，要看经济条件而定，由师父请人参加。主要内容有：一是答谢师父的教养之恩；二是师父宣布徒弟已学艺期满，今后在事业上要拜求大家给予监督和关照。最后师父取出师徒所签订的关书字据，放入钱粮盒中当众焚化。

尊师爱徒是一种道义，所以才有“一朝为师，终身为父”的说法。作为师父需要担起对徒弟尽心传授技艺、在事业的道路上给徒弟“辅路带道”的责任，作为徒弟则要尽到赡养师父直到养老送终的义务。

延伸阅读

传统的拜师学艺还有很多类别和说辞，内容也很丰富，如“带道师”，一般是指带艺投师，所拜的师父叫带道师，就是江湖艺人所谓的“拜门儿”，实际上拜师的目的是拜一个门户辈分，为了搭班找生路而已。不论你是听教或者是家传都要有一个明晰的门户关系，从江湖上的规矩来讲，只有正式磕头拜师才算是有了门户，才能得到同行的承认。没有门户的人，要想下海做艺吃生意，是没有人能够接受你的。即便是门里出身，也所指的是艺术传授，而不是说门户传授。

再如“寄名弟子”。这不同于授业的“手把徒弟”和带艺投师的“拜门”徒弟。从“寄”字来讲，有“认作”之意，就是认在某师的名下，有了师徒名分。结成这种师徒不必举行摆支请客告知同行，只要是师徒彼此投缘，只凭一封信或一句话就算是某某老师的弟子了。这种师徒关系的确立，大概是受江湖上帮会组织有递门生帖，“拜门儿”做寄名弟子形式的影响而来的。“寄名弟子”在师徒之间也包含仰仗或需求等种种利益关系。

又如收“带拉师弟”，也是一种拜师的形式，为师者由于年龄或其他原因，不便将投师者收作徒弟，则作为替师父收作徒弟，算是自己的师弟，归入师门之中。按照师兄带拉师弟的传统规矩，师父在世时是绝不可行的。只有师父去世后，才能够举行这种仪式。但只有掌门大师兄才能有资格带拉师弟的，如果掌门师兄去世，继任的掌门也可以带拉师弟，除了掌门以外其他门人是没有资格替老师收徒弟的。在收“带拉师弟”时，必须把门户内的所有师兄弟请来参与这个拜师仪式。替老师收的这个新徒弟，排列上不论年龄大小一定是最末的师弟位置。

（节选自章学楷先生手稿）

章学楷在家练习快书

我的老师赵俊亭先生为人诚实正直、谦虚谨慎，一贯以后学自居，对求教者无不尽心指导。他治学严谨、诲人不倦，是赵派联珠快书的创始人，倍受人们尊重。

我跟着赵俊亭先生学了一年多岔曲以后，开始学习联珠快书。我学唱的第一段快书是《蜈蚣岭》，又叫《削道冠》，是根据京剧《蜈蚣岭》改编而成的，故事情节、剧中人物都没有什么变化，只是把原来的一出大戏压缩成一段较短的快书来演唱。这段快书讲的是打虎英雄武松行侠仗义、惩恶扬善，在蜈蚣岭上救民女除恶道的故事。现在流传下来的有两个版本，一个是旧抄本记录的；另一个是俊亭老师的本子，根据资料整理如下。

蜈蚣岭

【诗篇】

堪笑三清自在仙，讲法谈经妙灵玄。善为至宝修真性，潜心养静避尘凡。朝暮慈悲如神在，昼夜功德坐参禅。佛国教主一谛重，到处无量万古传。

【书注头】

表的是，不守清规的王飞天，他在那蜈蚣岭入玄门，隐恶扬善指佛藏身，欺压百姓霸占良田抢夺民女，全不管罪恶昭彰罄竹难言。

【春云板】

这一日老道无事游春景，带领徒弟下了山。路遇张家一女子，生成绝色美容颜。不亚如九天玄女临凡世，恰好似月殿嫦娥降广寒。春光弱女将坟上，携带苍头与丫环。备办祭礼乘车辆，清明佳节去化纸钱。路过凶山蜈蚣岭，才正遇恶道在山前。这老道一见小姐的花容貌，吩咐与我抢上山。呼啦啦众多凶徒把车围住，一个个帮虎吃食抖威严。车夫丫环俱废命，将小姐推推拥拥抢上山。吓倒苍头魂不在，苏醒多时把身翻。四周围寻找小姐无踪影，急得他唤地呼天跪倒在山前。

【流水板】

苍头哭罢平身站，心如箭刺似刀剜。手指山头破口骂，骂一声野道胡为礼不端。豁出我这条老命拼了吧，死在庙内也心甘。苍头想到绝情处，忽听背后有人言。扭项回头把来人看，见此人身躯高大有威严。他在那景阳冈上打过虎，替兄杀嫂罪犯当官。发配中途把张青遇，十字坡前拜金兰。孟州城巧遇施恩来搭救，快活林醉打蒋忠把生意还。飞云浦断锁掰枷伤人命，鸳鸯楼血溅钢锋大报仇冤。因此上夜跳孟州出城外，在那时节睡梦之中巧遇强人遭擒被获，多亏张青夫妻搭救，好汉惜乎命丧黄泉。无奈何改扮行装假扮陀头来寄信，连夜奔走二龙山。绕过岭前留神看，见一老叟气喘吁吁惊慌失色战战兢兢哆哆打战慌慌张张至面前。武二郎大喊一声刀出鞘，苍头跪倒口尊师父饶我性命小老儿被屈又含冤。武松说所因何故这般模样，苍头把清明佳节上坟拜扫路遇恶道打抢小姐以往情由说了一番。武二郎闻听此言冲冲怒，不由得二目圆睁咬牙切齿顿足捶胸说好好好恶道胆包天。似你这等行为，某岂肯把你容宽？

【诗白】

善男信女孝当先，为亲祭扫到坟前。路遇强梁行霸道，武松除暴解危难。

【话白】

苍头说罢，只气得武二郎双眉倒竖，虎目圆睁：“杀人不眨眼的恶魔王，俺武松岂能把你容宽？自古道：‘天作孽，犹可为；自作孽，不可活。’想俺武二敬的是忠臣孝子义夫节妇，杀的是那土豪恶霸贪官污吏，似你这般恶道，俺不杀你，誓不为人。”这才对苍头言道：“啊！老丈，我有意搭救你家小姐下山，不知你意下如何？”老苍头跪爬半步，口尊：“师父若能搭救我家小姐下山，慢说我那去世的主人在九泉之下感恩不尽，就是小老儿粉身碎骨也难以答报。”武松说：“老丈，你看那山头之上火光一起，就迎接小姐下山就是。”武松说罢，转身就走。老苍头紧行几步，叫道：“师父，那山头火光如若不不不起呢？”武松说：“那你还不逃命去吧。”

【联珠调】

武二郎吩咐苍头一些话，星飞电转上高山。一扭身形入虎穴，侠肝义胆下龙潭。双足攒劲蹿蹦跳跃连环步，手搭凉棚细看此山。凶峰恶岭怪石丛生林木交杂，高耸耸在日影之中有威严。美英雄绕过岭前抬头看见影影绰绰恍恍惚惚有一座庙，武松迈步至庙前。瞧了瞧四外无人多清静，听了听在庙中吵吵嚷嚷乱乱哄哄猜拳行令推杯换盏喜笑言。武松听罢心好恼，无名火气往上翻。连忙迈步把台阶上，单手攒劲叩打门环啪啪啪不住响连天。叫了多时无人语，美英雄倒退两步单足攒劲冲定山门借动山音咯吱一声，泥皮踢碎扦锁崩开门分左右，美英雄闯进山门至殿前。众多凶徒齐声喊，惊动了图财害命恶贯满盈蜈蚣道人王飞天。他仓啷啷手拉一条泥金大棍朝外闯，正遇武松在面前。美英雄举起戒刀冷气森森寒光闪闪搂头盖顶朝下剁，王飞天手捂天灵抡开大棍将刀拦。这老道手持大棍朝下打，美英雄一摆戒刀施展武艺，一前一后一左一右一上一下人借刀力刀借人威唰唰唰寒光一片似刀山。老道一见难抵挡，无奈何改换门路使了个猫蹿狗闪兔滚鹰翻夜行之术横遮竖挡把腰拦。心暗想敌他不过三十六招走为上策走走走，垫步拧腰往外蹿。美英雄赶上前去忙拦住，使了那夺命三刀，刀刺刀砍刀扫刀挑刀扎刀剁，老道一见心胆寒。往后倒退两三步，不由得将身一拱将腰一弯将脖一缩将头一低嗖啪道冠削在大殿前。王飞天手捂天灵要逃命，扑通通一跤摔倒在大殿前。美英雄赶上前去手起刀落咯吱一声响，王飞天皮开肉绽骨断筋折一命染黄泉。众多凶徒齐声喝，想要逃命难上难。美英雄犹如那下山猛虎酒醉蛟龙，一刀一个一个一刀不亚如削瓜切菜一样般。四周围寻找小姐救庙外，复返进庙火烧山。霎时间黑烟缭绕金蛇串，烈焰腾空火光照彻半边天。英雄急忙将山下，见苍头气喘吁吁手撩衣襟朝上闯，顾不得山路难行高高矮矮低低洼洼磕磕绊绊，紧行几步至面前。尊恩公有劳贵驾救活命，请请请请到舍下治酒款待我等报恩塑容颜。武松摆手说不必，说到我云游四方海走天涯，姓武名松排行在二，一边走一边言。剩苍头无计奈搀小姐下高山，主仆们还家骨肉团圆。

一段唱下来大约要用十五分钟，虽然时间不长，但是要把大段曲词、音乐唱腔、板式节奏、身段架势融合得浑然一体，达到完美的艺术效果，是需要下狠功夫的。

其中的唱念做打，如恶道王飞天下山游春时抢民女的嚣张气焰、武松和苍头的韵白对话、武松与王飞天打斗中的招式动作、山头起火后苍头疾步上山去迎接小姐的踉跄脚步等，都是要靠勤学苦练、反复钻研、不断领悟才能完成的。

章学楷（右一）在家教学，左为徒弟徐德亮

《蜈蚣岭》是快书学习的基础唱段，也被称为快书学习中的“铁门坎”，不是轻易就能迈过去的。但是我有了小时候学《淤泥河》的底子，学起来还不算太吃力。

学唱联珠快书就先要把词背下来，词记熟了，跟着老师一句一句学唱，老师会一字一句地帮我抠。学快书是功夫活，需要时间反复唱练，越唱越熟。就这样，我学习的第一个唱段《蜈蚣岭》也成为我第一个快书表演曲目。那时候赵先生也常带我去茶馆演出，因为我还是个孩子，所以唱得好与不好都很容易被包容，还可以得到很多前辈的指点。后来《蜈蚣岭》也成为我拿手的联珠快书传统曲目之一。

在我的快书学艺经历中，另一位重要的老师是德俊峰先生。德先生演唱的快书，嗓音高昂清脆，字正音醇，气力充沛，喷口有力，发音吐字落地生根。一段快书从头至尾一气呵成，不偷不闪，利刃斩麻，淋漓痛快。

记得有一回，德先生见到我的老师赵俊亭先生，请了一个安①，说：“把您的徒弟（指我）赏我得了。”赵先生立马回绝说：“那不成！”

其实年少时的我也十分喜欢听德先生演唱的快书。后来有位奎先生，当年大概七八十岁了，他知道我有心向德俊峰先生学习快书，就想帮我促成此事。

① 明清时期“请安”为问安礼节的一种，源于明代军礼，后衍化为日常礼节，沿用到民国时期。

派”，在北京及天津等地影响很大，后学者大多宗之，又被称作“京派”。

曾振庭先生，受教于奎松斋先生。曾先生演唱的快书，音调苍劲淳厚，吐字沉着有力，发音收韵有独到之处。曾先生的快书表演是说唱并序，快慢相兼，音调是平着走，时而悠扬舒展余味无穷，时而奔畅无阻荡气回肠，形成了“曾派”快书的独特风格。

在我的学艺生涯里，不仅受教于启蒙师傅德润田先生、后来拜师的赵俊亭先生和德俊峰先生，一路走来还受到很多前辈名师的教诲和指导。在拜赵先生为师后，我时常就学于北京朝阳庵“胜国遗音”票房，其间曾受到前辈们如韩洁远、荣剑尘、金晓山、傅少云等先生教诲。在拜师德俊峰先生后，我也曾得到谭凤元和曹宝禄老师的指导。

出于个人爱好，我也广泛涉猎京剧、武术、话剧等。后来，我在联珠快书的表演中，尝试将京剧、武术、话剧的一些元素融入自己表演的身段、动作、表情之中，起到了非常不错的效果。

如我跟舅父吴图南先生学习太极拳，这对我联珠快书表演中的动作把式十分有益。特别是在眼神方面，演员在舞台上一亮相，他的眼神就要把观众吸住，无论是前排的还是后排的观众，都得被眼神吸住跑不掉，这是需要练的功夫。

又如，我在继承“赵派”“德派”快书的基础上，把京剧、话剧等所学融入我演唱的联珠快书之中。承蒙听众喜爱，还馈送了我一个雅号“小凤凰”。

大概到了30岁以后，我逐渐摸索出属于自己的艺术特点和风格，并在之后半个世纪的舞台实践中不断发展完善。

章学楷的三舅吴图南先生

往事重提

——行里见闻录

联珠快书自形成以来，受到北京百姓的广泛喜爱，产生了很大的社会影响。之后传播到天津、河北及东北等地区。

联珠快书在两个多世纪的传播发展过程中，涌现出许多名家，风格各异、富有特色，在北京曲艺百花园中争奇斗艳。

历数联珠快书的百年过往，除了引人入胜的表演艺术之外，还有许多行内的故事，同样给我们留下了许多宝贵的回忆。

考究：
博古探微

联珠快书，来源于“子弟书”，始于清代道光、咸丰年间，兴于同治、光绪年间，其主题思想鲜明突出，故事情节简洁凝练，曲词结构严谨层次分明，曲调铿锵激越清脆嘹亮，节奏明快爽朗。同时，联珠快书又集戏曲、鼓曲艺术之长，唱、做、念、打融为一体，首尾上下一气贯通，独具一番艺术特色。

清代嘉庆、道光年间，以高显臣为代表的“快书”，以“节奏明快、清脆高昂”为特色，宛如高山流水连绵不断，从头至尾一气呵成。它是从弋阳腔的“滚唱”发展演变而来的。明代王骥德在《曲律》中写道：“弋阳、太平之滚唱而谓之‘流水板’。”因此沿用“流水板”的称呼，又叫“快书”。高显臣自弹三弦演唱《隋唐》等故事，唱一段后再把唱段情节讲述一遍，使听众清晰明了，深受人们欢迎。当时人们喜欢他的唱腔淋漓畅快，纷纷学唱，而且叫作“唱高显臣”。

到清代咸丰、同治年间，奎松斋先生在“流水板”的基础上进行了改革，借鉴了当时流行的串铃“数唱”等杂牌子曲及评书戏曲等说唱表演艺术，参考了宋、元诸宫调的演唱形式，明清八股文的文体结构，创作出节奏爽朗、层次分明、结构严谨、情节简练，唱、做、念、打融为一体，首尾上下一气贯通的一个崭新的曲种。即“累累如贯珠者”曲律，又因其最后的一个曲牌叫“联珠调”，故称为“联珠快书”。

2010 年，章学楷在梅兰芳大剧院演出剧照

延伸阅读

“快书”又称“连[1]珠快书”。因为这种书的末尾，都用连珠调作结。唱这种书的时候，都是越唱越快，而又以明了熟烂为贵，以前的人用“洒洒如贯珠”形容背诵的快熟，唱这快书，就要有这样的本领。

这种书的体裁，和宋朝的诸宫调有些相似。诸宫调是集合许多调子叙述一件故事，而于诸调之中，又夹一些说白（见《观林外集》），这快书就完全是如此，不过诸宫调所用的调子没有一定（如《董西厢》），快书所用的调子有一定的限制罢了。

快书的开首也有“诗箱”，诗篇也是八句，其后则为“注头”。“注头”是用很简单的词句，总叙全书大意（后例注头不甚完全）。书中说白称为“话白”，或称为“诗白”。所用的调子，通常分为三落：第一落用春云板，第二落用流水板，第三落用连珠调。要是多于三落的（百本张钞本《淤泥河》多至十三落），则各调

① 原书中使用此“连”字。

皆可重叠数阕，不过总以春云板在书前，流水板在书中，连珠调在书后。也有少至两落的（如《战长沙》），则可略去中间的流水板，头尾是不能缺少的。

这快书演唱的情形，是用一个人坐着弹弦子，一个人站着说唱。唱的人也有手打八角鼓的，如其无鼓，则唱的人须演作书中种种姿势和唱牌子曲一样，不过牌子曲中没有说白（详后），而且音调不同。现在在各游艺场中，唱快书的还很多。

唱这快书，需要用很大的气力，所以子弟书《郭栋儿》里说："郭栋不似高显臣的快书真讲气力。"岔曲《书名》里也说："快书是硬砍实凿。"把"硬砍实凿"四字形容歌唱快书，恰到好处。

（节选自文津出版社李家瑞《北平俗曲略》）

全段联珠快书是由“诗篇”“书注头”“春云板”“流水板”“诗白”“话白”“联珠调”七个段落所组成。词句的基本句式是七字句或十字句，每句曲头前边可加三字头，每句中可加衬字或衬句，如“叠字句”“四字攒句”等，曲词的句数不限，快书的音韵辙口是用北京音系“十三辙”。全段快书只能用一个辙口，一辙到底。

2010 年，章学楷（左一）与徒弟徐德亮演出剧照

曲词的首段“诗篇”，形式和“子弟书”首段的“诗篇”相同，因此可以说快书的首段“诗篇”形式是由“子弟书”延传而来的。它一般由七言八句诗所组成，所以又叫“八句诗篇”。内容是概括全段快书的主题思想，为全段快书故事演唱的开篇。演唱时分为前两句和后六句两个小段落，前段两句的尾字都要押韵，分为上下句，上句的尾字用阴平声，下句尾字用阳平声。诗篇后六句，上句可以不押辙，尾字用仄声；下句押辙，尾字用平声。

2013 年，章学楷（左二）与徒弟杨世安（左一）在民族文化宫演出剧照

二段“书注头”是用两句简明的曲词来介绍快书的故事内容，犹如目录一般。老演员在过去演唱时常说：“下面给您唱这书中的注头，代表书中的目录。”“书注头”的两句曲词尾字都要押辙，上句尾字用阴平声，下句尾字用阳平声，演唱时上句前加“表的是”三字头。

现在台上演出快书，大多从“书注头”开始，诗篇被省略不唱了。

三段“春云板”演唱时称作“头落春云板”，是曲文故事的正式开始，述说故事的起因和时代背景等。“春云板”以两句曲词为一番儿，分上下句，在每一句曲词中间可加衬字①或嵌句②，全段春云板的句数不限，上句尾字可以不押辙，用仄声字；下句尾字押辙，用平声字。演唱起来，节奏略为缓慢。一般说，“春云板”的基本句式是七字句或三字头十字句，句内可加衬字，但不能增加垛句③，否则就不能叫春云板了。

四段“流水板”称作“二落流水板”，是表演故事之主要情节，并形成小的高潮。四句曲词为一番儿，每句中间多加衬字和嵌句，即四字垛句，全段句数不限。一、三句尾字可不押辙用仄声字，二、四句尾字押辙用平声字。演唱起来比“春云板”略快，犹如高山流水滔滔不断。

① 曲牌所规定的格式之外另加的字，称为“衬字”。
② 曲艺唱词的一种句法。一句一词由若干句子连贯组成。常用于加强语气、增强气氛。
③ 垛：duò。垛句：曲艺唱词的一种句法，一句一词由若干句子连贯组成，常用于加强语气、增强气氛。

五段“诗白”是用一首诗或词来提示故事进入高潮之开始，吟诵时要有气魄和声势。

六段“话白”，是用白话的形式来演述故事情节，句式长短不定，内容是上接“流水板”，下接“联珠调”，起到承上启下的作用。话白有它独特的艺术表现形式，内中有不同身份人物的对话，有体现故事人物内心思想活动的独白，有讲述故事情节的叙事朗诵等。话白虽然是只说不唱，但是它有节奏、有韵味、有表情、有身段，是与其他曲种或戏曲的念白不尽相同的，演唱时称作“道话白”。

七段“联珠调”称为“三落联珠调”，也叫“联珠串词”，是全段快书中最主要部分。故事达到了最高峰，为全段快书精华之所在。曲词分为上下句，句数不限，句子中间加有大量的衬字和嵌句，俗称“三字头，四字串”，以及“叠字句”和“排字句”，如“咕噜噜”“哗啦啦”“啪啪啪”或“唰唰唰”等。曲词上句可以不押辙，用仄声字；下句尾字押辙，用平声字。演唱时要一气呵成，没有间歇，讲究吐字清晰、干净利落，不丢气、不吃字，干板垛字、硬砍实凿，有如万弩齐发之势，亦累累如贯珠，比作珍珠落玉盘，连声不断。

快书中最难唱的是后部的第六段“话白”和第七段“联珠调”。这两段唱起来的时候比前面的“春云板”“流水板”要难。行里有这样一句话：“千斤话白四两唱。”从这句话中可以体会到话白的难度。其实还有比话白更难的，那就是“联珠调”，唱起来字字紧挨、句句相连，有句说“联珠调”的老话很形象：“有忘词的工夫没有想词的工夫。”联珠调需要唱，旋律、音韵都要有。早年间演员演唱时，要向观众先做一下交代：“下面我给诸位唱这段联珠调，又叫联珠串词。也就是气乃一趟线、字乃一串珠，犹如一串珍珠下面有一个玉盘，用剪子铰开下边的珠子扣，珍珠一个一个掉在那个玉盘中，叫作珍珠落玉盘铿锵有力，珠玉之声接连不断。”要唱好“联珠调”必须勤学苦练，否则听起来像在案板上剁菜。

2003 年，章学楷（左一）在安贞桥社区演出剧照

2010 年，章学楷与徒弟王玥波、徐德亮在胜利电影院演出剧照

谈到学好联珠快书，不得不提到“二阵”和“铁门坎”。“铁门坎”就是《蜈蚣岭》，我不再赘述。“二阵”指的是《阴魂阵》和《秦琼观阵》。

快书《阴魂阵》是根据戏曲《黄伯央大摆阴魂阵》改编而成的，

原取材于小说《七国春秋平话集》，讲的是战国时期，燕国大将乐毅联合五国之师伐齐，连下齐国七十余城，杀齐滑王和邹妃，捉拿齐国太子固存。孙膑为救齐国，率领弟子下山。乐毅不是孙膑的对手，用反间计骗得师父黄伯央下山。对阵交锋中黄伯央败给了孙膑，一怒之下摆设了一座阴魂恶阵，将孙膑困在了阵中。

这是一段神仙争斗的故事，在联珠调中列摆了二十八宿和诸多神将的名字，以及他们各自把守的方位，曲词大多是贯口式的句子，如：“里边厢又请那二十八宿九曜星君，朱雀玄武青龙白虎勾陈螣蛇丧门吊客气昂昂。”其中还有大量的三字句的垛句，如：“正东方甲乙木，奎木狼井木犴角木蛟斗木解，太岁杨任手中持定七灵五火龙须扇。”又如：“又听得牛吼叫马咆哮鸡声唱犬汪汪。男男女女无数冤魂，哭哭啼啼口叫孙膑把命偿。”三字句垛句比四字句垛句难唱，要找好气口，每个字的吞吐收放、气息运用、字与字之间的抑扬顿挫都得掌握好。二十八宿的名字也绕口不好背，如果在演出时一忘，准想不起来，就得栽在台上。

快书《秦琼观阵》，又被称作《锏对棒》，讲的是隋炀帝无道，天下群雄揭竿而起，程咬金、尤俊达劫皇杠，被靠山王杨林所擒，移交给登州府审理。捕快秦琼，字叔宝，私自放走两人，惹恼了杨林，于是杨林摆下一座连环阵，要秦琼观阵比武。《秦琼观阵》联珠调的句子里有的长达五十多个字，如：

又则见，正东正西正南正北东南东北西南西北四面八方，乾坎艮震巽离坤兑休生伤杜景死惊开天地日月雷泽山风混元颠倒多厉害。

这么长的句子要一口气唱下来。还有一些贯口的绕口令儿，如：

果然是金盔金甲银盔银甲铜盔铜甲铁盔铁甲万字盔连环甲，穿红挂绿着紫披蓝，红的红似血白的白似雪黑的黑似铁黄的黄似月青的青似蟹。

一字唱错，下边错一片。联珠调是唱，要有音调旋律，讲究身段动作和表情，都要与那明快准确的节奏、板式融合在一起，弄不好会形成顾了唱顾不了身段，顾了身段又顾不上板，气口不准、气息不匀、吐字不清，嘴皮子拌蒜①，所以快书演员都把“二阵”当作习练基本功的必修课。

---

① 比喻技艺不精，做事不利落。

早年快书的演唱，是以自弹自唱的形式，其中曲词段落的多少也不固定，如《古城会》四落、《长坂坡》四落、《血带诏》五落、《淤泥河》最长达十三落等。经过奎松斋先生改革以后，为了适合表演，把自弹自唱改成由一人演唱，由另一人用三弦伴奏，并把曲词的段落统一成为三落，即头落“春云板”、二落“流水板”、三落“联珠调”。

如今，舞台上常见的快书多是由一人演唱，而另一人用三弦伴奏。演唱者身着长衫，只用折扇、手帕和醒木三种简单的道具，演唱曲词中的各色人物。

快书的另一种演唱形式，是由一人用三弦伴奏，另由三位演员来演唱，称作“拆唱快书”。演员分别演唱曲中人物，如拆唱快书《草船借箭》，一人饰周瑜，一人饰鲁肃，另一人饰孔明，不用化装，三种简单的道具不变，唯曲中人物均有固定位置，周瑜居中，左边鲁肃，右边孔明。在演唱中气口要摆得匀，茬口要接得紧，不冒不坠，不丢不顶，唱做表情配合默契，细细入微，丝丝入扣。由于拆唱快书只有三名演员，如果某段快书曲中人物超出三人，就分别由演员来兼饰，如快书《截江夺斗》曲中人物较多，在拆唱时由一人饰孙夫人，一人饰赵子龙，另一人饰周善和张飞，二渔人则由饰孙夫人和饰周善的演员兼任。

拆唱快书多以《草船借箭》《截江夺斗》两段为主，其他快书也能拆，但不多见。早年每逢有较大的喜寿庆典、走局唱堂会，名家聚首大多以拆唱快书为底轴。演员都是资深的名家，讲究真材实料的玩意儿，硬砍实凿的功夫，人前比高低，台上见真章，八仙过海，各显其能。

快书还有一种演唱形式，就是彩唱。在演唱时，曲中有的人物做简单的化装，在演唱中间加有垫词、垫话。如《胡迪骂阎》快书，由一人饰胡迪（不化装），另一人饰老道（化装），在脸上涂点大

章学楷参加金秋曲艺沙龙活动演出剧照

白，戴上胡子（胡子戴脑门上就是头发，戴在嘴上就是胡子），大褂领子往里一窝，手拿一把拂尘。全段快书中的曲词都由胡迪演唱，每段唱词中间，前后都有胡迪和老道的对白与老道的说教，此种形式已绝迹舞台多年了。

快书在演唱时，演唱者首先弹八角鼓唱一两段岔曲或腰节、琴腔、荡韵等小段，然后放下八角鼓再演唱快书，不论是独唱、拆唱或彩唱，都是这种过程。因联珠快书曾得到清廷帝后的赏识，被列为清定鼎时凯歌之词，在宫廷八角鼓艺术范围之中，所以用此形式作为表现。

快书的故事形式、内容要求主题明确突出，情节简练，曲词声韵和谐，描摹生动，简明干净，利刃斩麻，不拖泥带水。一段快书一般在十五分钟左右，炽热火爆，慷慨激昂，演唱英雄人物和他们爱国为民、惩恶扬善的事迹，以及金戈铁马的疆场战争等故事。

根据快书的特定艺术形式，传统快书故事题材绝大多数选材于讲史小说、戏曲故事和时事衍成三个方面。

根据傅惜华所著《北京传统曲艺总录》、王毓真所著《快书集》、吴逢吉所著《红杏山村快书目录》和我写的《快书总目提要》，以及《中国曲艺志·北京卷》、私家收藏未见著录的快书篇目，对联珠快书的篇目大致进行分类整理如下：

历史小说类

《鸽异》	《连琐》	《托兆》	《禅鱼寺》
《浣纱记》	《刺王僚》	《渑池会》	《闹昆阳》
《乌江恨》	《凤仪亭》	《战濮阳》	《白门楼》
《血带诏》	《过五关》	《古城会》	《当阳桥》
《汉津口》	《荐诸葛》	《打黄盖》	《华容道》
《百寿图》	《单刀会》	《定军山》	《八阵图》
《凤鸣关》	《哭祖庙》	《南阳关》	《周西坡》
《淤泥河》	《摩天岭》	《闹地府》	《闹天宫》
《两狼山》	《逼降表》	《李陵碑》	《镇潭州》
《九纹龙》	《野猪林》	《宝珠寺》	《狮子楼》
《都监府》	《清风寨》	《闹青州》	《收秦明》
《扈三娘》	《猎虎记》	《铜网阵》	《白虎庄》

《虎牢关》（人辰辙）	《虎牢关》（中东辙）
《将相和》（江阳辙）	《将相和》（遥条辙）
《斩华雄》（灰堆辙一）	《斩华雄》（灰堆辙二）
《战长沙》（中东辙一）	《战长沙》（中东辙二）
《长坂坡》（中东辙）	《长坂坡》（人 辰 辙）
《失街亭》（中东辙一）	《失街亭》（中东辙二）

《空城计》（言前辙）　《空城计》（中东辙）
《斩马谡》（一七辙）　《斩马谡》（中东辙）
《战金山》（江阳辙）
《携琴访友》　《卧薪尝胆》　《完璧归赵》　《荆轲刺秦》
《许田射鹿》　《三顾茅庐》　《徐母训子》　《舌战群儒》
《赤壁鏖兵》　《截江夺斗》　《赵颜求寿》　《水淹七军》
《秦琼观阵》　《罗成托梦》　《箭射贞观》　《箭对飞刀》
《胡迪骂阎》　《疯僧扫秦》　《鲁达除霸》　《杨志斗武》
《武松打虎》　《醉打孔亮》　《真假李逵》　《草诏敲牙》
《血溅鸳鸯楼》　《烽火戏诸侯》　《群星列宿阵》
《智盗紫金铃》　《枪挑小梁王》
《草船借箭》（中东辙一）　《草船借箭》（中东辙二）
《棒打洪教头》（由求辙）　《棒打洪教头》（遥条辙）
《擂鼓战金山》（中东辙）

戏曲故事

《五雷阵》　《花木兰》　《请清兵》　《盗御马》
《连环套》　《遇皇后》　《宁武关》
《阴魂阵》（江阳辙一）　《阴魂阵》（江阳辙二）

《蜈蚣岭》（言前辙）　《蜈蚣岭》（中东辙）
《刺汤勤》（江阳辙一）　《刺汤勤》（江阳辙二）
《阴魂阵》（姑 苏 辙）
《目连救母》　《鸿雁捎书》　《狸换太子》
《贞娥刺虎》（中东辙）　《贞娥刺虎》（人辰辙）

时事衍成

《炮打轮船》　《日俄交兵》

新题材快书

《斥敌》　《红岩》　《宋恩珍》　《百鸡宴》
《焦裕禄》　《青松岭》　《欧阳海》　《陈岱山》
《十人桥》　《排哑炮》　《救飞车》　《柳下跖》
《海燕凌空》　《民女除寇》　《烈火红心》　《跃马扬鞭》
《歌唱天安门》　《霍元甲打擂》　《大闹河神庙》
《铁人王进喜》

人物：
名家辈出

联珠快书自形成以来到 20 世纪中期，一直盛传于北京。当时很多北京的八角鼓演员喜唱联珠快书，在其他鼓曲演员中也多有兼唱快书的。几代演员为了快书艺术的健全、完美、传承和发展，付出了大量的心血。他们在演唱中不断地充实提高、改革创新，形成了各具特色的艺术风格，得到了社会上各界听众的肯定和爱戴。

经过一百多年的发展，联珠快书名家辈出，流派纷呈，不尽详述。我凭着个人记忆将 20 世纪 60 年代以前部分知名的职业和非职业的联珠快书专、兼唱演员列举如下。

一、男演员（排名不分先后）

奎松斋、桂兰友、奎佐臣、广恩甫、白宝山、步俊亭、韩洁远、尤茂亭、常雪樵、海汇川、全月如、德俊峰、群信臣、何质臣、张小轩、白宝亭、金小山、傅雅轩、秀翠峰、荣剑尘、谢芮芝、曾振庭、赵俊亭、屈振亭、常澍田、吴紫岩、吴允中、葛恒泉、赵静岩、李瑞亭、常旭久、葛振清、陆瑞卿、关贞奎、王毓真、曹宝禄、陈文新、赵佩三、吴常珊、金维源、张剑平、张伯扬、王俊声、魏云鹏、鲍洪培、赵景泉、张振元、希世珍、马长宽、张玉林、李迫鹏、赵俊良等

二、女演员（排名不分先后）

赵莲卿、何砚樵、吴凤仪、吴凤鸾、小映霞、阎秋雯、良桂芬、良小楼、李慧如、王玉凤、王凤久、崔凤琪、桂月樵、廉月儒、石慧儒、石连城、龙洁萍等

如今健在的还有司马静敏、马增蕙和我等，人数已经不多了。在联珠快书的老艺术家中，有几位值得着重介绍一下。

第一位是奎松斋先生。先生生于清道光年间，卒于民国初年，满族，北京人。他是联珠快书的创始者，被北京子弟八角鼓界奉为典范，人们尊称他为“奎六爷”。

清光绪初年，奎先生应载徵之邀，在其府邸中组成“赏心悦目”子弟八角鼓票房，鼓柳彩完备，阵容齐整，外约应局，人称“全堂八角鼓之京城第一大票房”。载徵任把头儿，奎松斋任执事把头儿和教师。奎先生演唱的联珠快书在京城更为轰动一时，喜唱快书的八旗子弟大多就学于先生的门下。

奎先生所创作的快书，故事性强、情节简练、人物性格鲜明突出，演唱起来节奏爽快，曲调优美，声感动人。他主张以“语言要有神态，形象要有气质，写意传神，点到为止”的艺术表现手法演唱快书。流传至今而脍炙人口的快书名段，如《截江夺阿斗》《草船借箭》《托兆碰碑》等，都是奎先生的代表作品。鼓王刘宝全在回忆奎先生时说：“有一年我们一起在庆丰堂祭神，他唱快书《群英会》择用京剧的身段做派，描摹鲁肃的神气效果好极了。所以大家都称他为‘活鲁肃’。”

我听德俊峰、赵俊亭先生说过，快书名家广恩甫正当年轻气壮之时，原唱京剧武生，后改唱快书，身高马大，自编自演，如《恶虎村》《钢网阵》《连环套》等，配合武生的身段，唱起来炽热火爆。在一次堂会上，奎先生应邀与其他两位拆唱快书《草船借箭》，一位说就会唱鲁肃，另一位演员说就会唱孔明，结果把周瑜留给了奎松斋。这段快书里周瑜不是主要角色，演唱中除“春云板”外，“流水板”“联珠调”等主要唱段，周瑜只有两三句词，“活鲁肃”亦无用武之地了。孰料在“春云板”唱到如下时：

（鲁肃唱）在一旁鲁肃不解其中故，问都督诸葛亮是诈是实情。

（周瑜接唱）周郎闻听哈哈笑，鲁大夫似你为人也忒以老诚。他而今自寻其死将谁怨，此一番插翅安翎也无处腾。一应得箭料工人全不应手，限期一到我问典刑。任凭他腹隐机谋藏妙策，想要逃生万不能。

奎松斋通过面部表情神态，先表达出自以为计谋将成的周瑜从内心中发出的得意之形，继而又表现出由于嫉妒要杀害孔明的狠毒之态和藐视对方的骄傲神情，配合身段动作表演，宛如周瑜再现。霎时在观众中响起了哄堂的喝彩声。下边是鲁肃接唱：

鲁肃闻听把魂吓破，把一片像火的心肠似见寒冰。苶呆呆默默无言不敢朝下问，愣怔怔手捻长髯如泥塑成。

结果没想到饰鲁肃的那位听奎先生的演唱竟入了神儿，把自己的唱词给忘了。

有一次奎松斋应邀到天津，与刘宝全同台演出，排戏码时奎先生与刘先生互相谦让，争让对方演大轴。推来推去，结果还是奎先生坚持由刘宝全唱大轴。但是每当奎松斋演唱时，刘宝全就站在台边认真观摩学习。他对奎先生的艺术造诣十分赞赏。

奎松斋先生治学严谨，诲人不倦，诸多鼓曲前辈名家都聆受过先生的教导。曲词作家庄荫堂先生最佩服奎松斋，他说："奎松斋的快书，不仅仅是味儿唱得醇厚、悠然动人，难得的是他的表演。他的身段不光是姿势美，质纯又稳又准，高明的是善于选择适合他发挥身段的节骨眼儿，而又不多不少地恰到好处。所以使人感到他的身段光彩夺目，不愧人家称赞他是这一行的一代宗匠。"

第二位是桂兰友先生。生于1860年，卒于1942年，满族，北京人。他喜唱京剧和八角鼓，对快书、岔曲、单弦、琴腔及时调杂曲样样精通。他行七，故在北京通称为"桂七爷"。

桂先生演唱快书时嗓音宽亮，调门高，喷口有力，唱腔高低起伏、刚柔相济，非他人能及。演唱时自弹三弦，不用别人伴奏，往往两段快书一气唱完，如《武松打虎》，接唱《蜈蚣岭》；《托兆》带《碰碑》等。《空城计》《斩马谡》《凤鸣关》《一门忠烈》《刺虎》《汜水关》等都是兰友先生独有的拿手唱段。

天唱《挑帘裁衣》，接唱《开吊杀嫂》，连说带唱足够两个小时。演唱时，他有时郑重其事，有时滑稽逗趣，亦庄亦谐，绘声绘色，引人入胜。头一炮就打响了。第二天他演唱拿手的独有段子《金兰会》（西门庆结拜十兄弟的故事），下接《得钞傲妻》。唱到出奇制胜之处，可谓“前无闻焉”。第三天换唱联珠快书中两个见功夫的火爆段子《武松打虎》《蜈蚣岭》。待三天连着打响后，北海楼已经终日座无虚席了。每次演出台下的欢笑声、喝彩声不绝于耳。

兰友先生不仅为单弦牌子曲闯开门路，而且联珠快书在天津也是经他首次上演的，更被赞扬一时，观众普遍认为：

演员身上没有力气、嘴里没劲唱不了联珠快书。听桂先生的演唱实在过瘾解气。

这都是桂先生的绝到之处，只以快书《蜈蚣岭》来说，内行术语称作“铁门坎”，难度很大，可桂先生唱起来一气贯通，确有一泻千里之势，同时声音洪亮清脆，调门高声震屋瓦，余音绕梁，不同凡响处实非他人所能及。

三天之后，桂先生专唱个人独有的段子，牌子曲如《大财神》《金钱豹》《冷热相嘲》《钟馗嫁妹》；快书如《空城计》《凤鸣关》等，都可谓精彩绝伦，博得“誉满津门”。

第三位是德俊峰先生。生于 1872 年，卒于 1964 年，北京人。自幼学唱京剧，后随师奎松斋先生学唱八角鼓，在 13 岁时就在平则门（今阜成门）外北关厢的“万顺园”茶馆演唱联珠快书（人称“幼童快书”）而知名于京城。他把在戏曲和武术中的所学巧妙地与快书结合在一起，形成了“德派”快书。

德俊峰先生对艺术的追求一丝不苟，为演好快书《长坂坡》，每当国剧宗师杨小楼先生演唱此剧时，必去观摩，精心研习，用于自己的快书之中。

快书《虎牢关》是德先生的拿手唱段之一，在“联珠调”中有如下的一段：

双股剑冷气盘旋照定吕布臂面刺，冷艳锯犹如恶虎下山峰。丈八蛇矛忽上忽下如怪蟒，吕奉先画戟飞腾，银蛇乱舞，白亮亮恰如秋水一般同。

在这段快书中唱与做的分量可称是半斤八两，尤其是那战场厮杀的情节更突出武打身段的表演。书的演唱不同于戏曲，《虎牢关》在戏曲中，刘备、关云长、张飞和吕布分别由四位演员来饰扮，而快书只是由一人演唱，既不装扮，又无道具。当德先生演唱时，他在舞台上以不同的位置、虚拟的手法，挥剑、举刀、拧矛、持戟、抬腿、抄翎一连贯的几个大身段的表演，配合表情、眼神、目光和铿锵激越的曲词唱腔，在仅仅 35 秒钟演唱的时间内，塑造出凝重的刘备、神威的关公、勇猛的张飞和骁悍的吕布等各个不同的人物形象。

快书《秦琼观阵》是德俊峰先生的代表曲目之一，极具“德派”快书的特色。如在“联珠调”中唱道：“上前拉过黄骠马，宝马龙驹你是听，至他把那三根肚带紧了又紧，回手拽过镫青铜。翻身上了黄骠马，直奔正南火丙丁”这六句中，通过人对马的表述，刻画出秦琼在大敌当前、生死攸关时刻的内心活动，直到决心已定，无所畏惧、勇往直前地冲入敌阵的英雄气魄，通过唱、做、神情体现得淋漓尽致。其中如紧肚带、拽镫、翻身上马和催马入阵等几个连续的大身段，干净利落，优美至极，听众无不拍手叫绝。

德先生精通八角鼓艺术，琵琶、弦子、鼓、柳、彩全能，被北京八角鼓界尊为“大师哥”的王毓真先生（务本堂主人）回忆：

1946 年，北京鼓曲名家应邀到他所住的西郊成府家中聚会，年已七旬开外的德俊峰先生即兴表演“筋斗献彩”，干净利落。新中国成立前有钱人家办喜事、办生日都要请局唱堂会，事主都喜欢邀请德俊峰的快书。当时北京的电台经常播放他演唱的快书，被听众赞誉为德俊峰激珠溅玉，快书界之鲁殿灵光。他经常演唱的快书曲目有《铜对棒》《周西坡》《宁武关》《长坂坡》《两狼山》《武松打虎》《三英战吕布》《凤鸣关》等七十余段。

第四位是曾振庭先生。生于 1880 年，卒于 1964 年，祖籍北京，名李曾如，艺名玉梁，后用曾振庭。14 岁开始入票房学习八角鼓，受教于奎松斋先生，参加过走局演唱。民国初年拜入于国田先生门下，转而做职业演员。曾到天津“松风阁”（现和平路北头）演唱。

他唱的快书《蜈蚣岭》《挑滑车》，很受天津听众的欢迎。随后应邀到南京、汉口、杭州及京、津等地演唱。他在早、中期以演唱单弦牌子曲为主。20 世纪 40 年代后，已经六十多岁的曾先生，以演唱快书而著称。新中国成立后，他加入了天津市曲艺团。

在朝阳庵演唱的联珠快书有常雪樵的《阴魂阵》《锏对棒》，德俊峰的《虎牢关》《观阵》，赵俊亭的《刺虎》《八阵图》，海汇川的《请清兵》《宁武关》，陆瑞卿的《碰碑》，王毓真的《百寿图》《徐母训子》等。

我在20世纪40年代加入朝阳庵票房习演岔曲、快书和杂牌诸曲。和我前后加入的还有陈文新、张剑平 、何志臣、金维元、吴常珊、高家兰、王骏生、李吉安、黄荣培、李进鹏、高启亮和希世珍等十几位同学。

朝阳庵票房于1947年末停排，后移至德胜门内后海西岸的孟家茶馆。茶馆主人孟先生是俊亭老师的挚友，名讳不详，人称孟二爷。他因为喜欢八角鼓之轻音雅韵，腾出自家前院的一幢房子，开设一间茶馆，供俊亭先生组织走排演唱。

过排时间是每周星期天下午。应邀前来过排演唱的票友，大都是当代“八角鼓”的曲坛名宿。大家轮流演唱，不分前后次序，一律听从把头儿俊亭先生的治场安排。

当时，我在票房中年龄最小，才十几岁，应邀参加过排习演岔曲、快书等。

1949年春，孟二爷举家南迁，过排也随之结束。全部细瓷茶具都廉价折价给了“庆平轩”茶馆。如今孟家茶馆的过往更是鲜为人知了。

20世纪50年代，北京市总工会和北京市劳动人民文化宫为组织开展职工业余文艺活动，选拔职工文艺骨干，成立了“北京市工

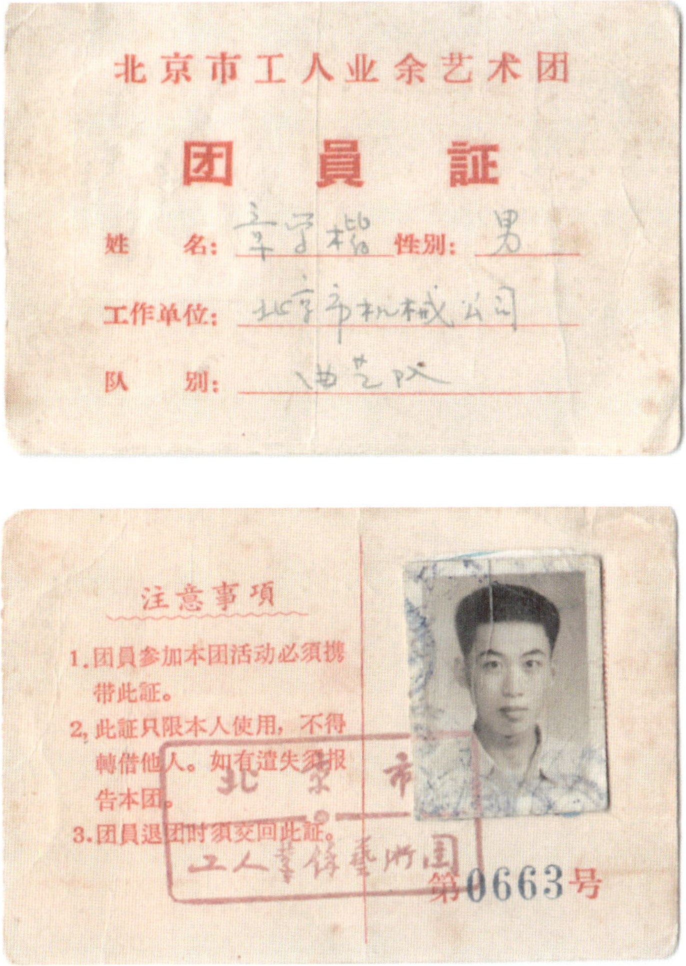
北京市工人业余艺术团

团員証

姓　　名：章学楷　性别：男

工作单位：北京市机械公司

队　　别：曲艺队

注意事项

1.团員参加本团活动必須携带此証。

2,此証只限本人使用，不得轉借他人。如有遺失須报告本团。

3.团員退团时須交回此証。

北京市工人業餘藝術团

第0663号

章学楷在北京市工人业余艺术团时的团员证

人业余艺术团”。我经曹宝禄先生介绍加入了艺术团曲艺队演唱联珠快书。每周四晚上七点到九点，是曲艺队的固定活动时间，包括学习和排练时间。曲艺队是以宣传党和国家的路线和方针政策为宗旨，组织开展不同场地、不同形式的演出活动，发挥文艺轻骑兵的作用，演出时间不固定，一般都是晚场，因为队员都是各单位的职工，白天得上班工作，所以只占用业余时间。演出不售票、不收费，队员也没有任何报酬，文化宫聘请了曹宝禄、高凤山、刘宝瑞、高元钧等多位曲艺名家作为辅导老师，和队员们一起参加活动。

曲艺队的队员有李文华、李文山、董凤桐、张玉林、刘富权、田鸿儒、李国盛、周建伦、陈慧珍、邢克剑，还有很多同志我记不清楚了。表演形式有单弦、联珠快书、相声、快板、口技、山东快书等。

艺海春秋
——舞台上下事

从 20 世纪 50 年代至今，联珠快书得到了进一步的发展。改革开放以来，联珠快书的研究与振兴更是得到了社会各界的重视，演出活动日渐增多。

近二十年间，在老一辈艺人的努力下，联珠快书的保护与传承取得了显著成绩，而且年轻一代演员逐渐成长起来，为联珠快书的发展注入新的活力。

振兴：
集贤承韵

在改革开放的四十多年里，鼓曲艺术得到了大发展。在这样的环境中，喜爱联珠快书的观众越来越多。在这个过程中，票房依然发挥了不可替代的作用。

改革开放后恢复的第一个票房

1979 年夏末，何志臣、钱亚东二位先生来我家串门。我当时住在西直门内晓安胡同。在闲聊中谈到八角鼓票房时，大家都很感慨。

我说："自从咱们把头儿赵先生在安定门外桥头茶馆宣布票房停排以来，已经过去 13 年了，现在还哪儿找票房去呀！再者说票友也四散这么多年了，再想团到一块也不容易了。"

钱先生说："我跟志臣商量想在我那儿立个排，我家有地儿也清静。"

何志臣说："我们今个来找你，就是商量立排的事。"

1982 年，票友合影，祝贺钱亚东先生寿辰照

原来何志臣师兄退休后，在棉花胡同居民委员会看公用电话，钱先生常去打电话，所以他与钱先生混得挺熟。钱先生名来海，字亚东，北京人。自幼在书店学徒，对我国古籍版本图书研究造诣颇深，曾任亚东书局经理。退休后无以为乐，当时已年近古稀。他早

年间曾和赵俊亭老师学习八角鼓，聊以闲韵消遣。他听何志臣说现在谁家住的都不宽绰，票友也没处去唱了，便起了立排心思。得到了何志臣的支持后，于是他就来找我商量此事了。

我当即表示同意，立排的事情就定了下来。我说："急不如快，说办就办，免得夜长梦多。"于是我们开始分头准备，由钱先生在家筹备票房，我与何志臣约请了部分十余年来经常保持联系、家在附近的票友，订于周日下午两点在新街口苇坑胡同钱家开会。是日，票友们齐聚钱家，研究确定组织过排的事，其中有李吉安（住护国寺东夹道）、吴逢吉（住厂桥）、高家兰（住宣武门外）、陈文新（住德胜门外）、王辅仁（住西内北草厂）、韩佑辰（住西四红罗厂）、赵玉琮（住平安里）、程学文（住安定门外）、何志臣（住藕芽胡同），我住西内晓安胡同，共计 10 位"朝阳庵"和"庆平轩"的票友。

大部分票友都在工作，白天没时间，星期日放假谁家没点事，所以定为每周一晚上七点到九点过排。推举钱亚东为把头儿，何志臣为执事把头儿。

1979 年 8 月 20 日开排，钱先生把屋内和院子收拾得干干净净，院中码放好桌椅，摆上烫洗好的茶壶茶碗、四碟糖果点心和香烟，换上一身干净的衣服迎候票友到来。七点半票友们到齐后响弦开排。赵玉琮、韩佑辰、程学文、高宗兰等分别演唱了岔曲、单弦等，之后由陈文新演唱联珠快书。

陈文新早年加入朝阳庵票房，为清末八角鼓名票“八大亭”之一尤茂亭先生的弟子，在票房曾受到俊亭老师的指导。他的快书以板槽瓷实，气口匀称，身段动作准确而闻名。《托兆》《截江》《借箭》《蜈蚣岭》《两狼山》《淤泥河》等都是他的拿手唱段。那天，我唱的是桂派岔曲“点染秋光”。

从此，沉寂十余年后的第一个票房建立起来了，传统曲艺开始恢复了演唱。

章学楷（二排左四）在正乙祠和票友合影

1986 年，集贤承韵票房，票友合影

钱亚东票房，票友合影

1986 年八仙庆寿全体合影

弘扬：
曲艺沙龙

在个人所经历的联珠快书传播活动中，我印象最为深刻的是“金秋曲艺沙龙”。在我62岁那年，应刘焕荣先生之邀，参加“金秋曲艺沙龙”鼓曲演唱活动，算来至今已有20多年的光阴了。就在20多年前，刘焕荣、郑克康、范淑玲、李爱冬、张玉兰等五位同志，抱着“对濒危的北京鼓曲艺术尽以保护义务，促使鼓曲艺术的振兴和发展，持续为社会大众服务”的初衷，联合鼓曲界的票友和演员及社会各界名流志士，于1998年6月30日在陶然亭公园宣告成立“北京金秋曲艺沙龙”。沙龙作为群众性业余组织，其宗旨就是在自娱自乐的基础上，继承民族文化传统，弘扬曲艺。著名曲艺家关学曾、赵玉明、马玉萍，话剧表演艺术家杜澎，书法家时捷、民裕荣、翟鸿起，曲艺作家赵其昌等到会祝贺。会上，由范淑玲、李爱冬、刘焕荣、郑克康、余江、张玉兰、胡全琛七人组成核心，推荐刘焕荣为负责人。在他们的带领下，沙龙的成员发扬“弘扬曲艺，

启明艺苑金秋沙龙曲艺演出剧照

无私奉献”的精神，在曲艺界众多名家和广大曲艺爱好者的支持下，积极有效地开展了各项活动，迈出了弘扬曲艺事业的步伐。

金秋曲艺沙龙，秉承宗旨，下定决心，以百折不挠的毅力、真诚的奉献精神和脚踏实地的工作作风，坚持开展过排演唱，交流研讨，讲授传承，挖掘整理和改革创新等一系列工作，还经常进行公益演出。沙龙唱到了北京大学与植物园，还唱到了天津南开大学和劝业场。无论是九九重阳节、六一儿童节，还是社区的国庆文艺广场、商埠的春节民俗庙会；也无论是抗震救灾，还是喜迎奥运，无处不回荡着雅乐悠扬的得胜歌词，高昂嘹亮的鼓板京音，铿锵激越的联板响快和缠绵婉转的清韵梅花，无处不激励着人心。他们还邀请天津名家联袂演出“红楼梦”鼓曲专场，在京津两地组织陈祖荫先生的作品专场演出。所有的演出中无论是保留下来的传统曲目，还是大量创作的现代题材曲目，都坚持贴近实际，贴近生活，贴近群众，以此受到了群众的欢迎，产生了强大的凝聚力，使沙龙活动蓬勃地开展起来。

金秋曲艺沙龙自成立以来十分活跃。我记得第一次活动是 1998 年 6 月 30 日在北京陶然亭公园举行的。当年 7 月 17 日下午三时应北京人民广播电台之邀，沙龙中的 8 位成员参加了 828 千赫“老年之友”的直播节目，主要介绍了沙龙的成立情况以及成立目的、宗旨、活动方式等，并介绍了北京地区的主要曲种。高家兰、我、李燕生、范淑玲、李爱冬等示范演出了岔曲、快书、梅花、京韵、乐亭等，何立增、刘海青等担任伴奏。节目播出后反响强烈，电台和沙龙都接到了不少来信，咨询有关情况。

此外，我再列举几次沙龙组织参与的活动，由此沙龙在振兴传统曲艺方面所起到的作用可窥一斑。

启明艺苑纪念演出

1998 年 11 月 1 日，为庆祝“启明艺苑”开业一周年，纪念百场演出活动由郑克康策划，沙龙应邀在西单启明艺苑举办了曲艺专场演出，并特邀崔琦先生主持。阵容强大，节目内容硬整，盛况空前。

王顺亭的快书《武松打虎》、胡全琛的京韵大鼓《连环计》、范淑玲的乐亭《王二姐思夫》、志淑燕的梅花大鼓《宝玉探病》、我的快书《蜈蚣岭》、王珍的京韵大鼓《马失前蹄》、高家兰的单弦《风波亭》，都得到了观众的热烈欢迎。鹿云金的口技《军民集合打敌机》为演出增添了不少光彩。

章学楷（四排左三）参加金秋沙龙曲艺演出合影

首赴天津交流演出

1999 年 4 月 11 日，应天津长寿园邀请，北京金秋曲艺沙龙票友第一次去天津交流演出。这次公演的主要目的是与天津曲艺界的朋友相互学习和交流，向天津广大曲艺爱好者们汇报并展示北京业余曲艺界的情况，以便更好地深入开展京津两地的业余曲艺活动。

这次演出曲目有单弦《穷逛万寿寺》《诸遂良》《家家有本难念的经》，梅花大鼓《宝玉探病》，京韵大鼓《马失前蹄》，硬书

2009 年，章学楷（前排左一）在天津天华景演出合影

《扫松》，乐亭、京乐、联珠快书《蜈蚣岭》等，在天津曲艺票界和广大观众中产生了强烈的反响。大家反映，看完这场演出最突出的感受就是京韵十足。有的节目早已久别舞台，如今令人感到耳目一新。特别是弦师李家康的伴唱，使老观众倍感亲切。有人说北京保留了单弦的传统唱法，有的人称赞我的联珠快书表演“真有赵俊亭的风格”。

“龙顺成”文化庙会演出

2000 年 2 月 19 日（正月初八），“龙顺成”举办第一届民俗文化庙会。金秋曲艺沙龙应邀出演了鼓曲专场，高家兰、刘淑一、我、胡全琛、律宁等演出了鼓曲名段，受到了热烈欢迎。当年演出的部分节目大致如下：

演出节目单（上午）

京东大鼓《王二姐思夫》	李鸾凤
联珠快书《碰碑》	马长宽
单弦《高老庄》（头本）	包会申
单弦《五圣朝天》	律　宁
京韵大鼓《探晴雯》	李　萌
联珠快书《武松打虎》	章学楷
梅花大鼓《湘子上寿》	刘淑一

沙龙还经常组织开展专题讲座，普及曲艺知识，先后组织了岔曲、牌子曲、联珠快书的专题讲座，由吴光辉讲授岔曲，高家兰讲授单弦，我讲授联珠快书。

多年来，沙龙的活动对振兴曲艺起到了很好的作用，产生了积极的社会影响。除了京津两地曲艺爱好者经常开展交流活动外，一些海外朋友也经常慕名而来。海外侨胞、台湾地区学者多次专程来京聆听鼓曲。沙龙还组织过海峡两岸有学者、演员参加的鼓曲研讨会，对增进两岸之间的文化交流起了很好的作用。更可喜的是，多年的活动吸引了一大批青年朋友对鼓曲产生了兴趣。不少人已经开始学习，步入曲艺爱好者的队伍了，从他们的身上我们看到了鼓曲艺术未来的曙光。

后来，因为沙龙主要成员都近耄耋之年，决定不再以沙龙组织的名义开展活动了。但他们坚定不移弘扬曲艺的决心尚在，精神犹存，沙龙的事业仍在继续，他们将以个人的名义和精力参与各种曲艺活动，全力以赴地支持曲艺事业的发展。回忆这些人和事，我有感而发：

曲终人未散，老马战犹酣，嗜曲情不尽，甘心做奉献。我衷心祝愿他们健康长在，再创辉煌。

传承：后继有人

20世纪70年代，联珠快书曾一度淡出舞台。十几年的时间，年轻一代对它的印象逐渐淡薄了，演员们另谋他就，使传承几近断档。自改革开放以来，经过近几十年的发展，联珠快书作为具有代表性的北京地方曲艺形式，日渐受到重视，演出机会不断增多，也不断涌现出优秀的后继人才。

2004年我收了五名徒弟：杨世安、余江、张镤、徐德亮、王玥波，还有带拉师弟王嵩亮。当年他们几个人有的已经年过五旬，有的才二十出头。杨世安是年纪最长的，他的本职工作是一名工程技术人员；带拉师弟王嵩亮是在中国新闻社工作；余江那时候三十多岁，是北京金秋曲艺沙龙的主要成员；张镤、王玥波、徐德亮那时候都是二十多岁，分别毕业于英国埃克赛大学、北京政法管理干部学院、北京大学。我这些徒弟年龄阶段不同、工作行业不同，这点也让我感到欣慰，说明喜欢联珠快书的人还是比较多的。他们当

章学楷收徒（杨世安、余江、张镤、王玥波、徐德亮）的场景

中，王玥波和徐德亮是相声演员，都是自幼就开始学习曲艺艺术，至今也是活跃在曲艺舞台的青年表演者。

2008年，我又收了一名“80后”徒弟张笑然，在北京市曲艺家协会主席李金斗先生和北京市曲协的支持下于鸿宾楼饭庄举行了收徒仪式。张笑然是我最小的徒弟，是北京医科大学的本科生，自幼受家庭熏陶喜爱京剧、曲艺。2005年，他就开始参加曲艺票房活动，是个很有天赋的孩子。

在向这些徒弟传授联珠快书时，我也延续着我的前辈师长传统的口传身授的教学方式，一句一句拆开来教，一个动作一个动作做示范，别无他法。从跟唱到模仿到独立演唱，是熟能生巧的过程，但是从熟到巧，是要自己花心思去琢磨和领悟的。

2008 年，章学楷收徒（张笑然）的场景

把所学转化为所用，舞台经验是很重要的。当年我的老师时常把我带在身边，给我创造登台表演的机会。如今为了锻炼新人，让联珠快书在新一代传承发扬下去，我也在尽力为他们创造表演机会，有演出活动我都争取携徒参加，让他们亮相，不断积累舞台经验，接受观众检验，再修正提升自己。

2009 年，章学楷在西城文化馆演出剧照

2006年，我曾带着王玥波、杨世安、徐德亮、张笑然、佘江、王嵩亮等去湖广会馆演唱联珠快书。

2007年，在北京西直门外的团结社区票房组织了联珠快书专场演唱会，我演唱了《八阵图》、杨世安演唱了《武松打虎》、张笑然演唱了《托兆》。来看演出的都是社区居民，热情很高，孩子们演得也很卖力。

2008年，章学楷（一排左二）在湖广会馆演出时与其他演员合影

八阵图

【诗篇】

三分鼎立汉家邦，虎踞龙蟠逞豪强。天产南阳多贤俊，司马高隐水镜庄。孔明才艺超群士，胸怀绝技妙非常。刘先主伐吴不用诸葛计，老先生默展奇谋保刘王。

【书注头】

表的是，伐吴雪恨的汉刘王，战虢亭欺敌将轻临重地，只遭大败，幸有诸葛设摆八阵，围住了东吴年幼的陆郎。

【春云板】

都只为先帝爷御驾兴人马，率领着貔貅百万儿郎。在军前累胜吴兵心胆怕，命吴班提兵辱骂到疆场。诱敌军摘盔卸甲在关前睡，陆伯言骄敌不战紧提防。先帝安营连络七百里，赫扬扬纵横南北绕长江。有马良入西川呈上阵图与诸葛看，老先生拍案大叫说汉室亡。是何人献策如此安营寨，不料那天使成功与陆郎。令你急速回营去，启主公谨防吴将用火伤。倘若是主公兵败当投白帝鱼腹浦，我伏兵一起可保无妨。马良说：某在此地长来往，并未见一卒一马在山旁。孔明说我预先设下图八阵，可比那十万神兵能把贼降。

【流水板】

且不言马良急速回营去，妙孔明调拨军马去救先王。果然是陆逊火烧连营寨，刘先主损兵折将败疆场。幸有那关兴张苞将吴军挡，舍身保护驾安康。赵子龙率众闯围来接应，同保定圣驾西行转还乡。陆逊督队朝西赶，三军大胜各逞强。堪堪追至夔关地，陆逊马上细端详。说且慢，忙令三军朝后退，倒退十里把队伍张。正西上孔明埋伏下人和马，尔等看一团杀气在前面藏。雾腾腾临山傍水冲霄汉，黑漫漫如烟似雾蔽三光。渺茫茫水色山光谁能辨，一层层混混沌沌半空扬。忙传令探马向前观仔细，回报说并无军马暗伏藏。又命那心腹之人前去探，启都督哪有兵马与刀枪。但只见，碎乱山石堆岸上，形如八卦列八方。陆伯言闻听此报心纳闷，在马上辗转猜疑自己思量。

【诗白】

名垂万古诸葛亮，设险伏兵如吕望。预摆石阵困敌军，陆逊险些把命丧。

【话白】

且说这东吴大将陆伯言，忙寻本地土人询问其故："何人将乱石作堆，因何有杀气冲空？"本地土人说道："此地名为鱼腹浦，诸葛孔明入川之时领兵至此，将山石作堆排成阵势。自从去后，时常看见阵内有气如云烟从空而起，我等皆不解其何故。"陆逊听罢，带领数十轻骑，登时上山坡之上观看阵势。但见四面八方皆是有门有户，也不过是八九十堆乱石在岸上摆列。陆逊他焉知其中无穷奥妙，不由得仰面哈哈大笑，说：“此乃诸葛亮惑人之术，不过虚演故事而已，待我进去看他阵内有何异象。”

【联珠调】

陆伯言率领轻骑将山下，直入石阵看端详。在一旁部将忙把都督劝，尊都督你看那红日西沉天色将晚不可在此久思量。陆伯言闻听此言说是走，猛回头但只见，狂风大作寒气侵人漫山遍野走石飞沙遮天盖地混乱乾坤不分南北难辨东西，唰啦啦风来四面搅八方。但则见，怪石奇峰嵯峨高大狼牙锯齿桠杈似剑阴云滚滚冷气森森插空入云接碧落，嘎楞楞风搏石响山谷应声轰轰雷钧震心慌。一面面山石耸立高千丈，耳边厢又听得翻江搅海浪涌波奔湖声水韵沸沸腾腾借助山音趁定风狂。如同鼓剑恰似牛吼，又搭着鱼腹浦内水汪洋。陆伯言愣愣怔怔瞧众将，众轻骑人人害怕个个担惊不敢挪移各勒坐骑立中央。陆伯言五灵豪气魂飘荡，但见他，唇似靛叶面似槐花如痴如傻如聋如哑心头鹿撞突突乱跳闹昏昏意乱心迷甚惊慌。喘吁吁颤巍巍说是不料中了诸葛计，叫三军急忙快走出阵场。众轻骑正要催马出石阵，你看那人人相对面面相观全无门路哪有行途四面峻岭整齐齐困在铁壁与铜墙。正是陆逊无主意，见一老叟手执拐杖仙风道骨白发苍苍笑盈盈手拈银髯喜洋洋。站立马前把将军叫，尊将军莫非要出此地方？陆逊说就烦老丈前引路，那老丈将头点点手持拐杖说跟我走来，一步一步不慌不忙辗转周折，带领着大小儿郎出阵场。老叟送至山坡上，陆伯言盘问石阵因何而制，老丈尊姓却是何人，望求老丈说短长。老叟说我就是那黄承彦，我本是孔明的岳父，平生好善不忍将军众多军士饿死此地不能生还，一个一个撇弃妻子赴黄粱。你若问石阵因何而制造，此乃是诸葛孔明以防吴军在此巧摆石阵场。这就是八阵图奇门遁甲先天后天，内为九宫外为八卦天干地支日月星辰通天彻地道贯天人，乾坎艮震巽离坤兑休生伤杜景死惊开，每日每时每时每刻反复始终变化无穷人难测，想诸葛怀揣日月袖揽乾坤呼风唤雨布雾兴云巧夺天工才压群儒名扬宇宙独正朝纲，为只为千载称奇万古传扬。

2010 年，中国唱片总公司深圳公司为我发行了《章学楷联珠快书（DVD）》，为我的徒弟徐德亮发行了《八旗遗声——徐德亮北京小曲选（CD）》。我们还为此一同在北京西单胜利电影院举办庆祝专场，我和徐德亮、王玥波一起唱了一段《截江夺斗》。

在 2019 年由北京市西城区非遗中心主办的“不忘初心 传承发展”——联珠快书非遗原创专场演出中，王玥波、徐德亮等优秀的年轻一代曲艺演员的精彩演出，让人们看到了曲艺传承的希望，我更是深感欣慰。

这些年，我的徒弟们在传承联珠快书方面都分别做出自己的成绩。如徐德亮创作了联珠快书《战金山》，如下：

战金山

【诗篇】

自古忠义振家邦，英雄自得内助良。刀枪林内传佳话，万马营中姓字香。一番桴鼓真英烈，十万雄兵化无常。祢衡有知应罢手，野老凭醉论兴亡。

【书注头】

表的是，牛头山下摆战场，金兀术失机败阵，功败垂成，统领残军，夺路归国，来至金山，要渡长江。

【春云板】

兀术败至黄天荡，检点残兵要过江。但见那北岸兵马如潮水，战船往复似飞蝗。刀枪耀眼迷日月，旌旗招展漫空扬。忙问道却是何将在此拦挡，小军报是韩世忠领兵在此摆战场。韩尚德韩彦直二家公子能征战，更可惧红玉夫人本姓梁。金兀术一闻此言长吁叹，说不料想某家在此丧无常。在旁边转过军师哈迷蚩，说道是殿下不必费思量。虽然是牛头山功败垂成实堪叹，那岳南蛮已自领兵奔他方。韩世忠将少兵微不为患，那妇人孺子碍何妨。只不过倚仗着长江天险把路挡，他一定大意粗心把战务荒。今夜晚众将用力上下齐心杀过去，好一好就生擒了世忠回故乡。金兀术点兵派将我且不表，说一回脂粉英雄巾帼的豪强。

【流水板】

韩世忠闻报术残兵至，急请那红玉夫人议论商量。夫人说术新败无归路，他必然舍生忘死渡长江。虽然我据守天险又有精兵与强将，万不可骄敌懈怠不提防。那时节金兵乘机杀过去，岂不是那无能的骂名在万古扬？韩世忠闻听此言说正是，夫人见识比某强。夫人说今夜晚金兵定把长江渡，怕的是他一队攻杀一队渡江。那时节我首尾两端难照顾，世忠说如此分兵碍何妨。夫人说我与元帅分责任，君主攻杀我主防。就叫那尚德孩儿为左路，彦直孩儿在右路藏。元帅你自领大兵从中阻挡，妾身我自带亲随占据中央。就在这中军大船桅杆顶上，扯起白旗红灯一双。架一座小小的鼓楼遮箭眼，妾身我亲自擂鼓相助夫郎。安排下漫地罗绳遮天网，单等那兀术前来夜渡长江。

【诗白】

莫道英雄少红颜，青史传流尚有篇。至今万里雄风在，当年擂鼓战金山。

【话白】

却说当夜月朗星疏，无风无浪。定更时分，宋营中早已刀枪齐备，单等厮杀。那红玉夫人来在中军大船之上，踏着云梯，纤腰款扭，莲步轻勾，早登在那桅杆绝顶。离水面有二十余丈，却把那江南数十里地面一目了然，看作掌中地理图一般。眼见得时至三更，

章学楷在东城区文化馆演出剧照

那对岸金营之中呼呼呼飞出无数船只，鼠窜蛇行，直奔江北而来。眼见到了宋营，一声呐喊，是冲杀过去。

【联珠调】

金兀术率领残兵把长江渡，实指望一战成功回故乡。众多的牙将猛如虎，数万金兵狠如狼。刀枪齐举辉天地，战船横冲逞刚强。见宋营中不声不响不动不惊安安静静寂寂寥寥好奇怪，猛然间震地惊天一声炮响，却如霹雳亚赛沉雷，原来是红衣大炮露锋芒。这一阵炮打金兵翻身落水人死船沉多厉害，只打得金兀术左躲右闪无处藏。又听得喊杀一声一队兵马杀至近前留神看，原来是韩元帅带兵前来要斩术一命亡。两边厢太保平章忙抵挡，金兀术不敢恋战忙命大船奔东方。正行走忽听一声炮响惊天地，原来是下山的猛虎出海的蛟龙尚德公子镇东方。一杆银枪无对手，金兀术只得回船奔西方。正行走又听得倒岳摧山一声炮，原来是搏人的熊罴磨牙的獬豸彦直公子镇西方。枪法妙灵无人挡，这兀术只得在长江之上忽东忽西忽南忽北忽战忽退忽停忽走发急躁，又听得中央大船主桅之上咚咚咚咚咚咚咚咚鼓响连天声同爆豆，金兀术闪目留神看端详。但只见，主桅绝顶太白旗下红灯影里，梁氏夫人素巾红袄软甲粉袍亲自擂鼓来助阵（注：鼓套加十面埋伏琵琶曲），真果是百丈的威风千层的煞气，英姿飒爽美非常。金兀术仰面朝天流痛泪，说道是苍天之下六合之中宇宙之内乾坤之表巾帼丛里脂粉队中，不想竟有如此人物，看来是宋室国运尚久长。无奈何兵败复归黄天荡，这就是梁红玉金山一战，亲擂战鼓相助夫郎率领三军杀退金兵，节烈无双在万古传扬。

虽然这个作品字数不多，只有一千四百多字，但难能可贵的是年轻一代已有自己的原创新作问世。

在培养下一代联珠快书继承人的同时，我还在持续进行资料整理工作，包括联珠快书的曲词、曲目、名家艺术传记经验、遗文掌故、社会评论、图片和音像资料等。我也发表了一些文字作品，例如：

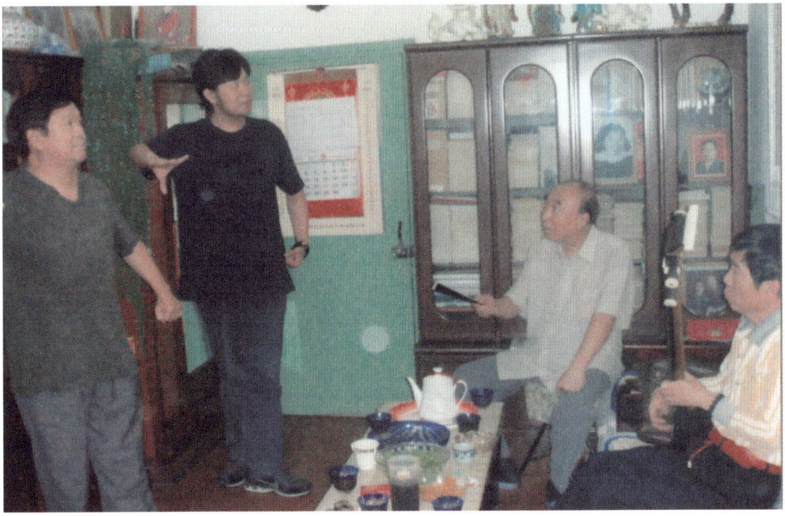

章学楷（左三）在家指导徒弟张笑然（左二）、杨士安（左一）的场景

1998 年在《八角鼓讯》第三期发表论述文章《赵俊亭与朝阳庵子弟八角鼓票房》，2001 年在《八角鼓讯》发表论文《快书浅论》，2005 年在香港中国新闻出版社出版曲艺理论专著《联珠快书》，2007 年与金启平合著，在北京师范大学出版社出版《北京旗人艺术——岔曲》，2019 年在中华书局出版学术专著《联珠快书词论集微》等。

除了带徒弟延续联珠快书的师传，整理资料、著书为后人留下系统性研究资料，向大众，特别是年轻人进行传播和普及也是非常重要的。只有更多的人知道联珠快书、懂得欣赏联珠快书，这门传统曲艺才能有更长久的生命力和活力。为此，我也会应邀参加各种大众普及类活动，比如：2000 年我收到北京市中小学生活动中心的讲座邀请，为青少年讲解联珠快书曲艺知识；2005 年我应邀在“北京曲艺票友联谊会”举办的曲艺学习班上进行了曲艺知识讲座；2006 年我在中国音乐学院开办了联珠快书及八角鼓等艺术理论讲座，并录制了教材；我也在北京广播电台播讲过联珠快书知识等。

2007 年联珠快书被列入第二批北京市级非物质文化遗产名录。2008 年，我也荣幸地成为联珠快书项目代表性传承人。我真心地希望把联珠快书这门曲艺传承下去。老祖宗留给我们的东西不能在我这代没了，我有责任尽我所能去做一些事情。

我还特别想说，联珠快书这门传统曲艺，是民族文化相互交流、吸收和融合的结晶，不仅在内地生根开花，在香港和台湾地区也有受众。现在在香港、台湾收藏的自清代以来的联珠快书抄本、刻本曲词就有一百余种，也有出版发行的相关联珠快书研究专著，两岸学者和演员也多次开展过学术交流、研讨和学唱。联珠快书发挥着促进海峡两岸人民文化交流和艺术交流的纽带作用。

章学楷（左三）与联珠快书爱好者合影

附录一

联珠快书传承谱系

第一代传承人

奎松斋（约 1839—1910）

北京人，联珠快书的创始人。喜京剧和昆曲，尤以八角鼓技艺精湛，被北京子弟八角鼓界奉为典范。

桂兰友（约 1860—1942）

满族，北京人，喜唱京剧和八角鼓，精通快书、岔曲、单弦、琴腔及时调杂曲。

第二代传承人

德俊峰（1872—1964）

满族，北京人，自幼学唱京剧，后随奎松斋先生学唱八角鼓。他将戏曲和武术中的所学巧妙地与快书结合在一起，形成了独具特色的演唱风格，人称“德派”快书。

赵俊亭（1887—1974）

满族，北京人，名斌，字俊亭，号泽长，别号“梅雪山庄主人”。初随师父奎松斋先生学唱快书，后拜桂兰友先生为师，以演唱岔曲、快书和牌子曲等而闻名，为清末北京八角鼓名票“八大亭”之一。

穆海亭（1911—1977）

师承于桂兰友。

第三代传承人

王毓真（1910—1986）

师承于德俊峰。

吴长珊（1920—不详）

师承于赵俊亭。

魏鸿仁（1929—2004）

师承于赵俊亭。

章学楷（1935年至今）

满族，北京人，自幼学唱八角鼓，启蒙于著名弦师德润田先生，1942年拜赵俊亭先生为师，1947年又被德俊峰先生收为弟子。精通岔曲、快书和杂牌子曲，尤以联珠快书表演最为脍炙人口。2008年被评为联珠快书北京市级非物质文化遗产项目代表性传承人，2010年荣获北京曲艺特别贡献奖。

王雋亮（1952年至今）

师承于赵俊亭。

后辈传承人

王玥波（1978年至今）

北京人，评书、相声演员。现任北京曲艺家协会副主席。2004年拜章学楷为师，学习快书、岔曲、评书、大鼓。

余 江（1970年至今）

2004年拜章学楷为师，学习快书、岔曲、评书、大鼓。

徐德亮（1978年至今）

相声演员，2004年拜章学楷为师，学习快书、岔曲、评书、大鼓。

杨世安（1947年至今）

2004年拜章学楷为师，学习快书、岔曲、评书、大鼓。

张 镤（1978年至今）

2004年拜章学楷为师，学习快书、岔曲、评书、大鼓。

张笑然（1982年至今）

2008年拜章学楷为师，学习快书、岔曲、评书、大鼓。

附录二

章学楷非遗传承经历

◎ **1940 年**

5 岁随德润田先生学唱岔曲。

◎ **1942 年**

7 岁拜赵俊亭先生为师，学习岔曲和联珠快书。

◎ **1947 年**

被德俊峰先生收为弟子。

◎ **1954 年**

由曹宝禄先生介绍加入“北京市工人业余艺术团曲艺队”演唱联珠快书。

◎ **1979 年**

与何志臣、钱亚东等人推动恢复了改革开放后的第一个票房，并举办了多场活动。

◎ **1987 年**

参加文化局关于群曲“八仙庆寿”的录制工作。

◎ **1988 年**

参与中国曲艺音乐集成录制工作。

◎ **1993 年**

在北京教授台湾曲艺演员林文彬演唱联珠快书。

◎ **1997 年**

北京电视台《皇城根》栏目，录制播映由章学楷讲述联珠快书的电视片。

◎ **1998 年**

参加“北京金秋曲艺沙龙”，庆祝“启明艺苑”开业一周年纪念百场演出活动等一系列演出。

◎ **1999 年**

应天津长寿园邀请赴天津演出。

◎ **2000 年**

在北京市中小学生活动中心举行“联珠快书”曲艺知识讲座。

◎ **2001 年**

在《八角鼓讯》上发表论文《快书浅论》。

◎ **2002 年**

香港凤凰电视台录制以章学楷的联珠快书为主要内容的“北京老票房”电视片，向欧洲、北美洲等海外地区播映；在京与台湾学者陈锦钊博士进行有关联珠快书的学术交流，并作示范表演。

◎ **2004 年**

于北京丰泽园举行收徒仪式，收徒余江、杨世安、徐德亮、王玥波、张镤五人及带拉师弟王甯亮。

◎ **2005 年**

在“北京曲艺票友联谊会”举办的第一期曲艺学习班上，受邀做“曲艺知识讲座”。

◎ **2006 年**

率徒王玥波、杨世安、徐德亮、张笑然、余江、王寓亮等在湖广会馆演唱快书；参加由北京曲艺票友联谊会举办的“北京濒危鼓曲演唱会”；应邀赴中国音乐学院开办岔曲快书讲座。

◎ **2008 年**

在北京市曲艺家协会主席李金斗先生和北京市曲协的支持下收张笑然为入室弟子。

◎ **2008 年**

被认定为联珠快书北京市级非物质文化遗产项目代表性传承人。

◎ **2010 年**

携徒弟徐德亮、王玥波等人在西单胜利电影院演出，同时发行由中国唱片总公司深圳公司出版的《章学楷联珠快书（DVD）》。

◎ **2013 年**

参加由北京市文联主办、北京曲艺家协会承办的第九届“天桥杯”鼓曲展演系列活动。

◎ **2019 年**

在中华书局出版关于北京市级非物质文化遗产代表性项目联珠快书的学术专著《联珠快书词论集微》；参加由北京市西城区非遗中心主办的“不忘初心　传承发展”——联珠快书非遗原创专场演出。

后记

联珠快书将音乐、文学、表演完美结合在一起，成为独具特色的北京地方曲艺形式。经过 200 多年的传承发展，其深深植根于百姓心中，有着广泛且深厚的观众基础。随着近些年传统文化的复兴，联珠快书越来越受到社会各界的喜爱和重视。仅从内容方面讲，联珠快书流传至今的作品中，多为弘扬民族优良传统、抒发正义爱国情怀、倡导树立良好道德风尚的故事，通过艺术加工起到潜移默化引导观众、教育观众的作用。我们在对传承人进行口述史采集过程中，真切感到传承联珠快书不仅具有厚重的历史意义，而且具有深刻的现实意义。

学界和致力于联珠快书研究的人士，对联珠快书的资料进行了较为系统的挖掘整理，做出了令人振奋的成绩，这从近些年来有关联珠快书的书籍频频出版、各类讲学活动接连不断可窥一斑。

然而，联珠快书终归还是表演艺术，其传承的最重要一环是演员的培养。随着时间的推移，老一代的联珠快书演员如今已经屈指可数，培养年轻一代演员的任务刻不容缓。值得欣慰的是，如今老艺术家们竭尽所能教学带徒，年轻一代也在努力传承和创新。

北京
非遗

北京非物质文化遗产传承人口述史

北京非物质文化遗产保护中心主编

蔡连元 口述 / 张浩 整理

上金山狮舞
蔡连元

中国戏剧出版社

CHINA THEATRE PRESS

图书在版编目 (CIP) 数据

北京非物质文化遗产传承人口述史 / 北京非物质文化遗产保护中心主编 -- 北京 : 中国戏剧出版社，2020.12
ISBN 978-7-104-05051-3

Ⅰ . ①北… Ⅱ . ①张… ②杨… Ⅲ . ①非物质文化遗产—介绍—北京 Ⅳ . ① G127.1

中国版本图书馆 CIP 数据核字 (2020) 第 246515 号

北京非物质文化遗产传承人口述史

上金山狮舞 • 蔡连元

BEIJING FEIWUZHI WENHUAYICHAN CHUANCHENGRENKOUSHUSHI
SHANGJINSHANSHIWU · CAILIANYUAN

策　　划：武　云
监　　制：肖　楠
责任编辑：郭　峰
责任印制：冯志强

出版发行：中国戏剧出版社
出 版 人：樊国宾
社　　址：北京市西城区天宁寺前街 2 号国家音乐产业基地 L 座
邮　　编：100055
网　　址：www.theatrebook.cn
电　　话：010-63385980（总编室）
传　　真：010-63383910（发行部）

读者服务：010-63381560
邮购地址：北京市西城区天宁寺前街 2 号国家音乐产业基地 L 座

印　　刷：北京华邦印刷有限公司
开　　本：787 毫米 x1092 毫米 1/16
印　　张：7.812
字　　数：100 千字
版　　次：2020 年 12 月第 1 版第 1 次印刷
书　　号：978-7-104-05051-3
定　　价：320 元（全五册）

目录 CONTENTS

项目简介

那些狮舞动作流传至今，离不开上金山村老艺人们对狮舞的钟爱。

上金山狮舞始于清同治年末，兴于光绪年间，流传至今已有百余年的历史，一直受到村民的喜爱。在北京密云上金山村，学舞狮已经成为一个传统，热衷于参加狮舞表演的人很多，而且人才辈出，逐渐编创出“扛节高”“探海”“跳台”等一系列狮舞绝活，成为上金山狮舞的特色。

上金山狮舞属于北狮中的太狮，在表演时为青、黄双狮，每只狮子均为两人共舞，其中一人舞狮头，另一人舞狮尾。其主要动作有四大套，即：跳三步、套跃、大虎头、双坐轮。此外，还有一系列适合舞台表演的特色动作，如绝活中的探海、跳台都是在舞台表演中使用的动作。经过对传统动作的挖掘，如今已经初步完成了对 72 个小套路的整理工作。

上金山狮舞中的狮子盔头制作工艺精湛、造型独特、彩绘美观，展现出北京东北部地区朴素的民间审美。

上金山狮舞充分体现了表演方面的艺术价值和道具制作方面的审美价值，以及丰富群众文化生活的娱乐价值，于 2007 年被北京市人民政府批准为第二批北京市级非物质文化遗产名录项目。近年来，在各级政府的支持下，上金山狮舞的保护和传承工作得到系统而有序的开展。

传承人简介

传承上金山狮舞，挖掘、复排传统套路，奉献一生。

1944 年，蔡连元出生在北京市密云县上金山村，受村里长辈们的影响，从小就接触狮舞，培养出浓厚兴趣。1959 年，蔡连元 15 岁的时候，拜村里狮舞前辈蔡景合老人为师，系统学习狮舞技法。

20 世纪 80 年代起，蔡连元开始担任村狮舞队的负责人，经常带领狮队外出参加演出。直到现在，他依然活跃在狮舞表演场内，不过因为年纪的问题，一般只是担任指挥。

前些年，村里老一辈传下来的狮头已经太过陈旧，不适合再上场表演了。蔡连元通过研究资料、与村里的老艺人们商讨琢磨，于 2016 年，模仿老一辈的狮头，尝试制作了一对新的上金山狮舞盔头并获得成功。此后，他连续两年陆续又制作出两对狮头。

如今年近八旬的蔡连元对上金山狮舞的挚爱仍不减当年，在村里经常组织大家进行排练。他常常利用在外求学务工的青年人回村休假过节的时间，带领他们练习舞狮基本功。

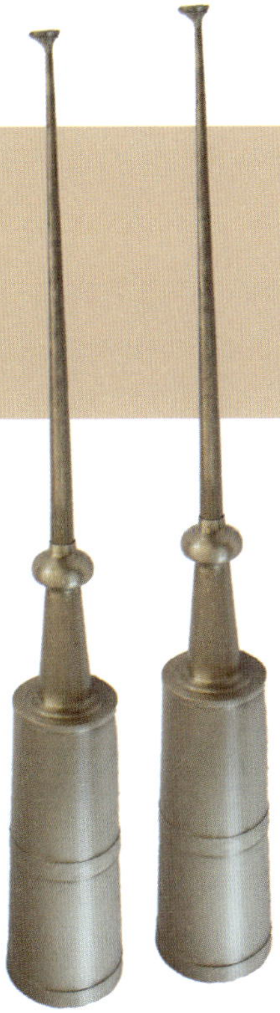

村风乡俗
——记忆中的过往

一个名不见经传的小村落，却经常锣鼓喧天，好不热闹。在不知不觉间，几乎全村人都把“农忙下地、农闲舞狮”作为一种习惯。曾几何时，舞狮成为他们日常的乐趣，并逐渐成为全村人生活中的一部分。经过几代人的努力，一个个套路、一个个招式，还有一个个绝活被创造了出来，并代代相传。于是，村里人带着他们引以为豪的狮子走出山村，被更多的人认可和熟知。如今名声在外的上金山狮舞已成为全村的荣耀。

村民：以此为趣

上金山村的人们喜欢舞太狮[①]，已经有上百年历史的老传统。至于舞狮最初是怎样传入我们上金山村的，众说纷纭，说法不一，已经很难考证了。其中一个说法是：早年间，平谷那边有一位专门组织香会的行里人，见我们上金山村旁边有两座山，远看山头像是两尊狮子头，恰如狮子会中的黄狮和青狮，于是提议我们村组织个狮子会，日后可以参加花会[②]表演活动。因为那时候农村的文化活动很少，收秋之后几个月的时间大家都没有什么像样的娱乐，所以一听到这个提议大家纷纷表示赞同，都愿意跟随请来的师傅学练。我觉得当年长辈们学舞狮的初衷还是为了好玩，在闲散的冬季为自己找个乐。

自从狮舞在我们村扎下根后，大家主动组织起来，把人员分成舞黄狮和舞青狮两个队。因为黄狮和青狮的动作是相反的，如黄狮迈左脚时，青狮就迈右脚，黄狮向右扫头[③]，青狮就向左扫头，所以必须分开两个狮队进行教学和训练。

① 即由两人分别舞狮头和狮尾，区别于单人舞的少狮。
② 最早称“香会”。
③ 扫头为舞狮的术语，即狮头左右扫动，详细介绍见后文。

上金山村组织狮舞表演

等到村民们掌握基本动作之后，舞狮的热情日渐高涨。大概是因为舞狮本身比较热闹，大家又能经常凑在一起，让冬天里沉寂的小山村重新获得别样的生机。舞狮是一种力量与技巧并重的活动，恰好符合村里年轻人自我表现、获得关注和赞许的心理。在围观村民的瞩目之下，狮队中的年轻队员们极富表现欲，总有使不完的劲，真有点人来疯的感觉。

队员们经过起早贪黑的勤学苦练，用了很短的时间就掌握了舞狮的技巧。为了让上金山狮舞更具有观赏性，大家还琢磨了和苦练出了一些绝活。

上金山村组织排练狮舞动作扛节高

扛节高。就是舞狮尾的人把舞狮头的人扛起来，如同狮子立起来的样子。“节高”大概是从俗语“芝麻开花节节高”中简化而来，主要是寄托百姓一年比一年好的希望。一般常在春节等喜庆的日子舞狮，大家一看使出这个活，不免就会有人喊出来“嘿，扛节高了”以讨个口彩。这个活之所以称为绝活，主要是因为其具有一定的危险性，场下不好练，场上不好演，一不小心狮尾保持不住重心导致两人摔倒还算是轻的，搞不好舞狮尾的人的颈椎会受伤，这才是最要命的。当然做这个动作还是有安全措施的，如必要时换人，把舞狮头的人换上体重轻的。

探海。这个活属于台上表演的动作。其中“海”是指台下。表演这个动作时，舞狮头的人坐在台口，双手举着狮头将身体尽量向前探。表演这个动作时，后面要有个人用布带子套在舞狮头的人腰上，使劲向后拉。这个动作的危险性在于拉布带子的人若拉不住，或舞狮头人的重心保持不好，就有可能出现人员跌下台的危险。因此，要想出色地完成这个动作，不仅取决于舞狮头的人的技巧，还在于前后人员的配合。

跳台。双狮分别从台上跳下来。这个活也属于台上表演的动作。具体为狮头和狮尾在台口侧身向观众一字排开，之后再一起侧身跳下台。其难度在于狮头和狮尾在节奏上的配合，而且狮皮在空中兜风，容易造成狮尾失去平衡。

此外还有一个动作叫“撂臀”[①]，虽然动作简单，就是直接坐在地上，但在表演中同样有较大风险，一不小心就很容易伤到尾椎骨。这需要表演者不仅要有扎实的基本功，而且反应要灵活，动作要标准、到位。

大家练好狮舞后，经常外出参加表演，很快就闯出了一些名气。于是上门请我们村狮舞队参加走会、庆典等各类活动的人络绎不绝。所以长辈们不仅以舞狮为乐，而且乐此不疲，更是以此为荣。上金山狮舞逐渐发展成为我们村独具特色的一项娱乐活动，以至于周围十里八村甚至与河北毗邻的乡镇，都广有人知。而且凡是看过我们

① 村里人俗称“撂屁股”。指没有缓冲直接坐在地上，是上金山狮舞的绝活之一，具有一定的危险性。

上金山村组织狮舞排练

表演的人一提到我们村的狮舞绝活儿，都竖大拇指。

上金山狮舞经历几代人的传承到如今，村里人无论在生活困难的时候，还是在当下生活条件好的时候，始终喜欢舞狮。究其原因我觉得大概有以下四个方面。

第一是欢乐喜庆。村里人舞狮最初就是图一乐，舞狮队即便是平时训练，也是锣鼓喧天、喜气洋洋。舞狮的人自然是乐在其中，观看的人也都会被这种欢快的气氛所感染。舞狮让我们的乡村生活红火了起来，为家家平添了许多生活的乐趣。一到各种节日或是哪家有娶亲生子等喜庆的事，都会请舞狮队去表演。

第二是精神归属。狮舞中很多动作，都是我们的长辈们在长期的训练和表演实践中不断摸索而创造出来的。我们在传承下来的套路中，也融入了很多自己的心血和才智，比如以前在表演中没有锣，大概是在几十年前，按照“鸣锣开道”的意思，才在表演队伍中加了锣，同时也可以烘托表演气氛。所以上金山狮舞是真正属于我们自己的文化活动，我们把它看成是全村人的传家宝。

第三是一技之能。练习舞狮是有一定门槛要求的，这既是个技巧活，也是一个体力活，没把子力气是干不了的。所以舞狮队选用队员的要求很高，首先要身体健壮而且匀称，没有力气舞不了狮子；其次身手要灵活，反应还得快，不是说有了蛮力就行了，舞狮要会使巧劲，动作要有节奏感，手脚要协调配合得当；最后要有一股子不怕苦、不怕累、不怕伤的韧劲。因此，学舞狮不是随便谁都能行的，只有经过系统学习和坚持长期练习，才能掌握技巧、登场表演。如果能练就一身舞狮的好本事，在村里也算是有了一技之长，会很受人尊重。

第四是集体荣誉。舞狮既有表演性，也有竞争性，在一些大型民俗文化活动中更为突出。原来参加庙会活动时，每个村都有节目去表演，如跑旱船、踩高跷等，我们村就是狮舞。我们的狮舞在这些大型活动中屡屡获得好评，村里人都觉得脸上有光，后来若大家在外面听人提起我们的狮舞，立马腰杆都挺起来了。

上金山狮舞获得北京市级非物质文化遗产代表性项目荣誉称号

在村里，若是谁家有人被选进舞狮队，不仅对本人来说是件很荣耀的事，表明自己在村里很出色，就连家里人也都跟着沾光，若在舞狮队里能够使出几套绝活，全家人都觉得脸上好像贴了金似的。村里的年轻人都愿意参加舞狮队，大概是认为只有参加舞狮队才能证明自己足够优秀。在 20 世纪 50—60 年代，能吃苦、不怕累是很光荣的，在这种意识的驱动下，给村里本来就争强好胜的年轻人们以极大鼓舞，一到了合适的年纪都主动练起来。

上金山村狮舞展示馆

延伸阅读

中国本来没有狮子，公元87年，西域大月氏和安息等国为了结好汉室，不远万里将代表吉祥、威武的狮子作为礼物送到我国，狮子便很快受到了人们的喜爱。

舞狮子的最早起源已不可考。从史料记载来看，三国时魏人孟康在对《汉书·礼乐志》关于“象人”做注时说：“若今戏鱼虾狮子者。”由此可知，在三国时期，已经有戏狮的活动。而且，从其注释的内容来看，所戏之狮并非真狮，而是狮子的形象。由此可见，舞狮至少在三国时期就已经出现了。

到了唐朝，舞狮在民间、军队和宫廷都非常流行并且有了很大的发展。《旧唐书·音乐志》与《新唐书·礼乐志》上都有类似记载。在宫廷中有一种名为“五方狮子舞”的演出，参演人数达一百多人，其中有10人扮演成5头颜色各不相同的狮子，由10人手持红拂逗引狮子，另外还有140人的伴唱队伍，可见其规模之庞大。自唐代以后，舞狮一直盛行不衰，从历代文载典籍和绘画上都可以得到证明。宋代孟元老的《东京梦华录》和吴自牧的《梦粱录》中，都有关于“狮子会”的记述；在南宋苏汉臣所绘的《百子嬉春图》中，则有小儿舞狮子的内容；在《续文献通考》中，有“明孝宗弘治三年秋，召各番使入内看戏狮子”的记述，反映了明代宫廷中仍有舞狮子的演出。

发展到现在，民间舞狮已经成为一种隆重的喜庆仪式。近几年来，舞狮逐渐演变为一种体育运动。

（节选自中国水电出版社陈晓梅《民族传统体育文化的弘扬与典型项目教学指导》）

20 世纪 60—70 年代，农村的文化活动没有现在这样丰富，一般都是过年过节才难得热闹一下。可我们村就不同了，村里的舞狮队经常排练，尤其是外出表演前的彩排，对于村里人来讲，就算是这样，也会如同过年一样高兴。狮舞的锣一敲，可比上工的锣好使多了，无论男女老少，只要听见了，就会撂下家里的活，挤到村中的场院上观看。我们这些孩子就更不用说了，前呼后拥地围着狮舞队，看他们热身、整理道具、预演，直至正式演出。这一看就是大半天，完全不觉得累。

上金山村组织狮舞排练

上金山狮舞在我们村的群众基础一直很扎实，无论老一代，还是年轻一辈，都有很多人热衷于此。直到现在，虽然各种娱乐活动越来越丰富，但人们心中对狮舞的钟爱程度始终不减当年。受到人员外出打工、求学等多方面因素的影响，若在平时大家伙凑在一起训练，确实有点困难。每当遇到重要活动，村里只要提前电话通知，大家还是会协调时间尽量回来参加，即便没什么报酬也不会有怨言。

自从我们村的狮舞成为非物质文化遗产项目之后，我觉得村民们舞狮已经不仅仅是为了图个乐，更为重要的是这已经成为我们村的一个符号。村民的心中逐渐有了“非遗传承”的意识，感觉到了传承的这份责任，所以很多人依然很支持自家适龄孩子习练舞狮的基本功。

上金山村组织狮舞排练扛节高

现在回想起来，觉得自己生长在这样一个村里的确很幸运。对于我这个普通的农村人来讲，能够成为北京市的非遗传承人，真是莫大的荣誉。在村两委[①]和狮队的支持下，平日里我坚持带领大家练习，不过还是老伙计多、年轻人少，但我在节假日、寒暑假等年轻人集中回村的时候，会尽量多教他们一些。

我们村的狮舞教学主要是靠大家口传心授和一起琢磨研究，应该算是群体传承，不是靠一两个人教就行的。因为舞狮头的人有自己的一套动作，其中黄狮和青狮的动作也有区别，舞狮尾的人也有一套动作，此外还有举横幅、举旗、吹瓮筒、敲锣的，也各有一套规矩。

① 指党支部委员会和村民委员会。

延伸阅读

舞狮子又称“狮子舞”“太平乐”，是中国优秀的民间艺术。狮子为百兽之尊，给人威严勇猛之感。古人认为它能驱邪镇妖，保佑人畜平安，所以每逢元宵佳节或集会庆典，民间都会以狮子舞前来助兴，以祈望生活吉祥如意，事事平安。相传这一习俗起源于三国时期，至今已有一千多年的历史。舞狮子一般由3人完成，二人装扮成狮子：其中一人充当狮头，一人充当狮身和后脚。剩下一人当引狮人。在舞法上有文武之分，文舞表现狮子的温驯，有抖毛、打滚等动作；武舞表现狮子的凶猛，有腾跃、登高、滚彩球等动作。两者相互搭配，营造出了热闹、红火、吉祥的过年气氛。

现存的狮子舞分为南狮、北狮两大类。北狮造型酷似真狮，全身披金黄色毛，有扑、跌、翻、滚、跳跃、挠痒等动作。南狮造型威猛，制作考究，有奋起、抓痒、施礼、酣睡、上楼台等动作。狮子在中国人心中是一个瑞兽，象征着吉祥如意，不管是南狮北狮，都寄托着民众消灾除害、求吉纳福的美好心愿。

（节选自北京出版社《过年大参考》）

上街进行狮舞表演

狮队：
承缘善会

直到 20 世纪 70—80 年代，我们外出表演上金山狮舞都是以德源善会的名义。德源善会是由我们上金山村与旁边的东田各庄村共同组建的松散舞狮团体。两个村的舞狮人组织在一起，以我们村的人员为多，大家同训练、同演出，对外统一叫上金山狮舞。他们村还有鼓队和秧歌队，舞狮队外出表演时，鼓队和秧歌队也都一同去。演出时，舞狮队累了的时候，鼓队和秧歌队进行交替表演，既分担了舞狮队的表演压力，又丰富了节目的内容和形式，令观众感受到节目的丰富多彩，不容易产生视觉疲劳。

德源善会这个名称，主要是寄托了长辈们“德为万事之源”的朴素想法，而善会则是在中华人民共和国成立前对这种与寺庙活动有关的群众自发组织的惯用称呼，主要是为了突出“行善好施”“仁行善举”的意思。当时，村里人经常以德源善会的名义，外出参加附近寺庙举办的庙会，以及应邀出席一些庆典活动。

20 世纪 50 年代，我们的狮舞活动很活跃，因为是新社会了，大家的精神面貌更加朝气蓬勃。如 1956 年农村成立合作社的时候，当时合作社的领导邀请村里的舞狮队去参加群众庆祝活动；1958 年农村成立人民公社，政府有关部门邀请我们舞狮队，以跳上金山狮舞的方式表达群众的喜悦心情。当时，像这样的活动，以及过年过节的群众文化活动，我们参加得很多，可以说没有我们的狮舞，表演就不算热闹。上金山狮舞的名气越来越大了，一直到 60 年代，可以说是上金山狮舞发展过程中的一个高潮。

到了 20 个世纪 70 年代末，我们的舞狮队按照村分为了两支。在与东田各庄村分开后，我们村舞狮队的队员们商量，觉得再叫德源善会有点不合适了，因为两个村的舞狮队用同一个名称容易混淆。大家觉得我们村的队伍需要自己另起个名字，便于外人区分。

于是大家决定去找蔡镇友来为我们村的舞狮队另起一个名号。他是我们的本家三叔，上过学，当时算是村里的文化人。我们一起查字典琢磨名字。最后，大家都觉得“承缘善会”这个名字比较好。“承缘”两个字可以作“承延文脉，再续前缘”的意思讲，同时“缘”字与原来“德源” 的“源”字音同字不同，比较好记，还暗示前后两个会之间的渊源。虽然还延用“善会”的叫法，但已经完全剔除了原有的宗教色彩。大家对这个名称都比较满意，经过最终统一意见，于是从 1990 年开始，我们上金山村的舞狮队就正式打出了“承缘善会”的旗号，特制了一条横幅，在各种正式活动中都要

上金山村组织狮舞排练

会首之后是纵向并列的双狮，其中黄狮居左、青狮为右。

在花会队伍的前面，还要安排一位香手。他不属于队伍的一员，但是需要走在队伍的最前面，手举小旗子，引导队伍的前进方向，让队伍行进前方的人员及时避让，以免发生碰撞。因为观众在看花会表演时，一般都是在行进路线两边挤着看，突发情况太多、太复杂，如路上有不易发现的障碍物、路口出车或者小孩子横穿等，都要香手提醒花会队伍避让或停下来。可以说香手是花会队伍的安全员。现在很多行进表演活动的安保措施都很严密，沿途还会安排保安维持现场秩序，香手的作用就不太大了，遇到这样的活动就可以取消香手的设置。

舞狮排练，瓮筒手刘永强（第一排左一）、蔡连来（第四排左一）

除了行进的花会表演之外，旧时还有一种走街串巷的行进表演，也是为了烘托节日的喜庆氛围。老一代上金山狮舞一般在农历正月十五元宵佳节的时候，举行走街表演。街巷两旁的住家以及附近的居民，不论大人、孩子都会沿街围观。

在走街表演时，还有一个风俗叫接顶，但现在没有了。找舞狮队安排接顶的，一般都是经济情况较好的家庭，过年图个喜庆热闹，讨个好彩头。具体讲就是：

舞狮队沿着街边走边表演。若想请狮子进门祈福，就提前出来找会首商量。会首应允之后，这家人就敞开大门，家人在门口迎接狮子进门。并且事先在自家的院子里摆放好八仙桌，桌面盖着红布，可以摆放糖、烟、水果、点心和茶水。至于放什么、放多少都没有一定的要求，就是一点心意。待舞狮队一进院便开始放鞭炮，共放八响，放完鞭炮后就可以开始狮舞表演。表演几套动作，还要看院子的大小、有没有老人、有没有病人，这些都需要全面的考虑，主要是防止出现意外，最终根据实际情况安排表演。有的也会在接顶时，将家中小孩抱出来，象征性地钻一下狮头，寓意“祛病免灾、健康顺意”；家里有老人的，可由老人任意选一套愿意看的狮舞套路。总体来说上金山狮舞的特点主要就是热闹、喜庆，所以老人们非常喜欢看我们上金山的狮舞表演。

表演结束后，舞狮队退出这户人家的院子，主人要送出大门，之后，狮子继续沿着街巷边走边舞。舞狮队中会有专门的人员在后面，负责收走桌上放的物品。

邀请我们去舞狮的大多是看上了我们技术好、舞得热闹，能够烘托喜庆的气氛。在我的记忆中，印象最深刻、也是效果最好的一次狮舞表演就是1995年去白龙潭三银庙那次。我们应邀去三银庙赶农历的三月三庙会，那次有好多村都去了。在活动之前，大家都争开场节目。主办方经过比较权衡，最后决定让我们上金山狮舞开场。大家都很高兴，也都暗暗加了把劲，决心要舞出彩来，不负众望。

前来看我们舞狮的观众很多，特别热闹。舞狮队在庙前空地拉开，队伍前面的瓮筒吹奏起来，铜锣也敲响了。瓮筒声音高亢凌厉，主要用于提示和与铜锣进行混响。舞狮队的表演人员听到瓮筒一响，马上就位；听着锣声点找节奏，做好表演准备。听会首叫令，狮舞耍起来，我们依次表演了跳三步、套跃、大虎头、双坐轮四套活①。周围的观众不断鼓掌叫好，之后，我们准备从庙前的64级台阶一路舞上去。听会首再次叫令，舞狮头的人马上骑到舞狮尾人的肩膀上，使出扛节高的绝活，上这64个台阶，狮头上的铜铃铛随着舞动的节奏，响得很悦耳。观众们喝彩不停，我们也停不下来。所以上去以后再翻下来，反复三次才进庙。

① 即上金山狮舞的四个主要狮舞套路。

庙里大殿前有四棵柏树。狮子舞到这里之后，再扛节高，围着柏树绕八字。观众不停地叫好鼓掌，我们听了，舞得也越来越起劲。俗话说“上场的都是‘人来疯’”，观众越多、越喜欢，我们就越来劲。绕了好几圈，我们才继续往后走。

这次演出的难度较大，除了平地表演还要反复上台阶。虽然大家都很吃力，但精神气十足，动作一丝不苟，技术发挥超常，几大套活使得都很到位，把狮子舞得非常有气势，演出的效果和气氛也出奇地好。

整个表演过程，很多观众从头跟到尾，直到结束还围着狮舞队不愿走，普遍觉得我们舞的狮子有特色。观众热情很高，我们心里也是美滋滋的。对于我们舞狮队的人来说，观众的掌声是对我们最大的认可，不管自己出多大力，流多少汗，甚至受了多少伤，都是值得的。那时候，我们舞狮队的人员较多，技术水平普遍也较高。就拿我来说，那时正处在年富力强的岁数，各套动作也练得相对纯熟，算是队里的中坚力量。我觉得在那前后的几年里，我们不缺人，不缺物，不缺演出机会，更不缺大家的支持，算是上金山狮舞发展过程中的一个黄金期。

舞狮队参加庙会前的准备工作

现在，除了每年春节、正月十五以及节庆活动外，我们参加政府和大企业组织的展演、助兴活动逐渐多了起来，表演场地也不局限在乡间、街镇。近年来，传统意义的庙会活动不如以前多，基本演变为政府组织的群众文化活动或民俗旅游活动。这些活动的场地经常是在公园、度假村等，演出条件比以前好很多。如我们曾应邀去密云区云湖度假村表演，前后有两次，我都参加了，记得其中一次是为 2016 年世界滑翔伞比赛闭幕式进行表演。此外，密云区及周边地区举办有影响力的活动，都忘不了请我们上金山狮舞去助兴表演。

我们参加助兴表演活动，主要根据场地大小、给我们演出时间的多少确定使什么活，所以表演效果也会各有不同。没办法，很多见彩的活使不出来，干着急也使不上劲。有时候，活动主办方就给我们安排了几分钟的时间，还有过只表演四五分钟的时候。遇到这样的表演也就是跳三步，两狮一照、一扫，面向观众晃几下，就打节高下场了。虽然时间少，但我们的活一点都不能糙。我们觉得这也算是一个露脸的机会，不能砸了上金山的牌子，尽量安排能给观众留下印象的动作。

以前，我们应邀去各地表演基本上是义务的，最近几年才开始收点劳务费，因为表演上金山狮舞是个体力活，一般人干不了，平时大家都在外工作，参加演出势必会影响大家的收入，给点劳务费也算是减少点个人损失。比如有一次我们舞狮队外出表演回来，村委会觉得大家太辛苦，给我们发了劳务费。大家一商量，干脆就用这点钱在村委会开个茶话会，连总结带交流，也能让大伙热闹热闹。我们舞狮队的队员真的很朴实，不图名，不争利，而且都很团结。

勤学苦练

—— 一身功夫一身伤

学习舞狮是一件苦差事，需要经年累月、持之以恒的练习，而且一不留神还可能受伤，但村里人特别是年轻人依然热情不减。经历几代人传承至今，细细品味，上金山狮舞早已融入村里人的生活，成为上金山人心中割舍不去的乡情。

模仿：
观演随行

1944 年，我出生在上金山村，是一个土生土长的上金山人。我从小就是看着长辈们舞狮、听着狮舞的锣鼓点长大的。这样的熏陶不仅给我留下许多童年回忆，更是令我大半辈子都与狮舞相伴，狮舞也成为我生活中割舍不开的一部分。村里许多和我同辈的孩子，也和我有着差不多的成长经历。

记得我小的时候，经常看着大人们在农闲时聚在一起蹦跳、敲打，热情很高，也不觉得累。起初，我不知道他们在做什么，只是感觉这应该是很好玩的，要不大人们怎么会那么高兴。有时，他们举着狮头舞来舞去，更加吸引了我。后来，我听父亲解释，才知道这叫狮舞，而且我们上金山村的狮舞远近闻名。

过去村子里的生活多数时间是平平淡淡的，大人们下地干活早出晚归，孩子们满村乱跑到点回家吃饭，每一天几乎都是这样。但我们上金山村可不这样，因为我们村有舞狮队，经常在农闲时吹吹打打。

上金山村组织村里的孩子进行狮舞排练

大概是受到村里长辈们的影响，我从小就喜欢狮舞。练习狮舞需要一定的身体条件，起初因为我年龄小，没有人系统教我，所以我练习上金山狮舞，应该是从自己模仿大人们的动作开始的。小孩子的模仿能力都很强，我看父亲舞几遍，就差不多可以做出个样了。

舞狮队组织排练或彩排时很热闹，当时大一点的孩子都争先恐后地围过去看。村里的叔伯和我同辈的哥哥们经常聚在一起练习狮舞。我看着他们娴熟的动作、令人咂舌的绝活，很是羡慕，感觉他们都很了不起，心里总盼着有一天自己也可以成为他们当中的一员，套上狮头上场表演。

上金山村组织狮舞排练

记得我长到十二三岁时，便经常跟在村里舞狮队的旁边，观察叔伯、哥哥们的每一个动作、每一次配合。其实照猫画虎根本学不到真本事，有很多动作看着容易做着难，因为这里面都是功夫。大人们并不理睬我，随便我在一旁瞎比画，有时还会引得哥哥们嬉笑。我倒没觉得有什么不好意思的，不会的动作多看，多练，多试几次，就能掌握住其中的窍门。有时，在排练间歇的时候，有叔伯把我叫过去顺手点拨一下，这就能令我受益匪浅。

我上学时，最盼着放寒假，因为那时村里的舞狮队外出表演的机会多。一等到村里舞狮队要外出，我总是想尽办法争取跟着去。目的不是凑热闹、好玩，而是更好地观摩学习。我跟着去也是要帮着干点力所能及的活，如照看服装道具，帮着跑个腿。大人们见我还有点用，也就没人反对我跟着去了。

模仿的确只能学到一些皮毛，对于学习一般的动作还可以，多少还是有所收获的，比如跳三步这样虽然简单但非常重要的基础步伐，最初就是我在模仿中学到的。但对一些绝活或需要与其他人配合的动作，就无能为力了。比如我们上金山狮舞中的摺臀，不了解的人一定会认为往地上坐还不容易，不用学都会。但事实上绝非这么简单，要不怎么能称得上是上金山狮舞绝活呢？这里的学问就在名称中的“摺”字上。摺臀时需要直截了当地坐在地上，不能慢慢悠悠地，也不允许两腿先打弯缓冲一下再往地上坐。这个动作就像摺个东西那样干净利落，同时狮头、狮尾两人还要保持动作的整齐划一。要想练会这个动作，只是模仿是学不来的，需要有经验的老师傅一边说一边示范。

当年，我为了学会搭臀这个动作，着实下了一番功夫。老师傅先做了示范，然后告诉我注意的事项。我认真地边看边学，反复琢磨看到的动作，研究动作与动作之间的衔接，但这还不是最关键的。那时我年纪还小，首先需要做到的是克服畏惧心理，大人们在土地上练搭臀，还要搭出整齐的声响，我在旁边看着都觉得疼，更别说自己试试了。于是，我回到家在软和的炕上试着做了几下，感觉震得头发晕，总也把握不好那股巧劲。练功夫急不得，从那以后我就这个动作练了好几年，但一直没敢在土地上使出来，不仅仅是怕疼，主要还是担心会受伤。

我十四五岁的时候，还是以模仿为主，练习舞狮动作。没人系统地教我，更没有师父。舞狮队在那边训练或表演，我就在一旁边看边跟着空手做动作。

无独有偶，除了我在模仿之外，还有同村的其他几个孩子，如蔡正果、蔡云富、师凤来、李凤文等也经常在大人们排练时围在旁边做动作。对于我们这些孩子来讲，既是不谋而合又是志同道合，所以我们平时也经常凑在一起切磋技艺、交流心得。有人戏称我们是“娃娃队”。

练功：
一丝不苟

1959 年，我 15 岁的时候，村里有位叫蔡景合的老人，论起辈分来我要叫他爷爷。他偶然间看到我们正在学习狮舞的动作，于是就把我们叫过去说："你们这么练可不行，容易弄伤自己。"从那开始，他一有空儿就给我们讲解每个动作的要领，并纠正我们的错误动作。最让我们受益终生的是，他提点了我们很多应该注意的安全事项和避免受伤的窍门方法。

后来，我拜蔡景合为师。在我们这里，拜师学艺没有复杂的仪式，一个愿意教一个愿意学就行了。因为按辈份算，蔡景合是我的祖辈，所以在村里的传承排辈时，蔡景合师父是第三代传承人，而我为第五代传承人，中间第四代传承人为我的父辈。

上金山狮舞的动作分狮头动作和狮尾动作两个大类，其中又分为手法、步法。师父刚教我的时候就告诉我：“在所有的舞狮动作当中，跳三步是最为基础的动作，在表演中使得最多；虽然看上去简单，但一套动作的稳定、协调都离不开它。要想跳好上金山狮舞，就必须先学好跳三步，而且还得跳熟练了。”所以，我正式学习上金山狮舞，是从练习跳三步开始，随后是练习一系列的狮头动作和舞狮的基本步法。

上金山狮舞的狮头动作比较简单，主要有吞头、扫头、摇头和照头。所谓狮头动作，其实就是指舞狮头那个人的手上动作。

1. 吞头。舞狮者双手紧握狮头内圈，前臂用力，使劲带动狮头做向下、向后收的动作。

动作要领：双手速度快，干净利落，但动作幅度适中。一般狮头要在离地 5 厘米左右处停住。狮头上的铃铛在狮头下落时会荡起。当狮头停住时，由于惯性，铃铛会整齐地磕在狮头上。注意 12 个铃铛要整齐下落，一起发音。

蔡连元徒手示范狮舞动作：吞头

2. 扫头。舞狮者双手紧握狮头内圈，双臂尽量前伸，拉动狮头做左右甩动的动作。向左扫头时由右手发力推动，向右扫头时由左手发力推动。

动作要领：双腿扎住马步，重心要稳，用腰发力（不是用胳膊甩），并以腰为轴做动作。动作速度要快，动作整体要有“秋风扫落叶”般的气势。

蔡连元徒手示范狮舞动作：扫头

3. 摇头。舞狮者双手握住狮头内圈。双臂伸出，带动狮头左右摇动。一般在扛节高时使用较多。

动作要领：要控制好动作的幅度和速度。动作幅度要小，速度不要太快，避免摇动的惯性作用，否则下面扛的人不易保持平衡。

4. 照头。舞狮者双手握住狮头内圈，双臂尽量前伸，带动狮头向内翻转、停顿，双狮四目相对。

动作要领：该动作的重点就在于双狮照面时的那一停顿上。双狮四目相对时，短暂急停，要充分注意体现出节奏感（停顿要落在同一节奏上），注意双狮舞动的节奏，且动作配合要到位。

舞狮需要手上动作与脚下步法相配合，而且要舞出协调美。狮子舞得好不好，其实关键看步伐。舞狮的腿上活要比手上活复杂很多，而且更吃功夫。学了一段时间手上的动作后，我便开始跟师父学习基本步法。上金山狮舞的基本步法主要有跳三步、剪子步、挫步、碎步、跳步、摘步和磕脚跟等。

①蔡连元徒手示范狮舞动作：跳三步

②蔡连元徒手示范狮舞动作：跳三步

③蔡连元徒手示范狮舞动作：跳三步

1. 跳三步。以青狮为例，先迈右腿，小步幅向前；左腿跟上，落在右脚边；左脚落地后，右脚原地踏一步；右脚原地落下后，左脚向左侧拉开一步；左脚落地后，右脚跟上，与左脚并齐。黄狮则反之。

动作要领：这是上金山狮舞中的基本步法。要注意名称中的“跳”字，如同跳舞一样，注意节奏感和美感。

2. 剪子步。双腿微微弯曲，一脚平移一步，另一脚从平移脚的前面交叉着迈出一步，双脚如此交叉轮换着横向行走。多在双狮贴近或拉开距离时使用，有时退场也会使用该步法。

动作要领：注意双腿交叉时的身体重心变化，防止发生身体重心不稳的情况。走交叉步的脚均从走平移步的脚前面迈出。

3. 挫步。双腿微微弯曲，一脚横向先跳，另一脚横向相跟，横向移动。

动作要领：注意不要跳太高，一般离地 10 厘米左右较为容易保持身体平衡。

4. 碎步。左、右腿交替踏地，小步幅向前疾走或向后急退。在调整双狮位置时常会用到。

①蔡连元徒手示范狮舞动作：剪子步

②蔡连元徒手示范狮舞动作：剪子步

动作要领：注意控制步幅和速度。要小步快捯[①]，抬腿不要太高，一般控制在离地 10 厘米左右。

5. 跳步。双腿同时原地起跳、同时落地，如同用双脚跺地。

动作要领：跳起的高度控制在 10 厘米左右。做此动作时，双手保持不动。

6. 摘步。即空中原地转身。以黄狮为例，如向内翻转时，右脚原地踏一步，落地后再以此脚为轴拧向后，左脚抬起空中随身体转向后落地。

动作要领：立地为轴的脚在拧向后时，注意前脚掌用力，且要注意保持平衡。

7. 磕脚跟。这是一个坐在地上时的脚上动作，即两只脚的后跟磕一下再张开，随后一只脚收回做支撑站起来。

动作要领：磕脚跟的声音要响亮，如同军人立正时的声音。磕脚跟后，双腿迅速岔开，支撑身体以保持稳定。

---

① 两脚不停倒换向前走。

我在初学这几种舞狮头的动作时，手与脚总是配合不好，顾着手上动作时，脚下的步伐就乱了；顾着脚下动作，手上又忘了做动作了。总之，在手上动作和脚上动作的协调配合上想要熟能生巧的活，得自己找到感觉才能练好。

当年师父教得很用心，手把手地纠正我的不规范动作。因为以前我都是模仿着练的，样子倒有三分像，实际上却差得很远。这给师父找了很大麻烦，他需要先下大力气扳我的坏习惯。为了让我能够看得更清楚，他还经常亲自将动作分解示范给我看，尤其是两个动作连贯转换的地方，我以前模仿的时候总是稀里糊涂搞不清，还经常弄伤自己。经过师父的教学和纠偏，我这才算是真正入了门。

师父对我很严格，如果一个动作做不好，就让我翻来覆去地练，练不好就不往下教。他老人家常念叨："功是练出来的，活是磨出来的，汗珠子掉地不能摔八瓣，出不来一身硬功夫！"师父的这句话，我记了大半辈子，始终不敢忘。其实这句话中还有一层深意，那就是：上金山狮舞既需要体力，更需要技巧；有些动作、绝活具有一定的危险性，功夫不到位容易弄伤自己，到时候不仅拖累全队，最重要的是伤痛还得自己受着。在日后几十年的训练和表演实践中，我对此深有体会。

比如我们在表演时经常会用到的扛节高，这算是我们上金山狮舞的一个绝活，其危险性在于狮头跃起骑狮尾时，舞狮尾的人颈椎容易受伤，而且舞狮尾的人要把狮头本身和舞狮头的人两个重量一下子都加在自己身上，还要保持稳定，边做动作边行进，自身腰部骤然增加如此重的负担，很容易挫伤、扭伤。

狮舞表演扛节高

再如表演上轮盘，即舞狮尾的人抱住舞狮头的人腰部，狮头带动狮尾转圈，并做举起和落地的动作。如果动作不到位，舞狮尾的人就很容易把腰或腿蹴伤。若是腰受伤了会非常麻烦，很可能落下一辈子的病根。所以为了减少受伤的情况，就需要舞狮队队员严格按照动作要领做，并且需要在掌握要领后反复练习。因为这是一个双人动作，两个人的功夫都要好，同时还要做到配合得当——主要是做到两人的动作幅度、起落节奏与锣鼓点完美契合，差一点都不行。

几乎每一个绝活都有风险。为了获得较好的演出效果，只要符合要求的舞狮队队员都自觉练习绝活，没有怕受伤的。当然，严格按照老辈人总结的技术要领来练，一般很少会意外受伤，困扰大家的伤痛大多还是劳损伤。

在舞狮队里，大家都很珍视狮头，因为做一套狮头不仅费工、费时，关键是费钱，而那时大家都不富裕。为了避免狮头在训练中的损坏，我们这些“生虎子”[①]都是举着两根木棒来代替狮头进行徒手训练。起初，我们都觉得这样有点滑稽，更为郁闷的是盼着进舞狮队就是为了耍狮头，如今却举着两根棍儿。很快我们就理解了，因为举着棍儿容易看到每个人的动作，幅度大小、动作快慢等一目了然。

---

① 这里指初学的生手。

上金山村组织狮舞排练场景

即便如此，大家梦寐以求的还是能够早日参加正式表演，所以每个人的好胜心都很强，练习得也就更加自觉、刻苦，互相比着，看谁的动作最标准、肢体最协调、身段最灵活。“标准”“协调”“灵活”再加上一个“稳健”，这是上金山狮舞在单人动作方面的 4 个基本要求。

标准：要求动作到位、一丝不苟，不能存偷手[①]，一招一式都要精准无误；只有狮头、狮尾两人的动作都达到标准，才能实现良好的双人配合，降低狮舞过程中的受伤风险。我们在训练中总结出一条经验：动作差一点，伤痛多一点。这说明动作越标准，越不容易受伤。因为这些舞狮的动作标准，是上金山村几代舞狮人从失败的教训中总结出来的。

协调：要求手、脚动作相互协调。相比之下双腿的协调更为重要，因为腿部在做动作时，会改变身体的重心。做好双腿之间的协调，对保持身体平衡很重要。实现手脚协调的关键在于腰力的使用。武术中有一句话是“上下九节劲，节节腰中发”。所以手脚之间是以力来连贯的，在做动作时要注意以腰力来引领手脚。

灵活：要求各个动作干净利落，不拖泥带水。舞狮时的动作节奏较快，动作之间衔接要自然。因此，灵活是顺畅完成一整套动作的基本要求。

---

① 指没有按照规定做动作，有偷懒简化的地方。

稳健：要求脚下有根，落地踏实，不虚浮。在表演中，稳是最重要的要求，尤其对舞狮头的队员而言，每出一步都不能虚，防止马失前蹄，毕竟手上还有几十斤重的狮头。“稳”还有一层含义，就是要求队员在做动作时带出一种力量感，显示出太狮威武雄壮的气势。同时，要求稳健，还有对安全方面的考虑。

“台上一分钟，台下十年功。”我们练了一段时间后，对这句老话体会得更深了。我感觉，练习狮舞没有毅力是坚持不下来的。首先，是耗费体力，没有一副好身板顶不住高强度的训练。其次，是能够耐得住性子。一般学习狮舞的基本动作，最少也需要一两个月左右的时间。若按照过去老一辈那种“慢工出细活”的要求，完完整整地掌握并熟练地跳出全套动作，大概需要勤学苦练三个月以上。若与自己的搭档达到配合默契、衔接流畅的程度，还需要更长时间的双人合练、实践磨合与经验积累。

老队员常说：“动作不怕练，越练越熟练。”

老人们也告诫我们说：“三天不练腿下生，十天不练身板硬，百天不练活跑净。”这些感悟，其实和舞狮的动作、技巧同样重要，是我们上金山几辈人的经验之谈。几个月后，我们的基本功练得差不多，就可以上身[①]练了。队里有专门供我们排练时用的狮子头和狮皮，画得比较简单，差不多是个意思，但大小、重量和正式表演用的差不多，主要是让我们更有上场的真实感。上身练和我们以前

---

① 指套上狮头。

的徒手练，真的差别很大。徒手练主要练习步伐，手上不吃力，随着舞动就行。而狮头上身后的练习不仅要步伐走准，而且手上平添了几十斤的狮头，狮头再和狮尾相连，哪怕是一个微小的不协调的动作，都可能导致“狮头拽狮尾”“狮尾扯狮头”的情况出现，不仅不好看，还会把整体的步调搞乱，甚至造成演出事故。

狮头上身后的练习，需要一个相对较大的场地，要求老队员们围着我们，主要是随时指点、纠正错误，还能起到保护的作用，不仅要保护人不受伤，也要保护狮头不损毁。

上金山
王

手艺：
狮头道具

2017 年传承人制作的青狮子头

我们村的狮头是按民间传统工艺，就地选材，在模具上裱糊，再精心彩绘、组装而成。狮头与狮身结合巧妙、造型独特、工艺精湛。狮子整体风格古朴、独具匠心，富有浓郁的北狮雄壮之气。

早年间，村里人做狮子头主要是就地取材，虽费工但不费钱。可瓮筒、铃铛等都要到外面采买，后来还加上了铜锣，也需要在外购买。大概因为家家几乎都有舞狮队员，那时候虽然都不富裕，但人心很齐，村民积极捐款、捐物支持舞狮队购置道具。有钱的捐钱，金额多少没有限制，就是一个心意；没钱的可以捐粮捐物，然后再统一把捐来的东西卖掉换成现钱。有了钱，就可以做狮头狮尾，买瓮筒、铃铛、铜锣，给每位队员置办行头[①]。制作的狮子是一黄一青（实际是黑色的）两只，舞黄狮的队员要配一身黄色的衣服，舞青狮的则配一身颜色较深的服装。

2017 年传承人制作的黄狮子头

① 指演出用的服装。

如今，村里掌握狮子头制作技艺的老人们几乎都不在了，而且从 20 世纪 80 年代开始，村里的青壮年都忙着外出打工赚钱，悉心学习狮头制作技艺的越来越少，这门手艺有濒临失传的危险。2015 年，我被北京市认定为上金山狮舞的非物质文化遗产代表性传承人。为了将上金山狮舞传承下去，我萌生了重新制作一套狮头的念头。我的想法得到村两委的支持。

2016 年 5 月，时任上金山村党支部书记的刘永强找到我说："村里现在用的狮头实在太旧了，没法再用。你赶紧想办法制作一对新的狮子头，以后外出表演一定要让大家用上新的服装道具，资金问题村里想办法解决。"之后，村里挤出专款支持我们更新服装道具，我也紧锣密鼓地筹备起来。其实，我接下这个活时，心里一点底都没有。我只是小时候见过老一辈做过狮头，时隔几十年印象已经不深了，现在想找一位有经验的老人问问也不可能，手头只有一套破旧的狮头和 20 世纪 50 年代的一些照片资料。真是"巧妇难为无米之炊"。

思来想去，我横下一条心，思忖着："好歹自己手上还有些资料，就算做不成饭，也总能熬出一碗粥吧。"于是，我比照着 20 世纪 50 年代的照片开始进行狮头仿制。受条件的限制，当年照片的清晰度不是很高，有些细节看不准。为了解决狮头在绘制过程中的一些小问题，我就邀请了老一辈的舞狮队员和一些懂行的村民，一起研究、讨论狮头制作的方法、用料、图案、步骤等，最终确定了一套大家都认可的制作方案。

做狮头的最佳时间是在早春时节，因为那时可以有三个月以上不下雨的时间，而且北方天气也在逐渐转暖，适合各种糨子活的阴干。那时农村糊东西都习惯用面和水熬糨子，用糨子粘好的东西不能暴晒，一晒就变形，只能慢慢阴干。

当时，刚开春，时间正好，我也备好了料，到村委会借了一间房，支起摊开工了。

蔡连元绘制狮子头的场景

第一步，堆模。就是用砖和泥做出一个狮头的实心内胎。我先用砖做骨架，摆放在八仙桌大小的台面上；再用 3/5 的黏土、2/5 的细沙，加水搅拌成有一定硬度的泥巴团。之后把泥巴敷在砖骨架上面，放在通风的地方晾干。内模的最后实际尺寸为高 40 厘米、宽 50 厘米左右。

第二步，造型。等堆出的模子完全干透之后，我按照图纸确定泥模上狮嘴、眼睛、耳朵的位置，以及鼻梁的高低，额头的凹凸，脑后左右深浅，28 个象征二十八星宿的蜗牛①排列的位置。28 个蜗牛因为小而且数量多，必须精密细致地安排位置。确定位置这一步是制作狮子头中最难也是最关键的，直接影响到狮头的外形。

确定完位置后，用笔在泥模上逐一画好，确认没有问题了，再用刀在泥模上进行雕刻。雕刻基本需要一步到位，因为刻小了还可以扩，但刻大了就没法修补了。所以在进行这一步时，心要静、手要稳，力求一气呵成。因为狮头上的这些部位是凸出来的，所以对泥模采用的是阳刻手法。我自己感觉阳刻比阴刻难很多。

第三步，裱糊。刻好泥模之后，我将表面清理干净，就开始进行裱糊了。头一层使用毛头纸，用水裱糊。毛头纸是一种纤维较粗、质地松软的白纸,在村里多用来糊窗户或包装，比较好找，价钱也不贵。之后，使用白棉布进行裱糊。根据需要，把白棉布裁剪成大小不等的布块，用面糨子一层一层进行裱糊。当时虽然胶水、

① 狮头上画出的像蜗牛一样的卷毛。

胶棒的使用已经十分普遍了，但我还是想采用传统的面糨子。老一辈的人都会打面糨子，就是将生面加上水和开，在小火上熬出粘性，过去农村裱糊东西时都是用这个，一般是现用现做。

裱糊时一次不能太厚，要干一层再糊一层。这道工序急不得，因为面糨子里有水，只有水分充分蒸发后才能粘结实。如果底下一层没粘牢，上面又刷上一层，容易造成下层的脱落。

整个狮头裱糊的总厚度一般为 0.5—0.8 厘米。因为考虑到总重量的问题，所以不能太厚；同时，也不能太薄，否则舞起来会受到风的影响而变形。

第四步，组装。狮头裱糊好之后，还要组装下巴、耳朵等配件，才能成为完整的狮头。嘴巴的大小是确定下巴的长短和宽窄的依据。狮子的下巴是用竹片扎架，耳朵是用铁丝扎架，外面裱糊棉布而成。裱糊厚度不超过 0.5 厘米。

安装大圈和手窝。我将狮头从胎模中取下来，在狮头下口内外两侧分别安装不超过 12 厘米宽的箩圈板，夹在狮头下口处，下口外侧再贴一层薄竹板，最后用箩钉将竹板、箩圈和狮头钉在一起，在外圈两侧设置两个手窝。组装完成后的狮头已经可以看出大致模样，算是半成品了。

第五步，上色。这一步很关键，可以说成败在此一举。我先用土粉子[①]和上水制成土粉子水胶，用来粉刷狮头。等狮头里外两面都晾干后，用土粉子水胶调好红、黄、白、绿、蓝等各种颜料，绘制狮头外形。

蔡连元绘制狮子头的场景

① 粉刷墙壁用的白垩土，价格低廉。

首先，为狮头涂底色。黄狮涂黄色，青狮涂黑绿色。这一步比较容易，关键是要涂均匀。

其次，勾画 28 个蜗牛。用小楷毛笔蘸颜料，按照模子裱压出的印记勾画蜗牛的纹路。

再次，描绘五官中的眼睛、鼻字和嘴（主要是描狮子的牙）。我们的狮子不画眉毛，这是上金山狮头区别于其他地方狮头的一个特征。

此外，还要在狮头鼻梁上描“王”字。听老辈人讲：“上金山的狮头既像狮又像虎，故称为‘虎头太狮’。”因此才有描“王”字的画法。

最后，用桐油再将整个狮头罩一次面，主要起到防水和保护颜色不脱落的作用，同时也会增加狮头色彩的亮度。

第六步，安铃铛。每个狮头周围要安装 12 个直径 10 厘米、单个重 180 克的纯铜铃铛。铃铛既可作为响器，又是一种装饰。狮子舞动起来时，铃铛会发出悦耳动听的声音。

双狮头配件铃铛

第七步，装狮皮。购置青、黄两色棉布各 1 幅，每幅长 5 米，宽 2 米，再配上白布里子，缝合成双层。面上缝四行狮毛，每行八片。狮皮中间缝一根一寸左右宽的皮条，起到加固的作用，使狮皮与狮头下口连接成为一体。

需要注意的是：我们上金山的狮头不用粘毛，因为狮头上画有蜗牛，以此替代狮头上的毛。这也是我们的一个特色。

至此，一只完整的狮子才算制作完成。以上各个工序做下来，要经过三个月左右的时间。若是其中哪道工序出了问题，都会影响制作的效果。我在这次制作过程中，最担心的还是铜铃铛，因为是外加工的，质量和适用性方面都很难保证。幸运的是经过几次小波折之后，定制的铃铛效果还算不错。

我在 2016 年制作完成了一对狮子（黄、青狮子各一只），这也是我人生中亲手制作的第一对狮子。这对狮子得到了密云区文化馆的认可，如今被放在区文化馆内常年展出，供大家日常参观。之后的两年里，我每年制作一对狮子。

现在总结起来，我感觉 2016 年制作的那对狮子存在的问题最多，主要就是狮子嘴做得不到位，又小又短，眼睛往里面扣着也不好看。值得一提的是，当时还有一个不成功的创新尝试。我们上金山的狮子，原本嘴是不能动的，这是老一辈舞狮队的人告诉我的。因为狮子的嘴不能动，所以就需要在制作狮子头的时候将嘴做得大一些，不仅显得狮子威武，而且舞狮头的人还能从狮嘴里往外看到观众的反应与路面情况，一举多得，同时也有利于两只狮子的相互配合。但我突发奇想，感觉在表演的时候从狮头的眼睛往外看可能更为便利，所以特意在狮子眼睛的处理上没有按照传统画出来，而是掏空后装了玻璃。但实际上，表演时狮子的眼睛还是太小了，狮头舞动起来根本就无法从眼睛处往外看。实践证明，这个“创新”的确有点想当然了。

2018 年传承人制作的黄狮子头

后来经过大家的商讨，决定还是沿用传统做法。2017 年和 2018 年分别做的两对狮子，就按照传统做法将狮眼封上了，还是让舞狮头的人从狮嘴里往外看。

由于积累了制作和实际使用两个方面的经验，我做的狮头一对好过一对。相比之下，2018 年制作的那对狮子头是大家公认的三对中最好的，现在我们表演时用的就是这对。

2018 年传承人制作的青狮子头

除了狮子，我们的道具还有瓮筒、开路旗、锣等。狮头上装的铃铛和瓮筒都需要找专门的厂家去定制；开路旗可以找村里人做；置办锣相对简单，可以到乐器店买。

我们村用的瓮筒是纯铜制成的，有 1 米左右，不用时可以分两折收回，形状如同古时打仗用的铜号角，吹起来声音浑厚，有震撼力。

过去我们用的老瓮筒和铃铛都是在北京银器厂制作的，时隔这么多年，厂子也找不到了。因为铃铛的响声要求各不相同，需要加工厂具有较高的工艺水平，所以一般的厂子还接不了我们的活。经过两年的打听询问，经邻村的人介绍，最后找到河南的一家铜器加工厂。第一次制作的瓮筒和铃铛都不响，模子也不成功。于是，我们就把以前使用的老瓮筒和铃铛拿到厂子里当样子，比照着开了模具，终于做出了符合我们要求的纯铜瓮筒和铃铛。铃铛是易损件，为了日后坏了好替换，同时也为了分摊开模具的费用，我在这个厂子一下就订做了 50 个铃铛和 2 个翁筒，总共花了 5 万多元。

开路旗需要缝制“回避”“肃静”“青狮子”“黄狮子”四面，尺寸都一致，正方形，长、宽均是 120 厘米，一般使用白棉布做底，彩绘或彩绣而成。其中“回避”和“肃静”这两面旗子都是白底黑字外加红色边框的。这两面旗子是我先找了我们村写字好的一位老先生，让他将“回避”“肃静”两个词用黑漆分别写在两块白棉布正中央，等晾干后，再拜托我们村针线活比较好的妇女帮忙，按照尺寸进行缝制。

“回避”旗帜

“肃静”旗帜

“青狮子”旗帜

现在我们所用的“青狮子”与“黄狮子”这两面旗，是我和村里的钱向文（大家都管她叫三婶）一起绘制的画。因为之前的两面狮子旗找不到了，于是我就先根据记忆将这两面旗子的图案画到纸上，大致为：青、黄两狮子各自脚踩火焰，嘴叼绣球，腾云驾雾。这两面旗子拼在一起是对称的，寓意就是成双成对，红红火火，象征着风调雨顺。然后，我将画稿拿给三婶看，请她按照这个图案画到白棉布的旗子上。三婶先拿毛笔蘸墨在白棉布上打好草稿，再拿各种颜色的漆料上色，青狮子以青、黑漆为主，黄狮子以黄漆为主。上色晾干后，再按照尺寸进行缝制。

“黄狮子”旗帜

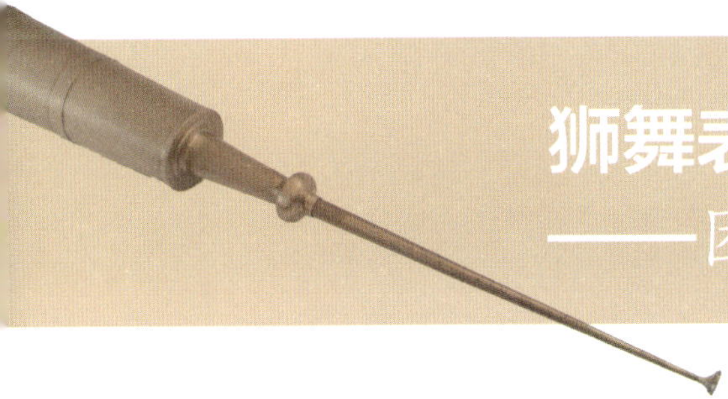

狮舞表演
——团队的艺术

上金山狮舞在发展传承过程中，逐渐形成以跳三步、套跃、大虎头、双坐轮四大套动作为核心，辅以七十二个招式的动作体系。

在表演中，上金山狮舞经过团队的整体配合，在闪转腾挪间，时而展示出狮子的雄壮之美，时而又表现出狮子顽皮可爱的一面，具有较高的艺术性，深受观众的喜爱。

规矩：相传百年

上金山狮舞在我们村已经传承了五代。经过时间的积淀，历代舞狮人都留下一些不成文的规矩和讲究。对我们而言，这些都是宝贵的精神财富，但时代总是向前发展的，我们以“既要继承传统，还要剔除糟粕”为初衷，主动去除了这些老规矩和讲究中带有封建迷信色彩的内容，保留了其中一些约定俗成的内容。

太狮无崽。我还记得 1994 年的时候，村里就有一部分人向村委会建议，希望制作出一些单人耍的小狮子，既可以用于训练村里的孩子们，还可以用来演出。当时，舞狮队的很多队员坚决不同意。其中最主要的原因就是上金山的狮子属于太狮，按规矩只有一黄、一青两只，没有单人舞的小狮子。小狮子属于少狮，而我们上金山的是太狮，这已经被观众普遍认知了。如果在太狮表演时加入小狮子，会让人感觉不伦不类；即便是太狮和少狮分开表演，也会削弱人们心中关于“上金山太狮”的印象。大家经过反复讨论，最终还是决定遵从传统，没有制作和增加小狮子。孩子们依然是从徒手练习开始，长大了、熟练了，再套狮头练习。

一晃又过去了二十多年，这一规矩始终没变。我们有时在讨论创新问题时还会提到这件事。我不反对创新，但不是把传统随便改了就叫创新。“太狮无崽”作为一种约定俗成的表演形式，已经成为我们的特色，深深植根在观众心中，如果轻易改了反倒会降低“上金山太狮”的辨识度。

双狮共舞。按照老规矩，我们上金山的太狮有一黄、一青两只，表演时一定是双狮共舞，从不摺单。我们村的舞狮队下设青、黄两支分队，每个分队 20 人，总共有 40 人。近十几年，村里精壮的青年不是外出上学，就是外出务工，很多人常年不回来一趟，所以现在村里组织起年龄整齐的 40 人的舞狮队越来越困难。直到现在，村里这帮五十多岁的老队员还充当着主力。即便如此，我们仍然按照老规矩，将队员分为黄、青两个狮队。不过，后继乏人的困难现在越来越突出了，已经成为困扰我们这些老队员的一块心病。

黄左青右。在中国传统礼仪中，以左为尊。老辈人认为黄狮比青狮尊贵一些，所以立下了黄、青两个狮子位置的规矩，即按行进方向，黄狮在左边，青狮在右边；黄狮旗在左边；青狮旗在右边。在起式、行进间，一直会保持这样的位置不变。

在表演中，双狮共舞时，根据动作套路的需要，双狮的左右位置会有所变化。这属于特殊情况，不是破坏规矩，而两面狮子旗的位置始终会保持不变。

传承人组织狮舞排练

此外还有四面旗子的左右位置也是固定的，若站错位置会贻笑大方，观众看着也不舒服。

套路：
简而不易

上金山狮舞的动作扎实质朴，别具一格，深受大家的喜爱。总体说来，我们的狮舞有四大套路、七十二招式，其中包含了许多令人咂舌的绝活。所以说我们上金山狮舞是“学着不难，学成不易”。这四大套路分别是：跳三步、套跃、大虎头、双坐轮。此外还有一个适合台上表演的套路。

第一套，跳三步。

跳三步是上金山舞狮的基本步法，每套动作中都会用到，在此套动作中狮子要跳三步上场。作为四大套之首，跳三步是本套活的亮点，所以这套活也由此而得名。这套动作大致为：

第一步，跨头（将狮子头套到头上）。双狮并排纵向排列，黄狮居左，青狮居右。听会首叫令①，负责舞狮头的人分上肩和套头两步动作套上狮头。待完成上肩动作后，脚下原地颠两步，再进行套头动作。

① 即发出口令。

狮尾作揖打皮。作揖打皮[1]即要狮尾的人双手挂着狮皮，先做双手合拢状，如同作揖一样，然后猛地撑开双臂，向上抖开狮皮。

第二步，原地跳三步。其中黄狮子先迈右腿，青狮子先迈左腿，开始跳三步，让狮子动起来。双狮狮头同时做摇头动作。

第三步，三照三扫。双狮听叫令，黄狮向左翻，青狮向右翻；狮尾作揖打皮，并趁着狮皮抖开的瞬间，向前至狮头后身。黄狮尾的右手扶在狮头左腿膝部，青狮尾的左手扶在狮头右腿膝部，两个狮头分别做寻找的动作，相互照三次，扫头三次。同时，狮头还要上下抖动，做摇头的动作。

第四步，找四方斗[2]。青狮原地摇头，狮尾原地不动。黄狮向外翻身并转向后，与青狮狮尾相对；黄狮尾自动调整位置，与青狮头相对。最后双狮位置变化为：黄狮头在后，尾在前；青狮头在前，尾在后。待双狮位置调整完毕，黄狮头轻触青狮尾，青狮头轻触黄狮尾，都是一触即分。

第五步，拉四方斗。双狮以剪子步，横向拉开 4 米以上的间距。因为双狮长度均为 4 米。保持间隔 4 米左右，两个狮头之间、狮头和各自狮尾之间，以及两个狮尾之间，形成一个四方形，故称为“四方斗”。

---

① “打皮”应为“打开狮皮”的省略语。

② 四方斗即一个狮头对着另一个的狮尾，“找”指狮头找狮尾。

蔡连元徒手示范狮舞动作：跨头

蔡连元徒手示范狮舞动作：套头

狮舞动作表演：四方斗

第六步，绕三花。双狮分别向内翻身，成“一”字形横向排开，头对头。青狮直立举狮头。黄狮头成骑马式微蹲，从青狮头下颚处扫过去。之后，黄狮直立举狮头，青狮头成骑马式微蹲，从黄狮头下颚处扫过去。青、黄狮子头各扫一次为一圈，如此三次。同时，狮尾与狮头拉开距离，微微下腰，撑开狮皮保持不动。

狮舞动作表演：绕三花

第七步，单狮轮盘摺臂。黄狮听叫令，狮头成骑马式，狮尾作揖打皮后，向前上盘[①]。为了保持上盘的稳定，要求狮尾双手从狮头身两侧向前，再用自己的一只手扼住另一只手的腕子；之后狮尾的右胯骨紧贴在狮头的左胯上，头抵在狮头的左腋下位置；狮尾用右腿立地为轴，左脚随狮头旋转的节奏配合着蹬地。双狮上盘动作的方向相同。

以黄狮轮盘[②]为例。黄狮以逆时针方向转三圈后，狮头面向观众，狮子的头尾同时摺臂。青狮在旁边作观看状。黄狮摺臂之后的形态如同狮子卧在地上。

摺臂后，狮子的狮尾向后迅速展开。狮头一边双手做摇头动作，一边用左右脚后跟相磕一下，力度很大，要磕出声响。此时，青狮向前做啃咬黄狮后脚的动作，反复三次，这个动作简称为啃爪。

之后狮头将一只腿盘回，支撑身体站起来，此时狮头的摇动不能停顿。

第八步，收式。黄狮起身后，双狮头对着头；双狮的狮尾直接打皮，钻到狮头下方，微蹲着藏于狮皮下。之后，狮头挫步下场，狮尾与狮头保持相同步幅，一起下场。有时，狮尾在下场时，还保持坐在地上的姿态，需要使用双手拄地代替双腿随狮头挫行。

---

① 即狮尾抱住狮头的腰部；“盘”有回旋缠绕的意思，“上盘”应为“狮尾上前盘住狮头”的缩语。
② 即转圈。

第二套，套跃。

这套动作的难度比跳三步有所增加，不仅包含跳三步中的基本招式，而且还融入了其他绝活。

狮舞动作排练：套跃

第一步，外打张[1]。双狮出场开始跳三步，听叫令外打张；狮尾蹲下不起来，并保持不动；狮头成骑马式向前挫。

第二步，三照三扫。与跳三步套路中的该招式相同。

第三步，找四方斗。与跳三步套路中的该招式相同。

第四步，打皮套跃。青狮打皮，黄狮的狮头成骑马式微蹲，并迅速从青狮的狮皮下钻过去。双狮的位置为青狮压黄狮，黄狮头靠近青狮尾的一边。青狮头与黄狮头三照、三扫。完成此动作后，青狮尾再打皮，黄狮头迅速退出来。

之后黄狮尾打皮，青狮头钻，其他动作如上。

第五步，上盘轮圈。双狮完成打皮套跃动作后，迅速跳三步调整位置，再拉四方斗。青狮听叫令，狮尾抱狮头腰上盘，狮头把腿伸直，往正方向轮圈，面对观众搰臂。之后，黄狮听叫令，骑马式向前挫，双狮面对面，黄狮再搰臂。

第六步，收式。双狮听叫令，骑马式，跳三步下场。

第三套，大虎头。

这个套路中两只狮子较为活泼可爱，摇摇晃晃，一会儿头靠一下，一会儿尾靠一下，表现出狮子顽皮的形象。

---

① 指翻身，并排的两只狮子分别向内侧翻身称为内打张，反之则称为外打张。

①徒手狮舞动作示范：套跃

②徒手狮舞动作示范：套跃

第一步，起式。跳三步，扫三次头。黄狮听叫令找青狮。双狮一字排开，两狮头相对，一起撂臀，吞头。

第二步，坐地找四方斗。双狮坐在地上，相互错开，狮头与对方狮尾相靠一下；之后起身，剪子步拉开，走四方斗。

第三步，拉四方斗。具体动作与跳三步和套跃套路中的动作相同。

第四步，外翻滚。双狮的狮头、狮尾同时向外，翻滚一圈。

第五步，收式。双狮起来，头找头，头朝前，跳三步下场。

第四套，双坐轮。

顾名思义，这套动作的主要特色在于双狮转圈，具有一定的难度，关键在于狮头和狮尾的配合，以及双狮之间的节奏协调。

第一步，起式。双狮跳三步上场。调整位置后，双狮连续照三次、扫三次。

第二步，外打张。双狮头摘步向后转，狮尾打皮向前靠近狮头。双狮分别做啃自己后爪的动作，随后双狮头再摘步转回。

第三步，双轮盘。双狮剪子步拉开，同时听叫令，狮头骑马式，狮尾作揖打皮，抱腰上盘，轮盘三圈，撂臀。之后，双狮分别起来，再分别抱腰上盘，连续轮盘三圈。

狮舞动作排练：双坐轮

第四步，双狮摺臂。双狮面对观众摺臂，连上两个盘落地，两脚相磕一下后，两腿叉开，吞头，转一圈，狮尾作揖打皮。

第五步，收式。双狮起来，听叫令，扛节高下场。

这四大套路，是上金山狮舞的核心套路。在表演中，为了给观众带来新鲜感，我们还会穿插一些小招式，进行一些变化，尽量避免一成不变，以便让观众常看常新。这也许就是我们的狮舞传承百年而不衰的原因之一。

近年来，舞台表演逐渐多起来。舞台表演与平地、行进表演的基本动作是一致的，但由于舞台的特殊性，老辈的舞狮人摸索和创造了一些适合舞台表演的动作，并逐渐形成了套路。

第一步，起式。台口拉起“上金山承缘善会”的横幅，四面旗帜分列两旁。左面台角为两面黄旗、一个瓮筒，右面台角两面青旗、一个瓮筒，均面向观众。

第二步，登台。双狮从后台扛节高上戏台。如果是临时搭的舞台，后台与地面有高度差时，需要有一个舞狮尾的队员在舞台上预先准备，等狮头扛节高登台后，狮尾不用登台，而由预先在台上准备的队员接过狮尾，配合狮头在台上表演。若后台的进深足够长，可以容下狮头和狮尾，则不必换狮尾。

第三步，亮相。先摘下狮头亮相，再套头，跳三步，听叫令，狮头面向台口，做三鞠躬。

第四步，分别做四大套活。也可以根据实际情况，选做其中的一部分，具体要看舞台的条件和规定的表演时长。

第五步，探海[①]。这是上金山狮舞的一个绝活。跳三步，双狮的狮头到台口撂臂，探[②]三次，照三次、扫三次。

第六步，跳台。横幅手、旗手、瓮筒手，顺序下台站定，镇住场子。黄狮先跳，狮头和狮尾同时跳下台，打个滚后一边摇着，一边逗着青狮跳。青狮在台上做害怕状，几次到台口，再返回去，最后跳下来，打个滚后起来。

第七步，收式。双狮在台下跳三步，调整位置，并做三照、三扫的动作。同时听叫令，双狮扛节高退场。

① 即狮头探出台口。

② 即狮头坐在台口做动作。

狮舞动作排练

狮舞动作排练

要领：
重在配合

我们上金山的狮子作为太狮，每只都需要两个人来舞，而且是一青一黄双狮共舞，所以场上舞狮需要四人，一般还有替补队员。此外，还有打横幅、道旗、敲锣、瓮筒的一套人马，在表演中还会遇到行进表演、场地表演和舞台表演三种基本情况。我们舞狮时一般都是在户外,除了舞台演出是台上台下外(一般也都是露天剧场)，基本上观众都是围着我们观看的，声音杂乱，观众也不好组织。而且舞狮头的人只能从舞动的狮子嘴里往外看，视线受到很大制约。面对这些情况，为了舞好我们的狮子，老一辈总结出一个经验，那就是：配合。这个词听起来简单，要做到实在不容易，因为里面包含的内容很多，概括起来有四个层面。

个人肢体配合。先从个人说，无论是舞狮头还是舞狮尾的人，都需要自身手、脚、腰、腿等部位的协调统一，这就是第一个层面的配合。在个人层面的配合中，手、脚的配合最多。表演时，舞狮人要用手来控制狮头或狮尾做动作。

表演时，要求舞狮人手上抓紧把牢，这就是老师傅们常说的“人狮一体”。舞狮头的人的手脚配合，实际强调的是狮头舞动与脚下步伐的配合。舞狮尾的人不仅同样要实现“人狮一体”，而且还有一些徒手活，如坐地向前挫行时，需要以手拄地代替腿，与脚后跟配合向前走。在过去，手脚配合挫行这个动作很难完成，因为表演时地面条件不好，很容易划破手。经久练习之后，大家的手都变得皮糙肉厚了。现在演出条件比以前好多了，一般不容易受皮肉伤了。

双人配合。再说说狮头和狮尾，这个算是第二个层面的配合。虽然说表演时，观众关注狮头多一点，但狮尾也很重要。狮头的每一个动作，都需要狮尾的配合，如上轮盘时，狮尾立地为轴的腿要配合狮头的旋转动作，而且狮尾要抱紧狮头的腰，同时还不能影响狮头做动作。

狮头与狮尾的配合是相互的，不是只有狮尾配合狮头，有时狮头也要主动配合狮尾，如狮尾在使绝活摺臀时，狮头要配合好狮尾，掌握好速度和步幅，保证狮尾安全完成动作。在表演时，狮头与狮尾之间为完成动作，在长期训练、表演中逐渐形成了一套口令、暗示，日的也是便于两人的配合。

在双人配合中，演出中的人员替换是一种特殊情况。我们上金山的狮头挂上铜铃铛、狮皮之后，大约有四五十斤重，舞起来对臂力的要求很高，要不然连举狮头都费劲，更谈不上舞了。因为狮头自身重量，加之复杂的舞狮动作，会消耗大量的体力，一般在表演完一套活之后，可以对舞狮头和狮尾的人进行替换。为了便于随时替换，表演时各队的替补队员在狮尾后面跟着；在上一套活与下一套活的间隙，替补队员钻入狮皮，与各自队中需要休息的人员进行轮换。替换舞狮头的队员时，要从狮尾进入，借着狮皮遮挡一下身形。在场队员与替补队员之间要配合自然，两人的衔接力求顺畅，同时狮子的舞动不能出现停顿。

换人这个环节的人员配合对技巧性的要求也是很高的，主要是演出队员与替换队员之间要配合默契，“一个交得准，一个接得稳”，一组动作如行云流水一样，自然而不着痕迹才是最上乘的。

双狮配合。“一青、一黄、一台戏”，这是在说第三个层面的配合，即双狮之间的配合。上金山狮舞的四大套路都是由青狮和黄狮相配合完成的。如果说狮头与狮尾两人出现配合问题，还有可能遮过去，但青狮与黄狮之间若出现配合问题，肯定遮不过去。如双狮做互照的动作时，一只狮子看过去，另一只节奏上慢半拍没有看过来，哪怕慢上几秒钟，都会让观众看着不舒服，再严重一点的配合失误，就算演出事故了。再如，双狮在扛节高时，动作需要整齐划一才好看。若两只狮子起来有快有慢，站位有前有后，就不好看了。

整体配合。还有一个方面的配合，就是横幅手、道旗手、乐器手和双狮之间的配合。舞狮，虽然重点是在看狮子的表演，但两侧辅助人员与青、黄二狮之间也是一场戏，缺谁都不行，他们之间也存在密切配合的关系。就拿旗手来说，在行进表演时需要与狮子之间保持固定的距离，他们之间的快慢速度要相协调，不能忽快忽慢，忽前忽后。道旗的全称叫“开道旗”，顾名思义是要为狮子的表演清开道路，速度快了狮子跟得吃力，而且观众有前后脱节、松松垮垮的感觉；速度慢了影响狮子的施展，会给观众留下挤在一起的感觉。

节奏：
铃音定速

上金山狮舞的乐器并不复杂，表面看只有瓮筒和锣，但这些乐器所发挥的作用却与舞狮的节奏无关。真正在舞狮过程中体现节奏的是狮头上的铃铛。

吹奏瓮筒具有提示演出开始和在演出过程中与锣混响的作用。瓮筒以吹奏者的呼气长短来确定发声的长短，两位瓮筒手保持一致即可。

早年间，我们上金山狮舞中没有敲锣的，为避免瓮筒吹奏的单调，大概是在三四十年前才加上敲锣。锣是最常见的民族打击乐器，特别适合行进表演时使用。我们使用的锣属于大锣，直径为40厘米左右，打击出来的声音洪亮、粗旷，余音较长。锣手一般是左手提锣，右手拿锣槌击奏。我们使用的锣槌是用布缠住内芯儿，外面以包红布做装饰的软槌。锣击打时与瓮筒相配合即可，一般击打节奏也是四平八稳、不快不慢。

在舞狮过程中，是用狮头上的铃铛来体现舞动的节奏，而且每个铃铛所发出的声音都不相同。

狮头上的铃铛根据狮头速度的快慢，发出清脆悦耳的声音，舞得快铃铛声就急，舞得慢铃铛声就缓。在做吞头等动作时，铃铛整齐发音，很有气势。

因此，在表演中与舞狮节奏有关的只有铃铛，瓮筒和锣只为烘托气氛。

舞狮人通过一丝不苟的动作和狮头舞动时带起的悦耳铃铛声，在展示团队技巧和功夫的同时，令观众们时而感受到狮子的雄壮威武，时而感受到狮子的顽皮灵动，时而还会被各式绝活所震撼，得到视觉和听觉上的双重享受。这也许就是上金山狮舞倍受人们喜爱且经久不衰的原因所在。

瓮筒手排练

附录一

上金山狮舞传承谱系

第一代传承人

蔡兴春（生卒年不详）：是村内舞狮活动的发起人和最早的组织者，本人参加上场舞狮。

第二代传承人

蔡瑞田（生卒年不详）：钻研舞狮技艺，改进舞狮套路，是本村最早的舞狮技艺教授师傅。

第三代传承人

蔡景合（生卒年不详）：蔡瑞田的侄子。年轻时练就高超的舞狮技艺，为村内佼佼者。在村内带过很多徒弟。

第四代传承人

蔡振合（生卒年不详）： 蔡景合的徒弟。继承和发展师父的舞狮技艺，对上金山狮舞的各个绝活和套路有深入的研究。

第五代传承人

蔡连元（1944 年至今）： 蔡景合徒弟（因本家辈分原因，与蔡振合为叔侄关系，故被列为第五代传承人），上金山狮舞北京市级非物质文化遗产代表性传承人。现任村舞狮队负责人，具有较高的舞狮技艺，同时也传承了上金山狮舞中的狮子盔头制作技艺。

后续传承人

村内适龄青年。

附录二

蔡连元非遗传承经历

◎ **1959 年**

初学舞狮。

◎ **1976 年**

随舞狮队参加密云县群众文化汇演并获集体二等奖。

◎ **20 世纪 80 年代初**

担任村舞狮队负责人。

◎ **1995 年**

带领村舞狮队，受邀参加密云县农民运动会开幕式表演。

◎ **2008 年**

被认定为上金山狮舞北京市级非物质文化遗产项目代表性传承人。

◎ **2016 年**

应邀带领舞狮队参加北京市密云区云湖度假村世界滑翔伞比赛闭幕式表演。试做第一对狮头。

◎ **2017 年**

在总结经验的基础上，制作第二对狮头。

◎ **2018 年**

在各方支持之下，再次制作一对狮头。此次制作技术大幅提高，制作技艺比前两次更为成熟。

后记

上金山狮舞伴随着上金山村百年有余，是村里几代人最喜欢的娱乐方式。作为具有浓郁乡土气息的民间舞蹈，上金山狮舞在其发展过程中逐渐形成了一整套动作体系。无论是四大套动作还是七十二招式,无不体现出平实、活泼、奇巧、诙谐的艺术本色。

现在农村的文化娱乐活动丰富多彩，但村里人对舞狮的钟爱始终未变，其原因在于舞狮早已成为村里的一个传统，是上金山人引以为豪的文化符号。有很多上金山狮舞的老招式，被埋没在时间尘埃之下。村里人在社会各界的支持下，努力挖掘、整理、复排这些传统内容，让这些传统表演内容再次与观众见面,同时也让上金山狮舞的传承更加完整。

上金山狮舞虽然属于传统艺术，但仍需要创新和发展。目前，村里人在总结以往表演经验的基础上，努力编创更多的新套路、新招式，希望带给观众更丰富、更新颖的表演内容，不断增强上金山狮舞的表演效果，让其与时代同步，以飨观众。

北京
非遗

北京非物质文化遗产传承人口述史

北京非物质文化遗产保护中心主编

李润生 口述 / 强 文 金泽雨 整理

大兴诗赋闲
李润生

中国戏剧出版社
CHINA THEATRE PRESS

图书在版编目 (CIP) 数据

北京非物质文化遗产传承人口述史 / 北京非物质文化遗产保护中心主编. --北京: 中国戏剧出版社，2020.12
ISBN 978-7-104-05051-3

Ⅰ.①北… Ⅱ.①北… Ⅲ.①非物质文化遗产—介绍—北京 Ⅳ.① G127.1

中国版本图书馆 CIP 数据核字 (2020) 第 246515 号

北京非物质文化遗产传承人口述史
大兴诗赋闲·李润生
BEIJING FEIWUZHI WENHUAYICHAN CHUANCHENGREN KOUSHUSHI
DAXINGSHIFUXIAN · LIRUNSHENG

策　　划：武　云
监　　制：肖　楠
责任编辑：郭　峰
责任印制：冯志强

出版发行：中国戏剧出版社
出 版 人：樊国宾
社　　址：北京市西城区天宁寺前街 2 号国家音乐产业基地 L 座
邮　　编：100055
网　　址：www.theatrebook.cn
电　　话：010-63385980（总编室）
传　　真：010-63383910（发行部）

读者服务：010-63381560
邮购地址：北京市西城区天宁寺前街 2 号国家音乐产业基地 L 座

印　　刷：北京华邦印刷有限公司
开　　本：787 毫米 x1092 毫米 1/16
印　　张：8.187
字　　数：120 千字
版　　次：2020 年 12 月第 1 版 第 1 次印刷
书　　号：978-7-104-05051-3
定　　价：320 元（全五册）

目录
CONTENTS

项目简介

取材于百姓身边事，通俗易懂，贴近生活。

大兴诗赋闲，是一个有着百余年历史的地方小戏，主要流传于京西南及河北涿州等地，也常被叫作“诗赋弦”。2006 年入选北京市级非物质文化遗产代表性项目名录。在其发展的过程中曾经产生了上百部剧目，并形成了独特的唱腔和表演体系。

诗赋弦的剧目内容多取材于百姓身边事，通俗易懂，贴近生活，在诙谐嬉笑间带给人们无尽的回味。唱词中大量使用方言，地方特色突出，给观众以亲近感，所以深受当地人的喜爱。其中比较有代表性的剧目有《苏洛缘》《老少换》《十万金》《当琴》等。在百余年的发展过程中，诗赋弦适应各个时代的需要，涌现出许多符

鼓板

合当时形势的作品，还从其他剧种中陆续改编了一批剧目。经过整理，目前比较完整的诗赋弦传统剧目尚存二十余部，还经常有一些新作品问世。

诗赋弦的唱腔大多来自民间小调，初期经过填词变体后直接搬上舞台演唱。后来，随着剧种的发展，唱腔也有所改进，除了因字行腔之外，也逐渐对旋律进行修饰和改动。诗赋弦的表演者一般根据剧情、角色和剧中人的思想变化选用不同的曲牌。目前保留下来的曲牌有 23 个。

如今，诗赋弦的演出人员因年龄老化逐渐减少，虽然传承工作在社会各界的支持和传承人的努力下初现成效，但仍然存在学戏人员少、观众流失等问题。如何使诗赋弦这个民间传统艺术之花在休闲娱乐方式多元化的今天，巩固观众基础，保留一个舞台，仍为一个急需破解的难题。

传承人简介

自幼受家庭熏陶，自筹资金组建剧团，为诗赋弦发展做出努力。

1947 年，李润生出生在北京市大兴区礼贤镇西里河村的一个农民家庭。父亲和哥哥都很喜欢诗赋弦。在家庭的熏陶下，他自幼对诗赋弦产生了浓厚的兴趣。10 岁起，他便跟随父亲李春田，学习诗赋弦的板胡演奏，之后又开始学习剧目演唱。1962 年，在哥哥的支持和鼓励下，他第一次登台表演。起初，他只演一些戏份不多的丑角，随着演出经验丰富，逐渐成为村剧团里的青年骨干。

改革开放后，他同一些老艺人自筹资金置办服装、道具，重新组建了村里的诗赋弦剧团，并担任乐队的负责人。1991 年，他被

礼贤镇文化艺术团聘请为乐队队长。除了为诗赋弦剧目进行伴奏之外，他还为其他剧种的演出进行伴奏，演奏技巧更加纯熟。

2008 年，他成为大兴诗赋闲北京市级非物质文化遗产项目代表性传承人之后，感觉自身责任重大，便开始专注于诗赋弦的保护和传承。因为诗赋弦都是靠口传身授，所以长期以来没有曲谱，传承中原有的30多个曲牌，如今只剩下23个。音乐曲牌堪称诗赋弦的灵魂，为了避免继续遗失，李润生开始自学简谱，用书面记录的形式对诗赋弦曲牌进行了整理，并自费进行了音视频的录制。

相比于曲牌，剧本更为重要。李润生在整理诗赋弦曲牌的同时，开始收集整理老剧本，先后整理老剧本二十余部。为了适应时代需要，他还创作了多部现实题材的新剧本，如《志在基层》《一顿特殊的农家饭》《我们是北京人》《逛新城》《赞大兴》等剧目，都取得了良好的演出效果。

2009年，李润生被礼贤镇西里河小学聘请为地方戏曲校外辅导员。他和老伴刘金荣为学生们编写了诗赋弦新唱段，如《难忘的六一》等，一起教学生们演唱。

如今，李润生还在坚持开展教学带徒、资料整理以及剧目原创等一系列的诗赋弦传承工作。他不会停止，仍将竭尽全力为诗赋弦的传承与发展付出自己最大的努力。

往事如新
——记忆中的那些事

李润生从小到大，听长辈讲述了许多关于诗赋弦的故事，近年来他也查阅了很多有关资料，对诗赋弦有了更为全面的了解。虽然诗赋弦只有百余年的历史，仅传播于京西南等地，但毕竟其中包含着几代人的艺术情怀；从清末到民国，再到新中国，诗赋弦在其创作、传播和发展中留下了不可磨灭的时代印记，反映了百余年的时代变迁与百姓生活。

缘起：
两个偶然两个人

我从资料中考证出，诗赋弦大致创始于 1893 年前后的直隶宛平县张家务村[①]，距今已经有一百多年的历史，但与很多历史悠久的剧种相比，诗赋弦还是比较“年轻”的剧种。

谈起诗赋弦的初创，还要从两个“偶然所得”说起。其一是剧本偶得——偶然的际遇促使一位书生创作出了最早的诗赋弦剧本；其二是名称偶得——因一个机缘巧合，光绪为其赐名。

这要从清代光绪年间说起。当时直隶省的宛平县张家务村有位名叫朱广达的读书人，因当时朝政混乱、贪官污吏敛财拒贤而在进京赶考时落了榜。于是，他一气之下弃文从商，做起了贩卖牲口的营生。有一次，他到张家口贩卖牲畜，在杂粮店兑换银两时，遭到店主的冷遇，心情很不好。更可气的是，他到山西贩马时，又被当地人设计蒙骗上当，落得了本钱尽亏、身无分文的结果。最终，他

① 现隶属于北京市大兴区。

只得两手空空，一路行乞回到了家。科举失利、经商受气，这让空有一身学问的朱广达气愤至极。

后来，朱广达被偶然看到的“十不闲儿”演出所吸引，忽然觉得戏剧是抒发情感、针砭时弊、教化民众的好方式，便萌发了自己

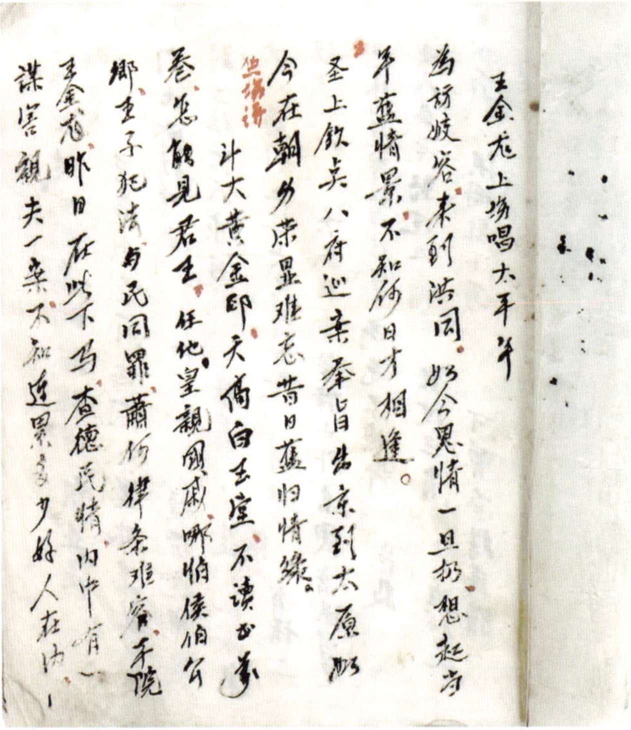

带标注的诗赋弦《三堂会审》手写剧本

写剧本、发泄心中愤懑的想法。同时，他觉得也可以通过演戏的形式，抵制当时乡下令人不齿的“五毒”（即吃、喝、嫖、赌、抽）之害，劝人向善避恶。朱广达自幼聪颖好学，尤其酷爱各种戏剧，所以创作剧本对他来说并非难事。

离张家务村不远，大概一二里地的样子，有一个朱家务村①，村里有一位说唱艺人叫贾万全，他对一些民间小调、戏曲曲牌、曲谱等十分熟悉。

朱广达和贾万全二人因住得很近，又志趣相投，成为好友，经常在一起探讨戏剧。朱广达将自己创作的剧本拿给好友贾万全看，请他为这些剧本配曲，便于演唱。贾万全就以当时流行的“十不闲儿”曲调为主，并借用了一些民间小调，编成新的曲子，为朱广达的剧本配了曲。经过多年的演唱，逐渐修改完善，形成了一批诗赋弦特有的曲牌。

我查阅了很多资料，其中明确记载朱广达编写的第一个剧本是《苏洛缘》，内容是根据他赶考的亲身经历编写的，这部剧可以算作诗赋弦的开山之作。朱广达编写的第二个剧本是《老西儿换》，写的是一个惩恶扬善大团圆的故事，大意为：

① 属大兴区榆垡镇管辖，2015 年因建设北京大兴国际机场被整体搬迁。

因年景不好，人们为了生存，自卖自身以求活命。一位姓马的山西商人花了十两银子买了个妾，其同乡一位姓冯的少年书生花了二十两银子买了一个妻。姓马的商人施巧计将自己低价买的老妇与冯书生买的年轻姑娘调了包。老妇再三思忖，觉得不妥，便与姑娘商量调换过来。商人知道后，告到官府。经过县官的一番审理，查出商人在婚书中所动的手脚。商人看伎俩被识破，便表示知罪。经过县官的判决，老少相换，成全了书生与姑娘的一桩美事。

因这部剧中包含一些辱骂山西地痞流氓的内容，新中国成立后为了适应新社会、新文明的需要，对这些内容进行了一定的修改，剔除了辱骂性的唱词，剧名也改成了《老少换》。

朱广达和贾万全各有所长，朱广达文采卓群，贾万全通晓音律。他们相互配合，既受邀教戏，还自己编戏。他们两人共同编创的剧目有四十余出，代表作除了前面提到的两部，还有《秃子换》《十万斤》《千里驹》《告金扇》《循环报》《瞧亲家》等。朱广达和贾万全编写的这些剧目，由于词句通俗易懂，曲调优美动听，受到大家的普遍喜爱，不久就传遍附近村镇。

这个时期，人们还称之为“十不闲儿”。后来，喜欢的和会唱的人逐渐多了起来，朱广达和贾万全两人便挑头在朱家务村组建了以自娱自乐为初衷的同乐会。朱广达和贾万全两人，将这些配了曲的剧本教给朱家务的村民们演唱。村民们学会之后，不局限于在本村演出，还经常被人请出去演唱；每到节庆、庙会之日，还经常受邀公开演出，得到十里八乡村民的喜爱和赞许。

原来的十不闲儿都是以流动的方式，用牛车拉着演员和服装道具，走村串镇去演出，俗称“牛车拉唱”；而朱广达和贾万全把自己的作品改为“清音坐唱”。

后来，为了养家糊口，同乐会陆续招收有戏剧基础的村民参加。一些乡绅和较为富裕的会众自愿捐资购置了简单的服装道具，大家利用农闲时间聚在一起排练。之后，同乐会开始接一些有偿的演出。

延伸阅读

涿州十不闲儿，目前是河北省省级非物质文化遗产项目。该表演形式起源于明末清初，由凤阳花鼓逐渐演变而成，是一种自我伴奏的说唱艺术。表演者在演唱时手脚并用，敲锣、打钹、击钲、擂鼓一人完成，故称作“十不闲儿”。

莲花落，也称作莲花乐，源于唐、五代时的散花乐，最早为僧侣募化时所唱的宣传佛教教义的警世歌曲。宋代始流行于民间。清乾隆以后，出现了职业艺人，同时满族八旗子弟中也有不少爱好者。莲花落逐渐与民间流行的十不闲儿相结合，形成了十不闲莲花落。

十不闲莲花落主要流行于北京、天津与河北等地，也称作“十不闲儿”（在叫法上多了儿化音）。其演出时，先由全体人员敲击打击乐器。表演形式分为单曲、彩唱两种。单曲是指由一人演唱故事；彩唱是由二三人分饰为旦、丑两种角色，与戏曲有些相似。

诗赋弦与十不闲莲花落之间存在着一定的联系。诗赋弦所采用的表演形式和曲乐，是从十不闲莲花落演化而来，并在百余年的发展中，逐渐积累了一批脍炙人口的剧本作品，至今依然得到群众的普遍喜爱。

在早期未得名“诗赋弦”之前，因曲调的原因，其与十不闲莲花落被混为一谈，但唱段多为新创。

乐队为诗赋弦表演伴奏

群众观看诗赋弦表演场景

诗赋弦

快板

说起“诗赋弦”这个颇为雅气的名称由来，更具偶然的传奇色彩。据说，大约在 1904 年前后，诗赋弦传到与朱家务村相隔大约几里地的西里河村。当时村里有个叫李连魁的人在皇宫御花园当差。有一次，他在御花园里边浇花边小声哼唱着十不闲儿，恰巧被前来赏花的光绪帝听见了。于是，光绪帝差人把李连魁传到近前，问道："你刚才自吟自唱的是什么？"

他忙说道："回皇上，这是小的老家流行的一种叫十不闲儿的小戏。"

皇上听罢来了兴致，又问："你们那里有多少人会唱这个十不闲儿？"

李连魁回道："因这十不闲儿词曲简单易懂，故而小人老家那儿，十里八乡很多人都会唱，而且还有整出的戏。小人在回家探亲时也私下学了一些。"

皇上觉得这个民间小戏很有意思，便命李连魁回家找几个唱十不闲儿的人，进宫演唱。

于是，李连魁喜滋滋地奉旨回家寻找唱十不闲儿的人。当时，会唱十不闲儿的人很多，其中更不乏唱得好的。没过几天，李连魁便带着几个擅唱十不闲儿的人进宫为光绪帝献唱。

皇上听后，觉得这个民间小戏不仅曲调优美，而且唱词像诗歌一样合辙押韵，甚是耐听，于是龙颜大悦，便说道："你们所唱大有诗词歌赋之韵，曲美词雅，只是名字有些粗鄙，还是称'诗赋弦'比较贴切。"

李连魁等人忙跪地谢恩。虽然当时清皇室已经式微，但“金口玉言”在老百姓心中还是很有分量的。从此就有了“诗赋弦”的正式叫法。后来，李连魁等人回到西里河，动员村民有钱的出钱、有粮的出粮，正式组建起了诗赋弦会，还购买和制作了一些简单的服装道具，由自娱自乐的清音坐唱改变为搭建舞台唱大戏。

当年，光绪帝除了赐名之外，还赐给李连魁他们两盏宫灯作为奖赏。这就是日后演出诗赋弦时，台上摆着两盏宫灯的由来。诗赋弦剧团借着宫灯体现出来的“皇威”，一方面可以提高诗赋弦艺人的身价，证明自己是给皇上唱过的；另一方面可以震慑一下十里八乡的各色人等，使之不敢前来捣乱滋事。

后来，李连魁回到老家西里河村，还从宫中带回了一些家具、摆设。在 20 世纪 70 年代，我还见过其中的一部分，如八仙桌、大条案、盆景等，后来听说被李连魁的后人陆续变卖了。这些从宫中带出的物件，可以从一个侧面增强“光绪赐名”的可信度。

自从有了正式名称之后，诗赋弦作为一个独立的地方剧种，以其独特的艺术魅力赢得了不少观众。此后，经历了百余年的发展，诗赋弦的剧目随着时代的需要而不断推陈出新，演出也越来越趋于成熟。

诗赋弦剧团合影

流传：
一时红遍京西南

在20世纪初，刚刚得名不久的诗赋闲，迅速传遍京西南地区的广大农村。其之所以快速成为当时京西南地区乡村百姓喜闻乐见的艺术形式，主要有两个方面的因素。

第一是易懂。那时涌现出的诗赋弦剧目，很多是由当地民间人士所创作，在念白和唱词中使用大量的地方方言，当地人都能轻易听懂。另外，由于剧中内容多为百姓身边的事，观众感同身受，容易入情入境。

第二是易唱。诗赋弦属于曲牌体，可以根据曲牌来填词，也就是说只要掌握了曲牌，就可以自己编词唱出来，所以村里的大人、孩子都多少会唱几句，而且村民们在田间休息时，都可以随便哼上一小段，以缓解疲劳。

很快，诗赋弦就从北京大兴的朱家务村、西里河村开始，快速传播到西胡林村、西白疃村、贺北村、高各庄、天宫院、辛家安村、常各庄、朱福庄，房山的东吕村，以及河北省固安县的官庄村[①]、柏村、南赵村、东湾村、大辛庄，涿县（今河北涿州市）西韦坨村、芦村、同村等地。

← 诗赋弦剧团演员张美玲表演《小姑贤》。

① “官庄诗赋弦”现为河北省省级非物质文化遗产代表性项目。

延伸阅读

官庄诗赋弦是河北省廊坊市的传统戏曲剧种之一。2006年6月，官庄诗赋弦被列为河北省省级非物质文化遗产代表性项目。固安文博馆在古城芳华厅礼俗部分设立了诗赋弦展区。

20世纪初，诗赋弦流传到永定河南岸的固安县官庄村。在官庄的影响下，诗赋弦很快在固安县的柏村、大辛庄等十几个村发展起来。

诗赋弦经过前后百年的演进，从服装道具到剧目及流行范围，都向前发展了一大步，呈现出繁荣兴盛的局面。

铙钹

诗赋弦之所以能够快速流传开来，除了词曲优美、简单易学，以及创作了一批贴近生活的新作品等原因之外，还有一个很无奈的原因，就是旧社会农民的文化生活太贫乏了。当时，老百姓连衣食都不保，谈何文化生活。那时村里就连偶尔来个耍杂耍的，大人、孩子都兴奋得不得了，里三层外三层地围着看。所以，对演出场地、服装、化妆、道具要求不高，村民们一起凑凑钱就能够负担得起的诗赋闲，自然比较容易被村民接受了。

诗赋弦不仅可以带给观众视觉与听觉上的欢乐，还极大地拓展了村民的参与感。这是诗赋闲的流传不同于其他地方剧种之处。很多剧种是百姓愿意看但自己不能上台演；而诗赋闲却不同，有组织的剧团很多，个人学唱的也不少，百姓不仅可以坐下来观看，还可以自己登台表演。因此，自从诗赋弦传唱开来后，村民们白天各自在地

二胡

里干着繁重的农活，晚上大家凑在一起自弹自唱，其乐融融，不仅可以消减一天的疲乏，还可以融洽乡里乡亲的关系。一时间，十里八乡的村民学唱、学演的热情都很高。

旧社会时，农村大部分人都不能识文断字，所以教学诗赋弦只能依靠口传身授。那时，村民经常凑在一起，请村里会唱的人一句一句地教唱，这成为其流传过程中的一个特点。

提起大伙聚起来学唱诗赋弦，还有一个令人惋惜的故事。据说在早年间，张村有一个名叫张大成的村民，夫妻二人有三个孩子，最小的未满周岁。在一个大雪纷飞的晚上，一家人吃完晚饭后，便把两个大一点的孩子打发去邻居家里玩耍，然后在自家屋里准备好火盆，点上麻油灯，等着村民来学诗赋弦。一会儿，学唱戏的乡亲们便陆续都到了。大家习惯性地把棉大衣、大皮袄随意往炕上一扔，便忙不迭地开始学唱。直至半夜，夫妻俩才想起未满周岁的孩子来，村民们也七手八脚到处帮忙找。最后，人们在一大堆衣服下面，找到了早已被捂得奄奄一息的孩子。从此以后，大伙再也不去他家学唱了。即便这样，也没能削减大家学唱诗赋弦的热情，村民们到空一点的柴房里，甚至聚到村里的空地上，坚持学唱诗赋弦。

诗赋弦经过百余年的流传，一直局限于京西南等地，直到 20 世纪末和近 20 年，在政府的支持下，我们才借助电影、电视和广播等现代化媒体，使诗赋弦走向全国，让更多的观众、听众了解和熟悉它。

改革开放后，因为我经常走村串镇演出诗赋弦，有很多人认识了我。由此，我曾两次应邀参与电视剧的录制。

20 世纪 90 年代，刚刚复苏的诗赋弦，被越来越多的人认识和喜欢。1992 年，北京青年艺术剧院的人邀请我拍摄电视剧《情锁》。那时拍电视剧还是一件新鲜事，尤其对我们农村艺人来说就更为新奇了。我觉得这是推广诗赋弦的难得机会，就欣然答应了。电视剧中演出诗赋弦的戏台外景是在村里临时搭的，剧中的主角是扮演乐队拉弦的，也就是现实中我的活。为让演员表演得惟妙惟肖，我和他交流较多，告诉他不少技巧和心得。之后电视剧在大兴电视台播放了。

还有一次是在 1997 年。那时，我在汽车驾驶学校做教练，下班和放假时，义务教同村人演奏和演唱诗赋弦，在时间上基本与本职工作不冲突。两集戏曲电视剧《祸起方城》的导演找我加盟。我觉得这也是宣传推广诗赋弦的机会，加之有了上一次拍电视剧的经历，没多想就答应了。最后，由我担任全剧的主奏，还参与了一些音乐设计的工作。但因为拍摄工作需要经常请假，年逾 50 岁的我顶着巨大的家庭压力，毅然辞去当时算得上稳定、高薪的驾校教练工作。之后，我开过汽配店、小卖店，都是些零碎的小生意，仅能维持家用。这部电视剧在大兴电视台、固安电视台都播放过。

转过年来，也就是 1998 年，中央人民广播电台“505 空中大舞台”要录制诗赋弦，并邀请我组织人员参加节目录制。之后，录制的节目在广播电台多次播放。

在 20 世纪，诗赋弦作为一个地方剧种，能够出现在电视剧中和广播里，的确机会难得；借此让更多的人知晓和了解它，对宣传和普及诗赋弦起到了重要的作用。2014 年，我接受了北京电视台《这里是北京》栏目组的采访并进行了节目录制。节目播出之后，很多观众开始关注作为非物质文化遗产项目的大兴诗赋弦。2017 年，我又接受了北京人民广播电台的采访，并录制了“打开历史行囊，传承文化宝藏”专题节目。该节目在电台播出后，同样收到了良好的宣传推广效果。

演出：
词曲余音越百年

诗赋弦这个地方小剧种属于“三小戏”（即小生、小旦、小丑），没有武戏、武打和武场，最初的演唱方式是“清音坐唱，自娱自乐”，后来逐渐发展成为搭台化妆表演。在我的记忆当中，村里逢年过节必有诗赋弦演出，但演出场地则是因陋就简，不太讲究。一般是找一个空旷的场地，搭起几块大门板，上边用芦席支起一个棚子就是戏台；若在谁家的场房①前搭台，就把场房当作后台，若在谁家碾坊外唱，就把碾坊当作后台。在冬季封冻前，先把搭台时埋立柱的坑挖好，搭台时用碾场的辘轴为支撑，用大户人家的大门扇或给老年人准备的棺材板为台面，用芦席做舞台的顶棚和围挡。如此简陋的舞台，如今是见不到了，但在当时能搭起来也实属不易。

① 场房指晾晒场旁的储藏房。

开演前，先用堂鼓、大锣、铙钹、小锣打通①，用来招徕观众，一般要打三通。等到演出开始，这些乐器就放下不用了。

打第一通，让观众知道今天有戏，以及在什么地方，这时演员要开始化妆。乡村会戏的条件比较差，所以化妆也相对简单，小旦青布包头身着裙袄，小生多着便装，小丑扎一腰包、鼻子上抹一块白粉就算小彩扮。在我的记忆当中，最早的主要化妆品为：白色是窝头粉，红色是胭脂面儿，黑色是锅烟子，把葫芦片烧炭描眉用，后来逐渐增加了油彩、水彩等打底。

打第二通，整理舞台，乐队就位。幕前放个堂桌儿，桌前摆两把椅子供演员用，桌后摆两条长板凳供乐队用。

打第三通，俗称开台通，就不用堂鼓了。打通结束后正式开始演出。

诗赋弦剧团乐队的小锣

① 打通，即在开演前敲打锣鼓，提示观众即将开演。

诗赋弦的伴奏乐器主要有：板胡（主奏）、二胡、三弦儿、横笛儿、竹板（板儿用的是说快板书的竹板儿，打板人大多是站着，因其还要带管给演员饮场[①]）、板鼓（俗称小鼓）、堂鼓、大锣、小锣（俗称哐子、手锣）、小钹等。若条件有限，乐器不全时，只要有板胡、板鼓、小锣也可以演奏。等到开演后，就只用板鼓、小锣打上打下，有时最多加上一把四胡，演唱时用竹板打击出节奏。此外，随着发展，还增加了“鬼扯腿”“小开门”等简单的更衣、换场曲。

乐队人员在堂桌后面放两条板凳正面就坐，其中，演奏板鼓和小锣的人在舞台左侧就坐。

台上的演员都用本功嗓音演唱，以“呀”“吗”“哇”等语气词加重拉长作为叫板，乐队起奏过门。

诗赋弦在表演上，没有特别固定的程式，而且男女不分腔、不分调、不分场次、不分幕。总体上保留了从民间杂曲小唱向舞台戏剧演变的风貌，具有非常浓郁的原始味道。

根据剧情，诗赋弦分白天戏和夜间戏。有鬼的戏一般都夜间唱，比如《当琴》《赎琴》《送琴》《十万金》《刘全敬瓜》《庄公梦》等，是为了借着天黑烘托鬼戏的气氛。

① 戏曲术语，指旧时戏曲演员在台上喝水润嗓。

诗赋弦剧中人全由男演员扮演，如只闻其声不见其人就分不出男女角色。唱几段后，有专人拿着小茶壶请演员喝水，这被称为饮场，念白大部分是地方话，因为唱腔平淡，没有武打，所以只有演员二三人在台上跑场转八字，边跑边唱。尽管舞台简陋、演技不高，但附近十里八村的百姓还是愿意前来观看。

当年，不管在哪里演出，只要一搭上台子，周边就会聚起很多卖东西的小摊，如吹糖人的、卖糖葫芦的、卖大糖的[①]、卖针头线脑的，应有尽有，十分热闹。

夜间演出时，舞台前梁上还要挂上汽灯。汽灯需要隔一段时间打一回气，否则灯光就会越来越暗。有一次，一个叫张三儿的村民，站在凳子上正给气灯打气。忽然棉裤脱落下来了，大冬天就剩下一条内裤。他手把着灯，一时间竟腾不出手去提裤子，于是大喊一声："乡亲们呀，合眼啊！"场下一片哄堂大笑。

村民们主要利用冬季农闲时学戏，因大部分人没有文化，只能口传身授。有的人为了学戏，不辞辛苦徒步进京看戏、学戏；有的人还学习专业演员的演技来提高自己的表演水平。

1958 年大跃进时，因为大家都忙着生产，诗赋弦的演出就暂时停滞了下来，直到"三年困难时期"结束之后的 1962 年。但那时听老艺人们说，以后不允许再演带有帝王将相、才子佳人内容的传统古装戏了。所有老艺人似乎都感到了传统诗赋弦剧目的传承危机。大家经过仔细商议，为了不让这些剧目失传，推荐李润青为团长，带领大家对传统剧目的一些剧情内容进行必要的修改，又经过差不多一个冬季的紧张排演，向政府主管部门提出演出申请。最终政府批准演出一次，于是大家在 1963 年的春节期间，用十几天时

① 大糖，一种用麦芽和玉米发酵而成的糖汁制成的糖。

间连续演出了一遍，之后这些剧目就停演了。

1966 年左右，老艺人们出于对诗赋弦的挚爱，由何毓兰改编了《夺印》《会计姑娘》《红岩》《红色联络站》等一批符合当时形势的剧目，在刘汉卿、何毓兰领导下的诗赋弦剧团重新开始演出，而且招募了很多年轻演员。白天大家在生产队干活，晚上排戏。如需要白天活动，就要和本人所在生产队队长打招呼，队长同意后可以计他当天的工分。大部分都是晚上到各村巡回演出，甚至受邀到河北省交流，深受领导的重视和广大观众的欢迎，如受到辛家安村的邀请，把一些剧目教给该村剧团演唱，并组织了交流演出。

到了 20 世纪 70 年代初期，有一段时间曾由温士增为团长、何玉明为导演，将样板戏改为诗赋弦进行演出。

延伸阅读

在有些文章中，也将“诗赋闲”写成“诗赋弦”。诗赋闲从十不闲儿发展演化而来，因此在名称上采用了谐音处理，这个不难理解，所以采用“闲”字，恐怕就是因为受到十不闲儿的影响。

同时，从名称来看，“诗”和“赋”两个字可以表现出文章的韵味，“弦”字可以表现出曲子的韵律，“诗”“赋”“弦”三个字连用，也可以反映出这个艺术形式中唱词韵味十足、曲调优美动人的特点。

板鼓

诗赋弦剧团演员刘金荣（左一）、李亚林饰演《小借年》

会社：
顺势而为聚人心

早年间，朱广达和贾万全出面组建诗赋弦同乐会，陆续招收了一些爱好者，而且越办越好。村民们集资购买了一批服装、道具，并且将原来的清音坐唱发展为化妆表演。

诗赋弦流传开来后，很多村都成立了演唱诗赋弦的会社[①]，民间自发组织，由会社内的成员自我管理，也没有固定的活动经费。会里以亲属、邻里关系为纽带进行教授学习，所以没有拜师学艺的仪式要求。会社中的演员、乐师一般都由村里人担任，大家都是因为共同的爱好聚在一起，演职人员一专多能，有很多可以任意替补的演员、乐师。会里的人员基本都是业余的，极少有专业的。每逢农闲季节，大家就凑在一起演唱，自娱自乐。活动多数是一家老小来参加，你演我唱，你弹我拉，等到演出时更是拉家带口、呼朋唤友。因为演员、乐师都是本乡本土的熟人或家人亲戚，所以台下经

① 指人们因相互联系而结成的组织。

常会响起掌声一片，叫好声不绝于耳。

西里河村成立诗赋弦会社较早，大约为20世纪初。当时村里喜欢诗赋弦的人兴趣日盛，便有钱的出钱，有粮的出粮，没钱没粮的出力，张罗着组建了西里河诗赋弦会，由李成林担任会头，村民们自愿参加，家中没有会唱的和会拉弦的人也可以入会。会里组织购置并自制了一些服装道具。之后，李成林、李友金、李友德等人还专门到张家务村请来朱广达亲自指导村民演出。据说当时大家学的第一部戏就是朱广达编写的《老西儿换》；在西里河村教书的许先生和齐秀才又编写了一些新的剧目，如《告金扇》《鹦歌记》《龙凤配》等。每逢节日或农闲时，村民们都会聚在一起唱上几天，搞得热闹红火。

诗赋弦星火工程演出舞台布景

延伸阅读

据《中国戏曲志·河北卷》载：朱、贾二人编出剧本以后，首先在朱家务和张家务两个村轮流演唱，然后逐渐向其他村扩展。哪村哪家有红白喜事，就请他们去演唱。清光绪十九年（1893）正式在朱家务村成立了诗赋弦同乐会。同乐会成立后，陆续招收了一些诗赋弦爱好者，在乡绅富户的支持下，越办越红火，使诗赋弦这种戏曲形式名声远扬。诗赋弦首先在原宛平、大兴两县迅速地传播开来；到清光绪三十四年（1908），又传到了固安县；1921年传到涿县；1931年传到房山县。到20世纪50年代，先后成立诗赋弦剧团的有5个县的20个村庄（如果按高各庄村于1947年一分为三计算，就是22个村庄）。20世纪50年代后，诗赋闲逐渐衰落，大部分诗赋闲剧团相继解体，少数改唱了别的剧种。

（一）原宛平县7个剧团（今均归属大兴区）活动情况

1. 朱家务村诗赋弦同乐会，成立于1893年，1937年卢沟桥事变后解散，是由朱、贾二人教授的，为诗赋弦发源地。

2. 贺北村诗赋弦会戏，成立于1906年，1924年解散，是由朱、贾二人亲自教授的；1944年又恢复活动，

1946 年再次解散。

3. 西湖林诗赋弦子弟会，成立于 1906 年，是由朱、贾二人亲自教授的；1948 年底改唱评剧，后停演；2001 年又成立了诗赋弦剧团。

4. 留士庄诗赋弦同乐会，成立于 1908 年，1910 年解散，是由朱、贾二人的徒弟——西湖林村的杜小仙教授的。

5. 定福庄村诗赋弦同乐会，成立于 1914 年，卢沟桥事变后解散；是由朱、贾二人的徒弟——贺北村诗赋弦会戏会头杜万全教授的。该村于 1947 年分为东、西、北三个村，分别演唱诗赋弦。

6. 高各庄村诗赋弦同乐会，成立于 1925 年，是由贾万全亲自教授的。

7. 天宫院村诗赋弦同乐会，成立于 1930 年，由朱、贾二人的徒弟——高各庄村诗赋弦同乐会会头教授的，1955 年后改唱评剧。

（二）大兴县 2 个剧团活动情况

1. 西里河村诗赋弦会戏，成立于 1904 年，是由朱、贾二人首次教授的。成立以来几起几落，但始终坚持演唱，至今仍坚持活动。

2. 西疃村诗赋弦剧团，1944 年，杜万全多次在该村教授诗赋弦，但没有正式成立剧团；同年，由西里河村诗赋弦会在该村教授之后，才正式成立起西疃村诗赋弦剧团；1964 年停止活动，改革开放后又恢复活动。

（三）固安县 7 个剧团活动情况

1. 官庄村诗赋弦同乐会，成立于 1908 年，是由朱、贾二人亲自教授的，一直坚持活动到 20 世纪 80 年代。

2. 柏村诗赋弦会戏，成立于 1912 年，是由朱、贾二人的徒弟张祥教授的，1945 年停止活动。

3. 大辛庄诗赋弦同乐会，成立于 1918 年，是由谷兴教授的。该村原有蹦蹦儿戏，经谷兴教授之后唱起了诗赋弦，蹦蹦儿戏、诗赋弦经常同台演出，1966 年解散。

4. 南赵村诗赋弦同乐会，成立于 1930 年，是由官庄村诗赋弦同乐会人员教授的，1949 年停止活动。

5. 东湾村诗赋弦同乐会，成立于 1943 年，是由南赵村诗赋弦同乐会人员教授的，1965 年停止活动。

6. 北村诗赋弦同乐会，成立于1944年，是由官庄村诗赋弦同乐会人员教授的，1965年停止活动。

7. 毕庄村诗赋弦同乐会，卢沟桥事变后成立，由于战争影响，没有正式形成剧团即停止活动。

（四）涿县3个剧团活动情况

1. 西韦坨诗赋弦戒赌民乐盛会，成立于1921年，是由谷兴教授的，1965年停止活动。

2. 佟村诗赋弦同乐会，成立于1934年，是由王学文操办的。王学文原为西韦坨村人，后搬家到佟村。

3. 芦村诗赋弦同乐会，20世纪30年代初成立，是由西韦坨村人教授的，解放战争中期停止活动。

（五）房山县1个剧团活动情况

东吕村诗赋弦同乐会，20世纪30年代初成立，是由西韦坨诗赋弦戒赌民乐会会头教授的，解放战争中期停止活动。

每逢春节或重大活动，会里都要组织人搭台唱上几天诗赋弦。十里八村的人也都喜欢赶来听戏。那时礼贤镇有个农历九月十五庙会，村里的诗赋弦会每年都要去唱几天。

西里河诗赋弦会红红火火地演了 10 多年，后来因为战乱和天灾，村民们的生活都很难维持，所以在 1922 年左右不得已封箱停演，人员也随之解散了。

大概沉寂了七八年，村民的生活稍微有所好转，对文化活动的兴趣又逐渐被激发了出来。受到邻村高跷会的影响，一部分村民开始学习高跷，村里也建起了高跷会。

据长辈们讲，当时村里没有学高跷的人们聚起来一商量，推举侯振海为会头，刘广田、吴万富、付永海、吴宝瑞等人为演员，李春田、张尔敏、杨春普等组成了乐队，于 1931 年左右又恢复了西里河村的诗赋弦会。大家添制了服装、道具等，有的自己找人刺绣制作合体的服装，当年村民刘汉卿自制的戏服现在还收藏在大兴区文化馆内。在这些新添置的戏服、道具中，最抢眼的是一套定制的绣着红色狮子滚绣球图案的底幕。新的诗赋弦会还请当地有文化的人编写了一些新的剧目，丰富了演出内容。万事俱备之后，重新开张的西里河诗赋弦会便热热闹闹地开始了演出活动，还时常应邀到其他村演出。

此时，在西里河村形成了演出诗赋弦的南会与演出高跷的北会并存的局面。南、北会是因会头居住在村南或村北的位置，并结合常聚会的区域而得名。几年后，因为跳高跷的人看到喜欢诗赋弦的观众比较多，而且跳高跷体力消耗较大、危险性极高，所以在 1934 年左右，高跷会不再跳高跷，改为唱诗赋弦，以白俊荣为会头、付永宽、桂春岭、何玉明、绍化南等为演员，刘振全、杜少增、桂德林等组成乐队。至此，西里河村有了南、北两个诗赋弦会。

其实，南、北两个会各有千秋。南会唱的戏大部分是朱广达的原创作品，如《老西儿换》《秃子换》《告金扇》《双拜堂》等。北会唱的戏大多是从其他剧种改编过来的，如《白蛇传》《十万金》《十三妹》等。逢年过节时，两个会分别搭台唱戏，各献其艺、各有观众。1937 年卢沟桥事变后，全村的诗赋弦演出再次被迫停止，直到 1948 年都无法进行大型公开的诗赋弦演出，但小规模的自娱自乐性质的演出一直没有间断过。

1949 年前后，村里的剧社为配合全国土地改革运动，编创了一些具有宣传作用的新剧。中华人民共和国成立后，诗赋弦又开始活跃起来，并在上级领导的协调下，把南、北诗赋弦会进行了整合，两会的会头表示不再分立。进入新社会后，村里把旧时的一些提法按照新要求进行了改进，如新成立的西里河村诗赋弦组织不再

称“会”而称为“剧团”，负责人也不再称“会头”，而称作“团长”。那时，西里河村的诗赋弦剧团还经常被邀请到其他村教戏，如 1950 年左右，受西白疃村的邀请，剧团派吴殿武、刘汉卿、李永祥等人去该村教唱诗赋弦，还举行了交流演出。

村里的诗赋弦剧团一直活跃在农村，坚持到各村去演出，丰富了村民的文化生活。直到 20 世纪 70 年代初，才因种种原因暂停了演出。

党的十一届三中全会后，全国开始改革开放，一些大的剧院率先恢复了传统剧目的演出。老艺人们得知消息后，激动得奔走相告。

经商议，村里开始筹建新的诗赋弦剧团。因为停唱很多年，原来的服装、道具、剧本损毁遗失严重，等于是白手起家。以刘汉卿为首，与李永祥、李连科、马景贤等老艺人自筹资金，置办了新的服装道具，推举刘汉卿为团长，马景贤（时任村委会主任）、孙玉荣任副团长，于 1984 年重新把西里河诗赋弦剧团组织了起来。剧团恢复之后，燃眉之急是要解决剧本的问题。于是剧团组织所有老艺人集体回忆剧本，大家凭借记忆，你一句、我一句地对出了不少剧本，虽然在唱词细节上肯定与原来的有所出入，但基本差不多。剧团还招募了一些青年演员，每天晚上组织所有人员到张瑞祥家排戏。经过一冬的排练，在 1985 年的春节期间正式搭台演出。此后每逢春节或村里有重大活动，都会举办诗赋弦演出。

记得那是 1988 年，中国音乐学院的一位教授带领研究生到西里河村调查研究诗赋弦，待了一个多月。在这期间，老师们对村剧团的乐队人员进行规范的指导，纠正我们一些不准确的指法、音调等，大大提高了乐队的整体伴奏水平。

2010 年，为了让剧团有固定的名号，便于大家记住和对外宣传，我和刘彦荣一起把村里的诗赋弦剧团正式更名为礼贤镇西里河荣升诗赋弦剧团。团里共有演职人员 60 余人。剧团名称中的“荣”字就是取了刘彦荣名字的最后一个字，“升”字原来是取了我名字李润生的“生”字，但我们又觉得有点不妥，容易让人感觉到这个剧团是我们两个的，所以改用“升”字，区别于我名字中的“生”。

李润生（左一）与诗赋弦剧团演职人员在一起

诗赋弦剧团乐队演出前调试乐器

荣升剧团每年都参加大兴区举办的非遗展演活动。根据剧团自身需求和时代发展的需要，我们组织人员改编了《小姑贤》《刘云打母》《鞭打芦花》等剧目，又编写了《我们是北京人》《志在基层》

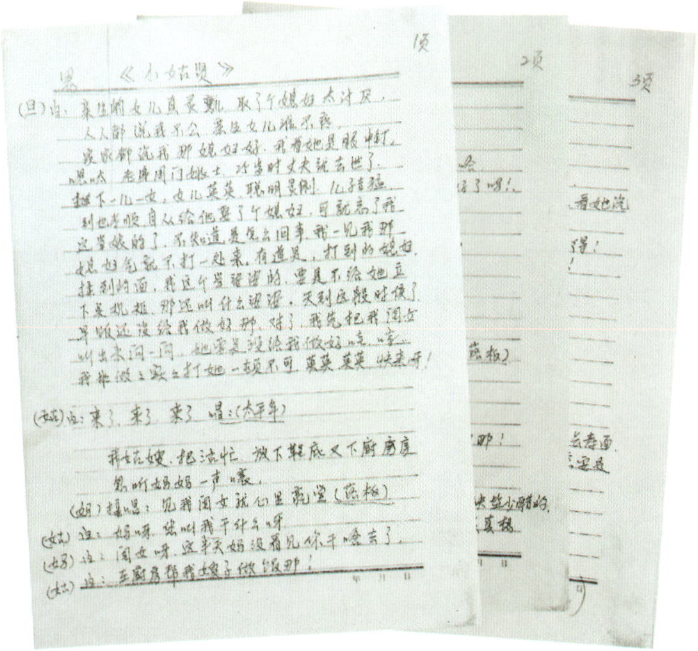

李润生手写《小姑贤》剧本

《逛新城》等原创节目，参加了区镇两级的戏曲展演及各类赛事活动，积极参加了北京市星火文艺工程演出，编排了优秀剧目到周边镇村进行巡演。一时间，我们剧团成为大兴区比较活跃的基层文化团体。

由于我们剧团非常重视演出质量，取得了很好的演出效果，因此得到了群众和大兴区主管部门的充分认可。2010 年，剧团被评为大兴区的“一级演出团”，同年星火文艺工程演出全部完成后，在奖项评定工作中，西里河荣升诗赋弦剧团还获得了“星火工程演出五个好”的荣誉称号。同年 8 月 19 日，应文化部非物质文化遗产司的邀请，刘彦荣和我作为诗赋弦传承人，与礼贤镇宣传文体中心主任陈宝增一起，代表大兴区参加了在人民大会堂举行的非遗活动。

2014 年 3 月，北京电视台“这里是北京”栏目摄制组来到西里河村，对荣升诗赋弦剧团进行采访，通过节目让广大市民了解诗赋弦的表演艺术。同年 5 月底，大兴区文化馆非遗项目部又组织诗赋弦传承人参加了在延庆县举办的北京市首届“非遗大观园”端午游园会，为游园的市民演出《难中和》一折戏。

剧目：
题材丰富常出新

诗赋弦流行之后，地方上一些有才华的人士也都来写戏、编戏，涌现出很多深得百姓喜爱的好作品。

不断有新的剧目被创作与编排出来，是诗赋弦发展的重要内容。作为一个服务大众的民间戏种，常演常新以满足乡村百姓的需要不容忽视。诗赋弦虽然不像其他拥有几百年甚至更长历史的老剧种那样，有着大量耳熟能详、脍炙人口的传统剧目。在其产生与发展的一百多年时间里，各个时期都不乏新作问世，各类剧目从无到有、从少到多，时至今日已经十分丰富了。

早年间的诗赋弦作品大多结合百姓身边的故事而编写，十分贴近乡村生活，富有浓郁的生活气息。剧作者大多为当地人，熟悉当地百姓的生活，剧目内容贴近现实生活，具有鲜明的地方特色。故事多讲述奇闻异事、民间传说，很多都是对现实生活的演绎和夸张；有的剧目直接就地取材，将家庭生活的琐事编成短剧；有的干脆将街里街坊生活中的一些实实在在的事稍微加工一下便搬上了舞台。观众觉得诗赋弦的内容看得懂、唱词听得清，所以深为喜爱，其在大兴地区的受欢迎程度曾一度与京剧、评剧、梆子等大剧相仿。

李润生在整理诗赋弦移植剧本的资料

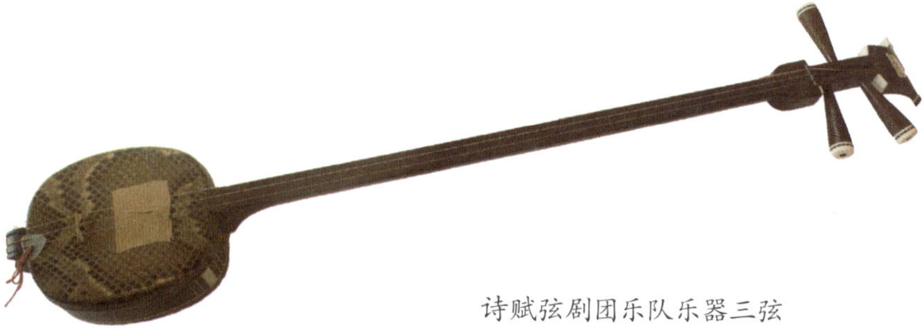

诗赋弦剧团乐队乐器三弦

诗赋弦在剧目创作上的突出特点是：结合时代需要创作新篇，如抗战期间、新中国成立初期、20世纪六七十年代，以及改革开放后，都涌现出了一大批富有时代特色的剧目。诗赋弦的创作者还十分注意向其他剧种借鉴，如从评剧、京剧中移植了很多脍炙人口的剧目，使诗赋弦的作品常演常新、与时俱进。

如在抗战时期，当时的有识之士编写过《保长》《穷人大翻身》等与宣传抗战有关的剧目，并通过这些剧目的演出来动员广大群众配合八路军共同抗日，反对汉奸卖国贼。

又如在新中国成立初期，有人根据其他剧种改编了诗赋弦《刘巧儿》《小女婿》《斗地主》等剧目，我记得《刘巧儿》《小女婿》是由吴树成、杨悦川等人演出的。这些剧目是配合当时政府宣传婚姻法和开展土地改革而编演的，既丰富了老百姓的文化生活，又宣传了党和政府的方针政策，一举两得。

再如20世纪60年代到70年代初，是诗赋弦快速发展的时期。在这期间，西里河村诗赋弦剧团移植了《沙家浜》《红灯记》《夺印》《智取威虎山》《江姐》《会计姑娘》《红色联络站》《给毛主席百年》等一大批现代剧目，到各村巡回演出，受到了观众的普遍好评。特别是在改革开放初期，诗赋弦在丰富农村文化生活和宣传政策等方面发挥了积极的作用。

2000年以后，我自己开始编写一些关于宣传国家政策、法律法规，表扬身边好人好事，以及反映首都发展变化、弘扬北京精神等具有时代特色的剧目。

我考察过诗赋弦的一些传统剧目，如《告金扇》《鹦哥记》《龙凤配》《秃子换》（后改为《难中和》）《苏洛缘》《当琴》《瞧亲家》等，都没有在其他剧种中上演过，很大可能成为诗赋弦独有的剧目。

我原创的剧目有《我们是北京人》《志在基层》《难忘的六一》《逛新城》《绿色食品迎贵宾》《一顿特殊的农家饭》《赞大兴》7部，教学用的小段有《赞礼贤》《放学路上》。

由我改编的剧目有《小姑贤》《刘云打母》《姊妹易嫁》《柜中缘》《走雪山》《喜荣归》《鞭打芦花》《冯奎卖妻》8部。

由他人原创剧目有《浪子归》《至富路》《争婆婆》《拆迁风

波》4 部，由其他人改编的剧目有《小借年》《豆汁记》2 部。

在编写剧目的同时，我还对诗赋弦的历史资料和传统剧目进行整理。现在保存完整的诗赋闲传统剧目有《苏洛缘》《老少换》《难中和》《瞧亲家》《访良乡》《十万金》《当琴》《赎琴》《送琴》《龙凤配》《玉堂春》《告金扇》《鹦哥记》13 部。

随着时代的变化，诗赋弦的发展受到很大的制约，主要原因可以概括为以下四个方面。

（1）诗赋弦没有科班组织，传承只能靠业余教授。虽然也有师徒关系，但很随意，容易造成“子弟传子弟，越传越不济”的局面。

（2）没有形成正规的演出团体，基本保持着农村业余组织的状态。虽然也有“会头”牵头操办，但约束力不强，大家基本都是“农闲唱，农忙停”，所以诗赋弦组织长期处于松散、随意的状态。

（3）没有培养出具有代表性演员的条件。因为大家普遍是出于爱好才参与到诗赋弦团体中来的，不以此为生。

（4）没有固定的经费来源。诗赋弦组织一般都依赖于捐助，偶尔会有些赚小钱的演出，也是很不稳定，全靠碰运气。

音鼓陈情
——我的戏路历程

对于一个人而言，什么最难忘——首先是儿时的记忆，其次是一生所钟爱的东西。对李润生而言，这两个当中都包含着诗赋弦。从小到大，如今已经渐入老年，诗赋弦始终在李润生的生活中占据着重要的位置，是李润生的爱好，但又不同于其他爱好那样可以割舍；它不是李润生赖以养家糊口的工作，但比高薪的工作还令他费尽心力。在别人眼中，唱诗赋弦也许就是“玩”，但对李润生而言，它依然是其人生的一部分。

学戏：
儿时嬉戏少时缘

诗赋弦作为一个地方剧种，在北京市大兴区礼贤镇西里河村已经存在百余年，在村里可以说是妇孺皆知、人人喜爱，其中积极参加剧社、热衷于表演的也很多，而且人才辈出。

1947 年，我出生在西里河村，并且在这里生活了大半辈子，有许多往事至今记忆深刻。直到 2018 年，因为新机场噪声整治工作的需要，政府对我们全村进行了整体搬迁。因此，我们一家才离开这个已经住了几代的西里河村，先到其他村周转两年再搬到新房中。如今的西里河村已经被时代大潮所淹没，只能保存在资料中和我们的记忆里，但最令我牵肠挂肚的还是陪伴这个村庄百余年的诗赋弦艺术。如今村子没了，大家住的地方也逐渐分散，聚在一起的难度比以前大得多，这些因素都有可能会影响到诗赋弦的继续传承和发展。

在我儿时，正是因为这个被诗赋弦浸润百余年的村落，以及家中祖辈、父辈、兄长对这门艺术的青睐，不知不觉中，诗赋弦在我年幼稚嫩的心底深处种下了一颗民间艺术的种子，让我和它结下了半生的不解之缘，一直陪伴了我七十多年。如今，我已年过七旬，时常回忆起儿时与诗赋弦有关的那些往事，仍记忆犹新。

中华人民共和国成立初期，村里条件有限，没有幼儿园，小学也只招收年满八周岁的孩子。因此，我长到五六岁时，还只能和村里同龄的孩子满村乱跑着玩。那时各家的物质条件都一般，村里的孩子们自己没有什么玩具可以玩，最喜欢的就是大家伙凑到一起瞎玩。那时，只要一听见大人们敲起锣鼓，孩子们就一窝蜂似地围过去，一边看大人们排练诗赋弦，一边还不忘追逐打闹。虽然没有刻意去学，但看得多了，听得多了，每个孩子自然也都能记下三两句诗赋弦

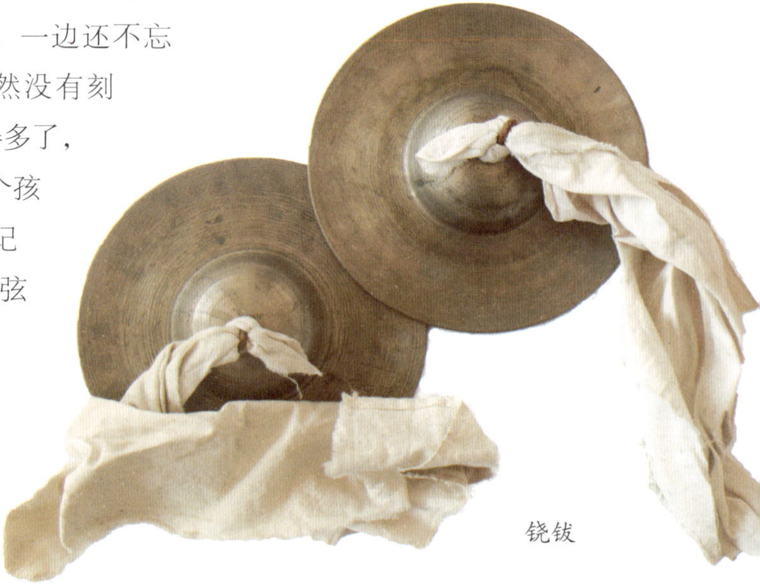

铙钹

的唱词。那时可能是年纪小的原因，小孩们的记性都好，听上几遍就唱，即使不理解啥意思，也能照猫画虎地哼得八九不离十。

我那时很喜欢诗赋弦的曲调，经常有样学样地模仿大人们哼唱诗赋弦一些剧目中的简单唱句。虽然那时年幼不是很懂，学得也是有词没调的，但我还是觉得很有意思；也就是因为这样的耳濡目染，我对诗赋弦渐渐产生了浓厚的兴趣。最重要的就是当时唱诗赋弦的氛围很浓厚，身边人基本都会唱几句，最不济也能哼出个调。

再大一点时，我受村里诗赋弦会和家中大人的影响也就更甚一些。我们这帮孩子的游戏也较之前有所升级——如同城里孩子玩过家家一样，我们开始模仿大人们的样子，真的摆开架势，搭台唱戏了。那时，我们的服化道①一般都是因陋就简，手边有什么算什么，比如找一些木棍和高粱秸等搭一个小棚子就算是舞台，用一些破水桶、水盆、瓦片等当乐器。用锅烟子沫在脸上扮作小丑，把家中大人用的窝头粉、胭脂粉涂在脸上，分别算是小生和小旦，至于服装，因为没有条件，只得平时穿什么就是什么了。偶尔冒着挨打的风险，也能把大人们的一些不起眼的装扮偷拿出来用用，这对当时我们这些孩子来讲已经很高档了，可以算是我们自己的“正式演出”。

准备好之后，我们叽里咣当地一通乱打，算是正式开场了，装

① 服装、化妆和道具的合称。

腔做势、咿哩哇啦、有腔无调地乱唱一气，就这样我们能开心地玩上一整天。当然，其间也不免会受到一些小伤，如身上碰块淤青、划个小口什么的，其实这些都不算什么，就怕把衣服弄坏了，那可是件要命的事。我晚上回家后，经常是先挨父母一顿骂，再给洗脸、换衣服，有时还要母亲给补衣服。小孩子为了玩是什么都能豁出去的，所以大都“不长记性”，转过天还是照唱不误。就这样依葫芦画瓢地唱演诗赋弦，是我和伙伴们在童年里最喜爱，也是玩得最多的游戏。

我上了小学后，父亲对我平时和伙伴们的学唱玩耍采取比较放纵的态度，可能是因为他觉得这样可以对我日后学习诗赋弦有所帮助吧。当时家里的生活还比较困难，没有闲钱为我买像样的乐器。我就带着几个伙伴动手做一些类似玩具的乐器，如用竹筒做板胡的瓢儿。没有桐木板就用三合板，随便找根木料就做弹子，不管怎样，能出音儿就行。做二胡也是用竹筒，用猪尿泡①代替蟒皮②，甚至用黑鱼皮。没有弓子就用小竹杆儿摵，找村里赶大车的车把式弄些马尾毛拴在上面。我们搞的这些土乐器，根本谈不上什么音质，能出点声就行，这对我们这帮孩子来说算是很不错了，本来我们就没有太高的期望。我们经常拿着这些自制的土乐器，为我们的自演自唱伴奏，可以说其乐融融，乐在其中，还颇有些成就感——对于那个年代生活在农村的孩子们而言，这已经是很上档次的游戏了！

① 指猪的膀胱。
② 指二胡琴筒前口部分，又叫琴皮或称琴膜，是二胡重要的发声装置的组成部分。

诗赋弦

我真正系统学习诗赋弦是从 1957 年开始，为我开蒙的是我的父亲。父亲叫李春田，应该算是第三代诗赋弦传人。他一生钟爱诗赋弦，是村里诗赋弦会（以及后来的剧团）的骨干，主要是在乐队拉板胡。他爱好的乐器有很多，如三弦、箫、大正琴、二胡等，几乎每天都要在晚饭后摆弄一番。每到这时我和哥哥都会饶有兴趣地凑过去，虽说不敢轻易触摸，但还是忍不住问这问那。这个时候，父亲总是表现出最大的耐心，有问必答，从不嫌烦。在我的记忆里，父亲不管下地干活多累，总是忙里偷闲地去参加村里诗赋弦会的排练和演出，几乎场场不落。我可以感觉得到，父亲对诗赋弦的挚爱是渗透到骨子里的。

板胡

受到父亲的影响，我很小就开始接触诗赋闲的演奏，对一些曲调、旋律也比较熟悉，加之前几年在玩耍时积累的底子，于是我 10 岁便开始利用课余时间正式向父亲学习板胡演奏和诗赋弦唱段。那个年代和现在没法比，现在孩子们想学什么都可以，花点钱报个班就妥了。我们那时不行，不说家里没闲钱，就算有点钱也没地方去找那些适合小孩子的课外兴趣班。单从这个角度讲，当年的我应该算是很幸运的，虽然生活在农村，物质条件肯定不如城里孩子们好，但我足不出户就能学乐器演奏，不出村就能听戏、学戏，这应该是当时很多城里孩子都不可能有的条件和待遇。

我父亲最初教我的是板胡演奏。板胡是诗赋弦演奏的主要伴奏乐器，是有着几百年历史的民族传统弦拨乐器。起初，我还是有些胆怯，害怕弄坏了乐器挨大人的骂。虽然那些乐器如同父亲的命根子，但对于我学习使用，父亲倒是很开明，直接递给我诗赋弦中最重要的乐器——被称为大弦的板胡，并且手把手地教我弹奏。那时的我根本没有系统学过什么乐理知识，对乐器的了解也是少得可怜，可以算是零基础。所以我学习板胡弹奏技巧和诗赋弦的曲韵，全凭父亲的口传身授。可如今看来，这样的教学还真的有不少好处，如父亲一边教授我基本知识，一边还会把他多年积累的实践经验和心得（也包括村里叔伯们相互交流的经验）一并传授给我。用现在的话来讲还是“一对一”授课，我遇到不懂的地方可以随时问，父亲看出我的问题也能及时纠正。这让我在日后的学习和舞台演奏中少走了很多弯路，令我终身受益匪浅。

我和村里的伙伴们交流过，父亲对我的教学应该算是很严厉的。学琴时只要我一出错或者指法不到位，就会被他大声喝止，然后马上重来一遍，直到练好为止。有时因为累了难免懈怠一点，父亲见了就会很用力地敲一下旁边的桌子或是椅子扶手来提醒我，若是旁边没有就手可以拍的，那一巴掌肯定就落在我的手臂或肩膀上了。

在之后的几年里，我无论是学演奏，还是学唱段，都是由父亲和村里的叔伯们一个指法一个指法地演示，一句词一句词地教。大概是因为年纪小的缘故，当时我的记性特别好，学得也很快。叔伯们都很喜欢我，还经常给我开点小灶，所以我提高得比其他伙伴稍快一些。

有点基础之后，我便跟随父亲去看他和村里的叔伯们排戏。和我一起的还有几个年龄相仿的孩子，我们平时都在一起玩，关系很融洽。大人们一丝不苟地排戏，我们就在一旁专心致志地看，尽量将一板一眼都记在心里，生怕漏下什么东西。有时我们几个也会小声地交流几句，声音绝对不敢太大，怕影响到大人们。这样的观摩学习的确很有效果，大家都有明显的进步。

那时受条件的限制，村里没有固定的诗赋弦排练场所，只能是哪家方便就去哪家；实在没地方的时候，在场院里也能凑合半天。又过了几年，我也能参与大人们的排戏了。有一次老艺人们排戏，让我跟着拉弦儿，虽然自己尽了全力，感觉要比平时拉得有味道，但内行人听起来还是多少有点跟不上板。

有经验的老艺人提示我说：“你要先学会唱。会唱了，就能找准板眼了。”于是我就跟老艺人们学习唱段。一开始我是从丑角等不起眼的小角色学起。我学的第一出戏是《十万金》，与我的伙伴演的是剧中两个勾魂的小鬼，我演二鬼。如第三场“打酒上坟遇鬼纠，醉鬼熟睡铁牌丢”中：

二鬼（上）唱：奉命把差勾，刮着旋风滴滴溜溜。
咱哥俩歇息再走，累得我十分难受。（落板）

这是我演角色的上场唱段。下场时是句念白：

二鬼白：是，是！哥俩丢铁牌，糊涂去勾差。（二鬼，地方下场）

在这部剧中，我总共有 1 句唱和 14 句白，戏份不算多。

我学的第二出戏是《白蛇传》。经过一段时间演唱和排练后，我基本上掌握了多种曲牌的行腔、板式和上下场等方面的知识。

演戏：
台上台下六十年

经过五年多的学习，1963 年，刚满 15 岁的我，已经熟练掌握了诗赋弦中板胡弹奏和一些舞台表演的技巧，得到老艺人们的称赞和认可。那时我的哥哥李润清在工厂当工人，兼任了西里河诗赋弦剧团的团长。在他的鼓励和支持下，我在 1963 年春节期间，随着村里的诗赋弦剧团巡回演出。这是我首次登台，参演的剧目主要是传统古装戏，还参与了乐队的伴奏。因为是春节演出，所以一天要演两场——下午、晚上各演一场。对于我这个新手而言，因舞台经验匮乏、神经紧张，所以感觉还挺累的。那时我演的只是一些不起眼的配角。

从那以后，我经常参加一些演出，正经八百地积累了几年舞台经验，在掌握了一些表演技巧之后，于 1966 年起出演了一些戏份相对多点的角色，如在改移植《红灯记》中扮演鸠山，在《红色联络站》中扮演吊眼狼等。之后，我又参演了《沙家浜》《会计姑娘》

《夺印》《红岩》《智取威虎山》等剧目。在演出中，我主要负责乐队的主奏，我有角色时，则由何玉明老艺人替我担当主奏。因为那时候是在农村生产队劳动，所以如需白天排练或下村去巡回演出，都由大队干部通知演员所在生产队队长。生产队给记工分，男劳动力记 10 分，女劳动力记 8 分。

当时，我们演遍了附近村庄。记忆最深的一次是去河北省白家务公社的富各庄大队（现已拆迁）演出。当时富各庄大队向我们西里河大队诗赋弦剧团预定了 4 场戏。我们每天下午早收工、早吃晚饭，之后到大队集合。富各庄大队派出四辆大马车过来接我们。

富各庄大队的院子虽然很大，但是因为吸引了附近十几个村庄的人前来看戏，所以每场演出观众都挤得满满的，就连演员想要进出院子都很难，不得已只能在院墙内外两侧放上梯子，演员们蹬着梯子爬墙头出入院子。村里派专人维持演出秩序，所以虽然观众很多，但还算是井然有序。通过这次演出，西里河诗赋弦剧团的影响扩大到了河北。

这个时候，村里的诗赋弦剧团已经改称文艺宣传队[①]了。还不到 20 岁的我，也和父亲当年一样，特别热衷于参加各种诗赋弦的演出活动，在文艺宣传队的年轻人中也算是比较活跃的分子。当年，我年轻气盛，想法也多，不满足于在村里演唱，便提议到周边各村

① 20 世纪六七十年代，在农村、学校、工厂成立的业余文艺团体，改革开放后逐渐被艺术团、舞蹈团等名称替代。

巡回演出，一方面可以提高宣传队的影响力，另一方面可以让大家积累更多的演出经验。大家都觉得巡回演出是件好事，纷纷响应。

我们的文艺宣传队之所以可以活跃在乡里村间，主要是因为能跟上形势的要求，将其他剧种的革命题材新剧移植为诗赋弦。在这个时期，除了我们村的文艺宣传队还在坚持演出之外，其他村原有的诗赋弦剧团已经没有演出活动了。其根本原因就是没有符合形势要求的新剧目可演。可以说，具有改编和原创能力是我们村最为突出的优势。正因为拥有这个优势，我们村才有戏可演。直到现在，我们依然保持着这个优势，不断有反映时代风貌的新作品问世。

几年之后，由于种种原因，诗赋弦再度停演，我们的文艺宣传队也随之解散了。我们不得不离开了熟悉的诗赋弦舞台。宣传队的服装道具，连同原来传统剧目的一些服装道具，被一并保存起来。这些东西对我们来说十分宝贵，其中有许多是老一辈诗赋弦艺人在艰苦时期置办并留下来的，对于我们这些后辈来讲是个念想。

村里停演诗赋弦一晃就是十几年。到了 20 世纪 80 年代中期，改革开放也已经有几年了，政府越来越重视传统文化，农村的文化生活也逐渐活跃了起来。在这样的情况下，我和村里的诗赋弦演员们，不约而同地动起了重启锣鼓、再组新团的念头。遗憾的是，因为时间久和保管条件有限等原因，原有的诗赋弦演出的服装道具等，在这十多年间自然损毁得很严重，留下来的也多残破不齐、老旧褪

随诗赋弦剧团参加戏剧原创大赛时做演出准备

色，还能用得上的已经不多了，几乎凑不出一台戏所用的。最为困难的还要算老剧本的遗失。如果说没了服装道具我们可以置办，可没了剧本对于复排剧目来说实在是太难了。俗话说："好脑子不如赖笔头。"更何况是大家都十几年没有唱了，再好的脑子又能记得多少呢！

不管眼前的困难有多大，我们还是下定决心恢复诗赋弦的排演，绝不能让诗赋弦在我们手里断了线。改革开放后各种条件都比前些年好很多，但大家依然不富裕。我动员了村里大约 50 多位诗赋弦艺人，大家有钱出钱、有力出力，筹集资金购买和自制了一些演出的服装和道具。经过一段时期的细心谋划，我们终于在 1984 年重新组建起了西里河诗赋弦剧团。

有了人，也有了服装道具，我们就着手克服最后，也是最大的困难——剧本。大家讨论了很久，面对眼下情况，最终订下了"两条腿走路"的计划：一方面走村串户，走访过去喜欢诗赋弦的村民，看看可否零星收集到散落在大家手里的剧本，哪怕是当年排练时个人手抄的唱词也是好的。经过一番努力，我们还真的小有收获。另一方面，组织大家凑在一起集体回忆剧本的唱词。你一句、我一句，有时大家还为一个词或一个字相互争论。全凭大家当年的记忆，硬是凑出了不少剧本。当然，凭大家记忆凑出的唱词，难免与原来的有一些出入，但基本上还是差不太多的，因为大家都是唱了半辈子的诗赋弦，虽然十多年没有唱了，但当年留下的印象不会被完全磨灭掉。

有了剧本就好办了，大家的热情也高涨起来，可以说是万事俱备。沉寂了十多年的诗赋弦，很快又活跃在西里河及周边各村。每逢春节、村里有送新兵等喜庆的事，我们都会组织演出。

1991 年，我在担任西里河诗赋弦剧团主奏的同时，又被礼贤镇文化艺术团聘为乐队队长。镇艺术团主要演出京剧、评剧、河北梆子，诗赋弦的演出倒是不多。我主要为团里各种演出进行板胡、三弦伴奏。在镇艺术团期间，我接触其他剧种的机会也逐渐多起来，不再局限于诗赋弦的演出，这使我的眼界更加宽阔，有利于博采众长。通过为其他剧种伴奏，我的弹奏技艺有所精进。

时间过得很快，转眼就进入到新世纪。我们的诗赋弦剧团随着北京文化的蓬勃发展，越来越受到市、区、镇各级政府和社会各界的普遍重视。那时，我已经 50 多岁了，登台演出诗赋弦也有 30 多年，父辈的影响和从小到大留在思想深处的情感，使我越来越觉得传承诗赋弦是自己不容推卸的责任。于是，我和一帮老伙计不遗余力地排戏，不放过任何演出机会，争取让更多的人欣赏到诗赋弦。经过大家的努力，2006 年“大兴诗赋闲”被列入北京市第一批非物质文化遗产名录。

诗赋弦成为市级非遗项目后，开展较为全面、系统的资料整理工作就显得迫在眉睫了。于是，我自费组织诗赋弦艺人把现存的23个曲牌逐一进行演奏，录制成视频资料，并制成光盘，作为日后研究诗赋弦的一份基础性资料，名称就叫《诗赋弦曲牌》。同时，通过对本村老艺人进行走访，并结合我自身多年的学习和演出经历，我将诗赋弦的历史沿革与创新发展整理成书面材料。此后，为了把诗赋弦这一地方戏曲更好地传承下去，我们自费组织了诗赋弦演唱会，并且将视频资料也制成了光盘留存。

自2006年起，我被推选担任了西里河诗赋弦剧团的团长，感到身上的担子又重了许多。为了扩大诗赋弦的社会影响，我经常带队参加各种演出活动，尽量把握住每一次宣传推广诗赋弦的机会。如我带队参加了在北京湖广会馆举办的“非物质文化遗产展演”活动，带领全团人员圆满完成了星火工程等各项演出任务，带队参加大兴区在北京地铁文化公园举办的非遗展演活动，参加北京市文化局在国家大剧院举办的“名家传艺——非遗传承人收徒传艺工程”启动仪式（在这次活动中有幸与京剧大师梅葆玖先生简短交流并合影留念），带队参加在延庆举办的“非遗大观园——端午游园会”活动等。像这样的活动每年都有不少。虽然我和团里的很多老艺人都上了岁数，但我们的心气儿一点都没减，要说有演出、有活动，没二话，收拾家伙就走。

李润生（左一）带队参加在延庆举办的“非遗大观园——端午游园会”活动

李润生（左一）参加原北京市文化局在国家大剧院举办的
“名家传艺——非遗传承人收徒传艺工程”启动仪式

近些年来，我因为传承诗赋弦得到了很多社会荣誉，如先后获得大兴区政府授予的“文化特色家庭”，大兴区老年协会授予的“大兴老年之星”，礼贤镇政府授予的“文化示范户”“2017 年优秀文化带头人”等称号。我也于 2008 年被北京市文化局认定为第二批北京市级非物质文化遗产项目代表性传承人。

编戏：
心中情怀染纸间

自从我被认定为北京市级非物质文化遗产项目代表性传承人以后，就把编戏作为平常的一项重要的传承工作，至今坚持每年至少编写一部新戏。有了新戏，就比较容易引起年轻人的兴趣，特别是可以激发青少年的学戏热情。

原来诗赋弦的传承都靠口传身授，难免会有遗漏和误传，不利于原汁原味地保留传统曲牌。为了把诗赋弦这一民间艺术很好地传承下去，从 2009 年 5 月开始，我着手将自己收集到的诗赋弦传统曲牌写成简谱，以利于长久保存和教学、交流。其实，我以前没有学过音乐简谱，虽然自己年纪大了，记性也大不如从前，但我还是坚持自学。后来为提高效率，在孩子们的支持下购买了专业的乐谱编辑软件。为了争取时间，我是边学习，边记录。虽然整理好的曲牌中肯定存在不标准的地方，但这些资料还是在一定程度上为学唱者带来便利，而且随着学习的不断深入，我的简谱书写水平也在不断提高。如今，一有时间我就翻出以往整理的手稿进行复核，通过查遗补缺，修正错误，因此，这批诗赋弦的简谱稿就更具实用价值了。

在整理传统剧目的过程中，我重点对一些在流传过程中出现的错误进行纠正。总结起来，传统剧目在流传过程中，一般会出现两类错误：一类为不合辙，这主要是因为唱词误传所造成的错误；另一类为行腔错误，这主要是因为把诗赋弦的唱腔搞错了，其中错唱成梆子、评剧调的比较多。我想通过自己的努力，尽量减少以讹传讹的情况。

诗赋弦归根结底是一门表演艺术。随着岁月的流失，一些老艺人先后故去，如今唱诗赋弦的人越来越少，现有的演员也已经步入老年。原先的一些大型古装剧，因为台上的角色较多，如今演起来就比较困难，凑齐合适的演员实在是不容易。面对这种情况，编写剧情复杂、人物多的剧已不太现实，于是我就重点移植了一些演员较少且久唱不衰、具有一定教育意义的剧目，如根据评剧移植的《刘云打母》，其中就有 3 个角色，即不孝子刘云、苦命的刘母和明事理的刘妻，该剧主要是教育年轻人尊老敬老的；再如北方各剧种非常流行的传统剧目《小姑贤》，其中也仅有 4 个角色，即婆婆、儿子王登云、女儿英英和儿媳，该剧主要是倡导家庭和谐的；又如《姊妹易嫁》，剧中也仅有 4 个角色，即老汉，老汉的两个女儿（姐姐素花、妹妹素梅）和姐姐素花的未婚夫，该剧主要倡导树立正确的人生观。此外，我还根据河北梆子移植了《鞭打芦花》《喜荣归》等，以适应现在演员短缺的实际情况。

时代在发展，观众们的口味也在发生变化，特别是年轻人，相比传统剧目而言他们更容易接受反映现实生活的剧目。我结合观众的喜好和社会的需要，编写了一批反映时代风貌的新剧，如宣传我们美丽大兴的《赞大兴》《逛新城》，宣传法律知识的《志在基层》《夫妻纠纷》《一顿特殊的农家饭》，宣传为人文北京做出贡献的《我们是北京人》《老年志愿者》等。为了迎接 2008 年奥运会，我还编写了诗赋弦短剧《绿色食品迎贵宾》，并在大兴影剧院小剧场演出。

《我们是北京人》《绿色食品迎贵宾》这两部作品是目前我的原创作品中自己觉得较为满意的两部，其中《绿色食品迎贵宾》还首次尝试以台上台下互动的方式增加趣味性，如剧中演员抽着烟上台，台下观众马上就有人喊："台上不许抽烟！"演员在台上答道："知道了，公共场所不能抽烟！"然后把烟掐灭扔到台上，这时台下又有观众喊："不许乱扔烟头！"演员忙说："对！对！对！"然

后马上捡起烟头装在兜里。

此外《志在基层》这部剧具有很强的现实意义。剧里有3个角色，即大学毕业生、青年党员苗苗和她的父母。故事讲的是父母省吃俭用供女儿上大学，希望她毕业之后能找到一份好工作，家中也名利双收。但苗苗执意不肯，耐心地向父母解释，表明自己要用所学专业知识做一名社区调解员，最后得到了父母的支持。这部剧虽然不长，但表现了两代人对工作和扎根基层的认识，事实上也道出了无数父母的内心纠结，而追求理想、实现自我是当代年轻人应具有的素质和品格。通过这部剧的创作，我希望能引起这些做父母的和年轻一代对工作、对个人价值等方面的深刻思考。我在编写这部剧时，特意查阅了很多法律方面的资料，以避免出现错误。

此外，我还搜集和查阅了许多诗赋弦的资料，并联系自己多年的亲身经历，撰写了《诗赋弦概述》一文和一些小故事，以备日后做进一步研究所用。

教戏：
一脉传承四代人

在我们西里河村，诗赋弦的传承尊朱广达、贾万全为第一代，因为是他们将诗赋弦带到我们村的，并且教会了村里人。在这之后，直到现在，村里实际传承了四代，但从总的排序上是五代——在总排序中，我排在第四代，我在西里河小学教授的孩子和我收的徒弟应为第五代。

在以前，传承意识没有现在强，有关第二代、第三代传人的资料实在太少，收集的难度很大。即便如此，我还是竭尽所能进行收集整理。就当前情况看，第三代传人都已离世，第四代传人也仅有十几位健在，收集他们保存的诗赋弦资料、图片以及口述材料刻不容缓。

与此同时，我也竭尽所能，开展一些力所能及的传承活动。如2009年，我成为礼贤镇西里河小学校外辅导员，专门教授孩子们诗赋弦。从此，这一地方戏曲纳入西里河小学的音乐课程。为了孩子们理解和学习，我还专门为学生们编写了新词、新节目。

2015 年李润生与老伴刘金荣教授学生诗赋弦

詩赋孩

学校的诗赋弦课是一周一次，我因年纪较大，嗓音已不能更好地教唱，就把我老伴刘金荣动员出来与我一起教课。我们坚持每周准时准点到校给孩子们上课，多年来风雨无阻。课上我主要是以板胡伴奏，老伴教孩子们唱词、唱腔和化妆。我们为同学们编写了短剧《难忘的六一》，还自己动手制作了简单的道具。在六一儿童节那天，学生同老艺人们同台演出，得到全校师生和学生家长的好评。此后，我为了提高孩子们的学习兴趣，每学期都为学生编写适合他们演唱的关于爱家乡、保护环境、积极向上、尊老爱幼、提高自身保护意识等方面的新节目、新唱段，并为学生捐赠了部分学习用品。多年来我送走了一批又一批小学毕业生，在每个学生的心中都留下了一些诗赋弦的曲牌唱段。不管将来他们走到哪儿、做什么工作，都会成为我们大兴特产——诗赋弦传播与传承的火种。

2015 年李润生的老伴刘金荣教授学生诗赋弦

2015 年，西里河小学被大兴区文化委员会命名“大兴区非物质文化遗产项目传承基地”。区、镇两级政府拨专款为西里河小学添置了音响、乐器、服装等教学器材；在礼贤镇政府和村两委的支持下，我曾编印了一本宣传册，经不断修改完善，最终印发给每位学生；我和老伴还为全体教师和学生赠送了笔记本和练习本，以答谢多年来学校全体师生对非遗传承工作的大力支持和积极配合。同年，我被礼贤镇政府评为“优秀文化志愿者”。

由于兴建大兴区国际新机场的需要，西里河村整体搬迁， 学校的学生也分散到其他多所学校里。我近十年的校园传承授课工作不得已停了下来，但值得我欣慰的是，学生们自发建立了一个有老师和学生在内的微信群。我深信这些年的传承工作不会白费工夫，起码对诗赋弦起到了宣传推广的作用，同时希望诗赋弦的这点“星星之火”能够一直燃亮。

我除了在学校开展传承教学以外，还正式收本村的杨晨为徒，主要教他演奏诗赋弦的曲牌。2018 年，收河北省河北梆子剧团鼓师纪俊臣为徒，主要传授他板胡的演奏技艺。同时我还教剧团部分演员唱诗赋弦。

俗语说“人生七十古来稀”，但我却不服老。为了传承诗赋弦，直到现在我还在学习新知识，比如 2018 年我参加了大兴区文化志愿者骨干培训班，取得了结业证书。我自学音乐简谱，以便整理和记录诗赋弦曲谱，并通过学习计算机，大大提高了资料整理的效率。这些新知识对我开展传承工作都大有帮助。

曲韵悠扬
——诗赋弦的艺术特色

诗赋弦源于民间，保存于民间，在民间艺术的沃土中不断汲取营养，并得到持续的发展。从20世纪初开始，历经百余年的不断创新发展，诗赋弦逐渐形成了别具一格的艺术特色，不仅得到了京西南地区百姓的喜爱，而且得到社会更广泛的认可，成为北京民间文化的一朵奇葩。

行腔：
民歌小调赋新词

诗赋弦的前身是流行在京冀地区的十不闲儿莲花落，在音乐上直到现在还保留着十不闲儿莲花落的痕迹，其中又杂糅着当年流行在京西南一带（含毗邻的河北地区）的民间小调。最早的诗赋弦就是在这些音乐元素的基础上进行填词的。

我曾在一次座谈会上听朱家务村 80 多岁的赵洪海和 70 多岁的姚德村提道："听上一代人说，有一部分诗赋弦的曲调是从宫里流传出来的。"结合前面提到的"光绪赐名"，以及在附近村里有当时在宫里当差的人这两个因素，我感觉宫中曲调融入诗赋弦是有可能的。

起初，诗赋弦借用大家耳熟能详的民间小调，使用本宫嗓子[1]演唱，并以此为基础进行填词润饰。随着发展，诗赋弦的唱腔有所

---

① 指演唱者不加修饰的嗓音。

改进，除了因字行腔外，并开始对旋律进行修饰。

在诗赋弦的演唱中，原本没有女演员，剧中的男女角色全都是由男演员用嗓子来演唱的，所以用的都是A调。后来由于女演员的加入，调门逐渐提高到C调。诗赋弦演员采用真假声相结合的方式演唱。一般演唱的速度要根据剧情的需要而定。

诗赋弦的唱词词格属于“民歌体”的句式，每句5—11个字，其中以7个字和10个字的句子较为常见。诗赋弦的曲牌具有明显的民歌成分，经常使用“哎嗨哎嗨呦”“咿呀那呀嗨”“那呀咿呀嗨”“那嗨哟”等民歌常用的“垫字”。行里人总结诗赋弦的演唱为“九腔十八调，七十二嗨嗨”。

延伸阅读

诗赋弦经过一个多世纪的发展演变，逐渐形成了独有的艺术特色。在我们为诗赋弦申报非物质文化遗产项目时，大兴区文化委员会的同志曾帮我们进行了归纳总结，大致为：

诗赋弦表现的内容，从初创时开始就受到民间说唱文学的影响，因而具有明显而独特的艺术特色。特色主要有四个方面：第一是具有喜剧性，即运用喜剧和闹剧（指带有讽刺或幽默意味的一种轻松的戏剧）的形式，在嬉笑怒骂、讽刺挖苦中讲述剧情；第二是传奇性，剧情具有传奇色彩，通过设置悬念，抓住观众；第三是灵活性，主要是结构灵活，没有明显的场次区分，演员自由上下场，有时一些唱词、道白也可以省去；第四是地方性，大量使用地区方言，容易上口，通俗易懂。

曲牌：

二十三曲今犹在

诗赋弦属于曲牌体唱腔，原有 30 多个曲牌。随着演员的老龄化，大多数老艺人已故，很多曲牌也随之遗失了，目前仅存的 23 个曲牌如下。

1.【双瓶】

多用于男丑，主要特点是幽默，随便，轻松活泼。

苏洛缘剧本——双瓶

1＝C $\frac{2}{4}$

李润生 陈殿丰

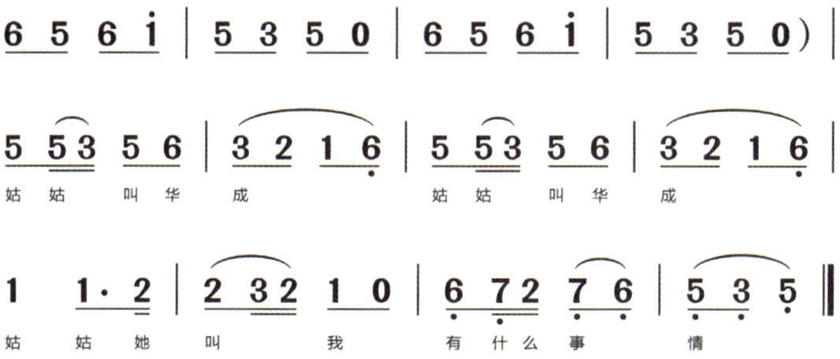

2.【太平年】

正生、正旦用得比较多，主要特点是四平八稳，不急不缓。

诗赋弦曲牌——太平年

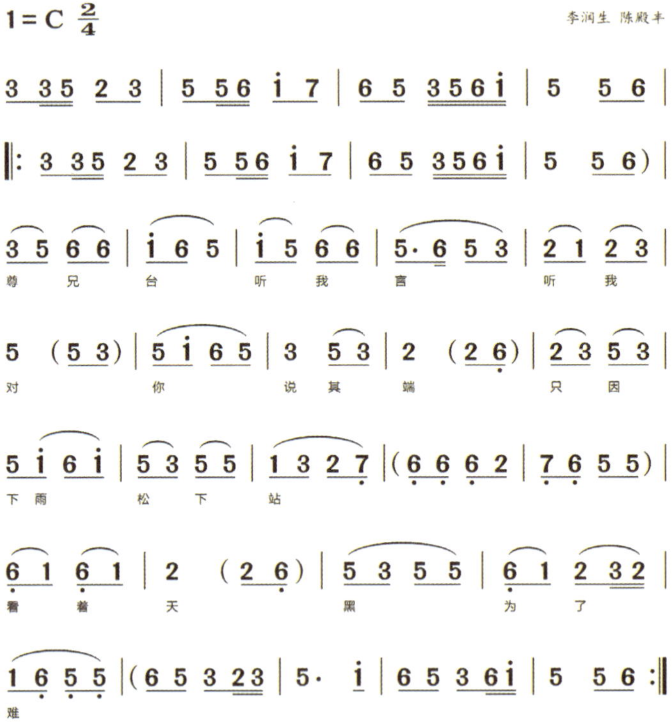

3.【银纽丝】

多用于男丑，主要特点是滑稽幽默，其中最为突出的特点是滑稽，词、曲都表现出滑稽的特点。这一曲牌的每段唱词的最后两句是倒字叠句。

诗赋弦曲牌——银纽丝

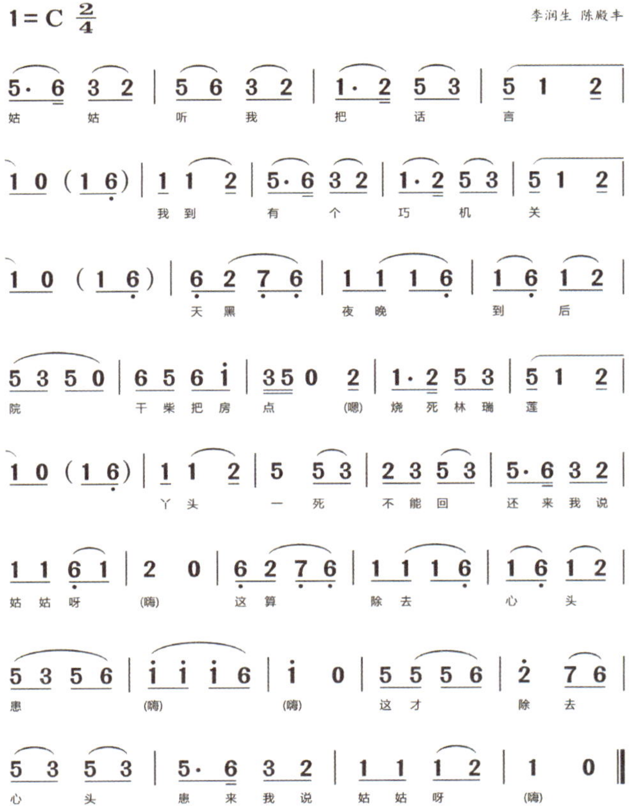

4.【虞美人】

男女角色均可用，主要特点是各种角色慢走时带唱。这一曲牌是根据民间小调“放风筝”改编而来，但节奏上比“放风筝”要慢。

诗赋弦曲牌——虞美人

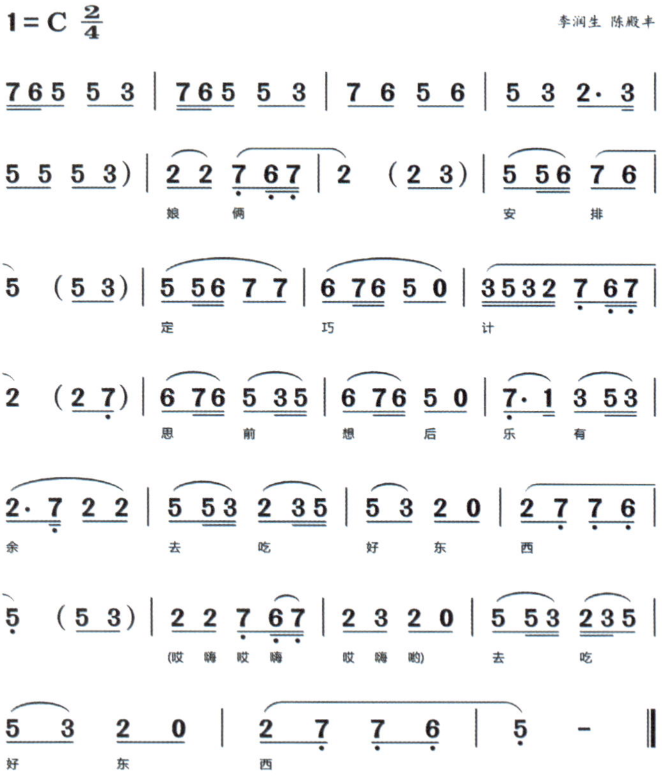

5.【糊涂调】

各种角色均可使用，主要特点是曲子沉稳。这一曲调根据民间小调“妈妈娘好糊涂”而来。

诗赋弦曲牌——糊涂调

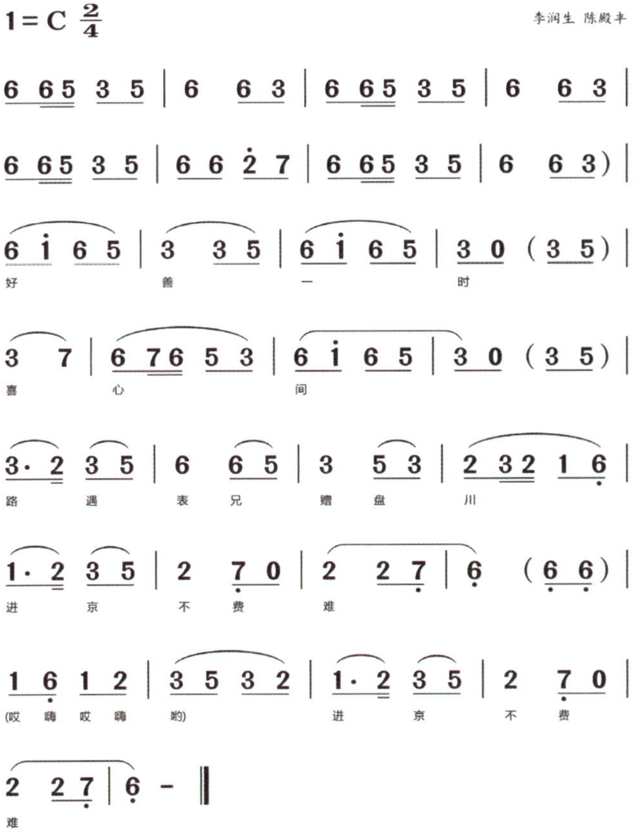

6.【湖广调】

适用于青衣、花旦，主要特点是唱腔很稳，给人娓娓道来的感觉。

诗赋弦曲调——湖广调

1=C $\frac{2}{4}$ 李润生 陈殿丰

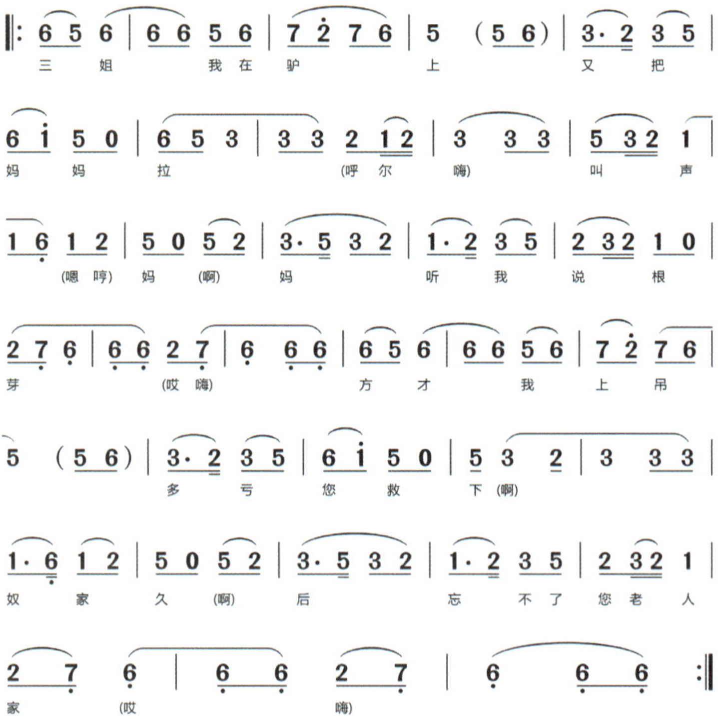

7.【呀儿呦】

男女角色均可使用，主要特点是轻松，欢快，潇洒。

诗赋弦曲牌——呀儿哟

1=C 2/4

李润生 陈殿丰

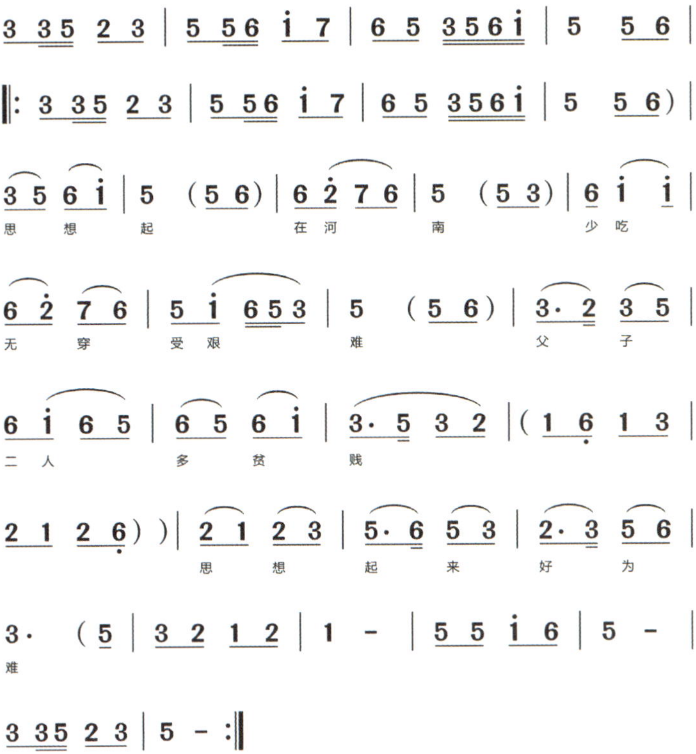

8.【梆梆鼓】

男女角色均可使用，主要特点是一般在各种角色走、跑时使用。

诗赋弦曲调——梆梆鼓

1=C 2/4

李润生 陈殿丰

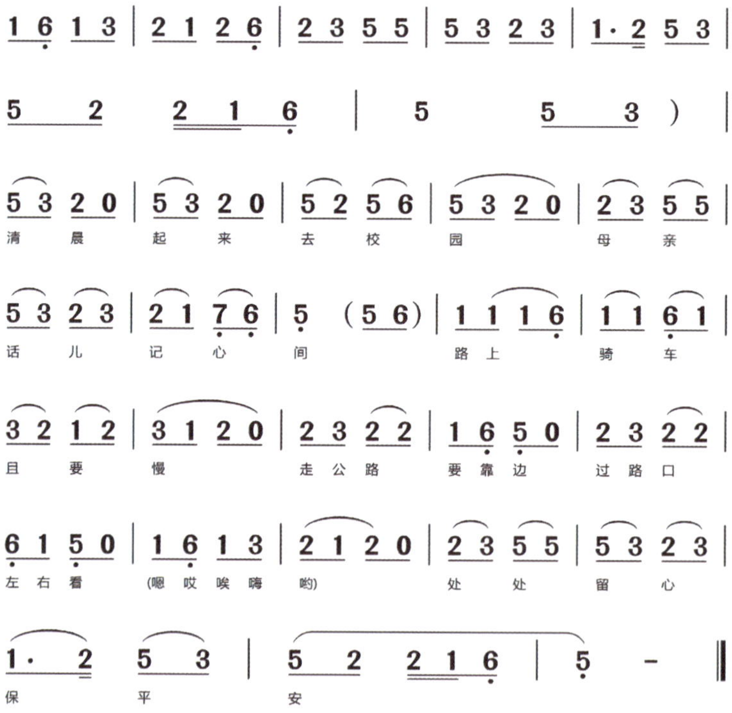

9.【大四景】

在各种角色走、跑时使用，主要特点是首句重复一遍，唱第一遍时第一句前两个字拉开，第二遍时紧凑。

诗赋弦曲牌——大四景

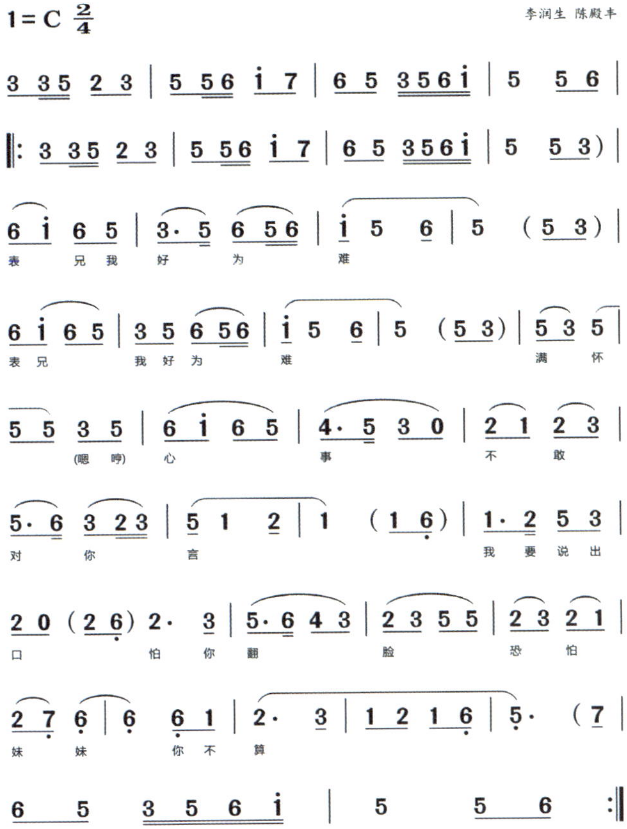

10.【逗春风】

青衣、花旦在思考、回答等慢节奏时使用，主要特点是节奏缓慢。

诗赋弦曲牌——逗春风

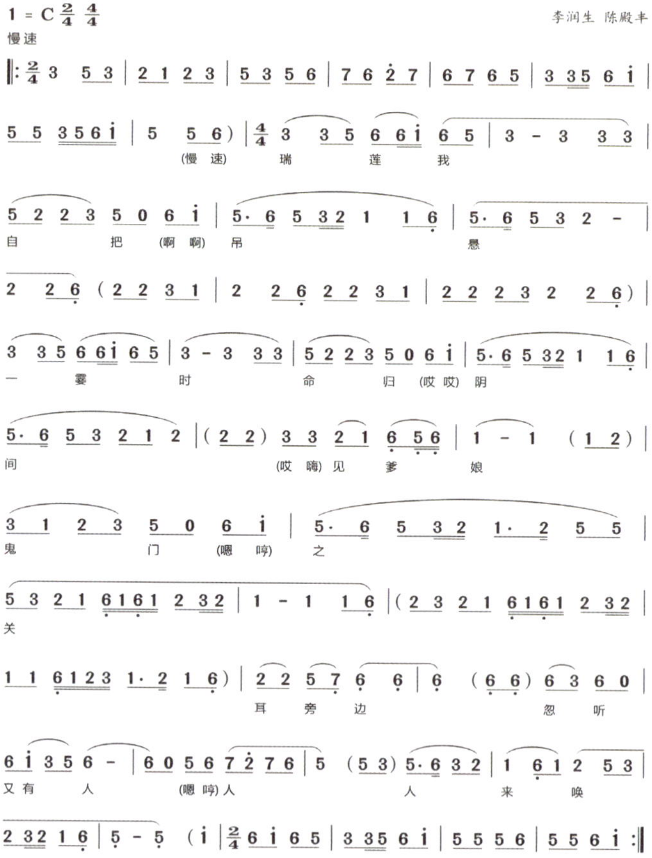

11.【剪靛花】

丑角使用，主要特点是轻松悠扬。

诗赋弦曲调——剪靛花

1＝C $\frac{2}{4}$

李润生 陈殿丰

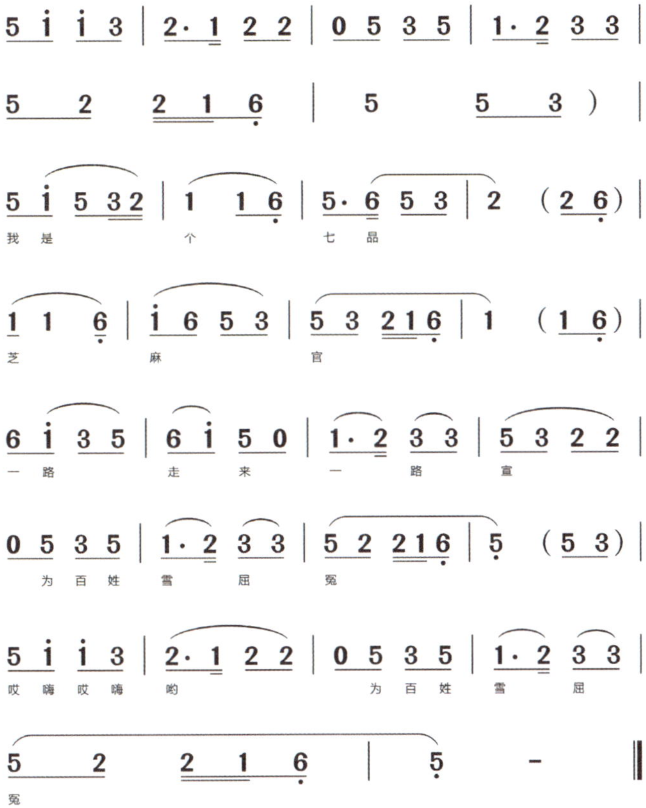

12.【柳青娘】

丑角或正角着急时用，但多用于男丑，主要特点是节奏较快。

诗赋弦曲牌——柳青娘

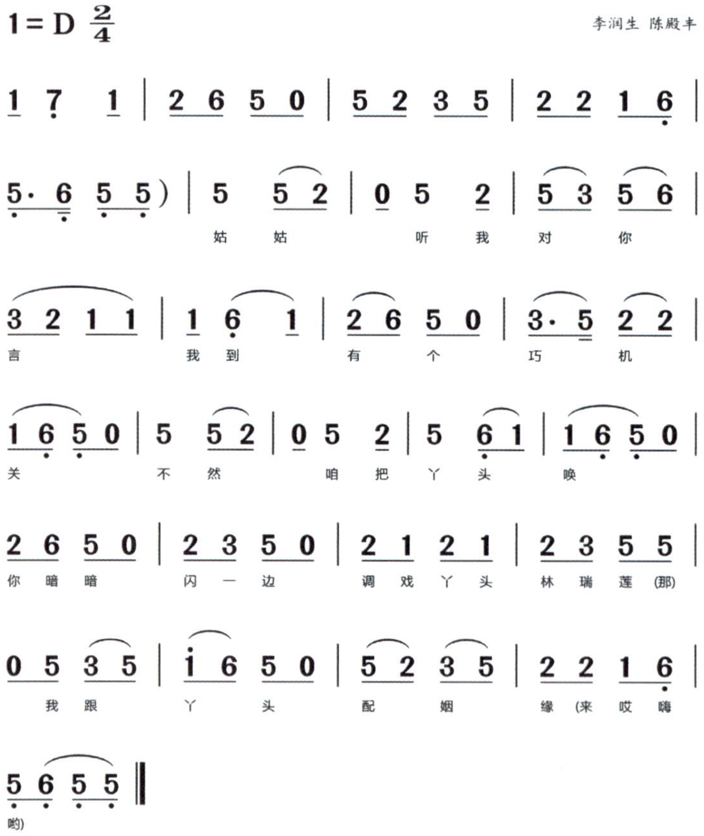

13.【游春歌】

多用于彩旦（女丑），主要特点是节奏较快，表现剧中人高兴、得意扬扬。

诗赋弦曲牌——游春歌

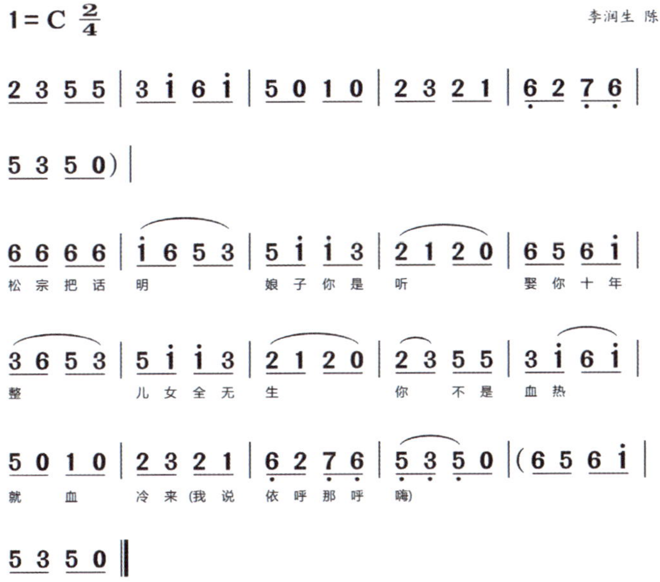

14.【夜正调】

多用于生角，主要特点是曲调比较高。

诗赋弦曲牌——夜正调

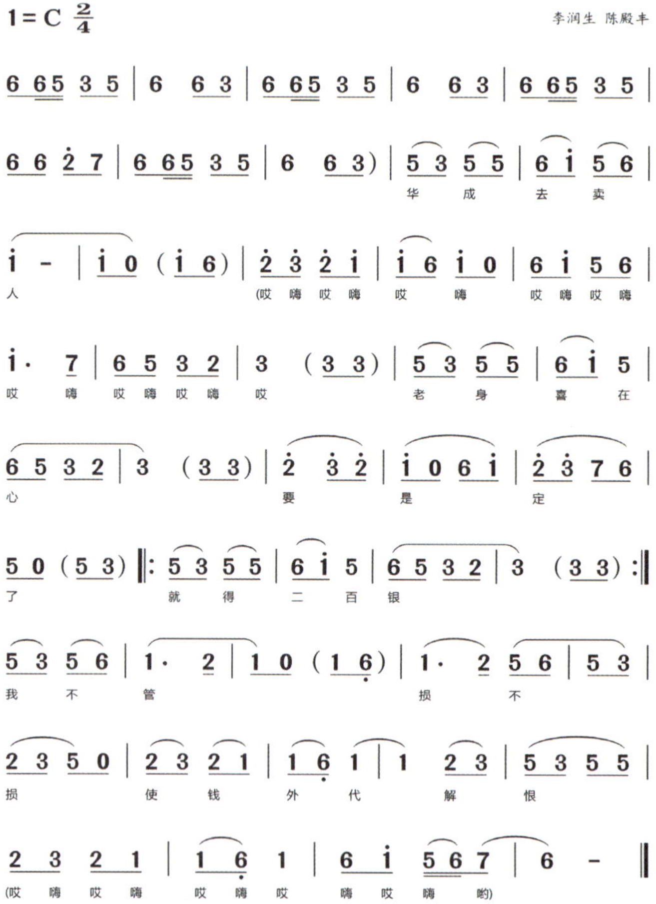

15.【叠断桥】

各种角色均可用，主要特点是曲调平稳。

诗赋弦曲牌——叠断桥

1=C $\frac{2}{4}$

李润生 陈殿丰

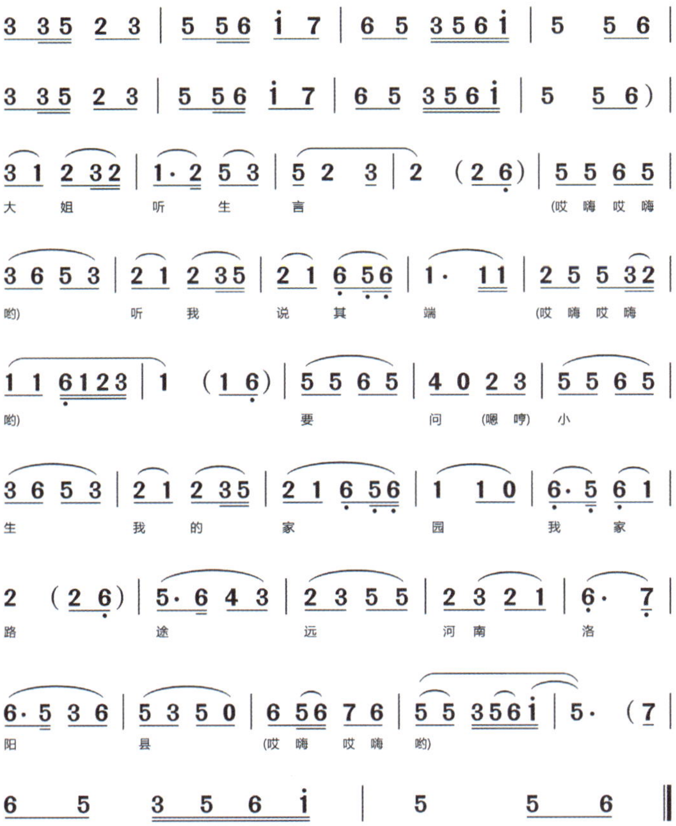

16.【硬南锣】

男女均用，多用于争斗、急行等，主要特点是节奏快。

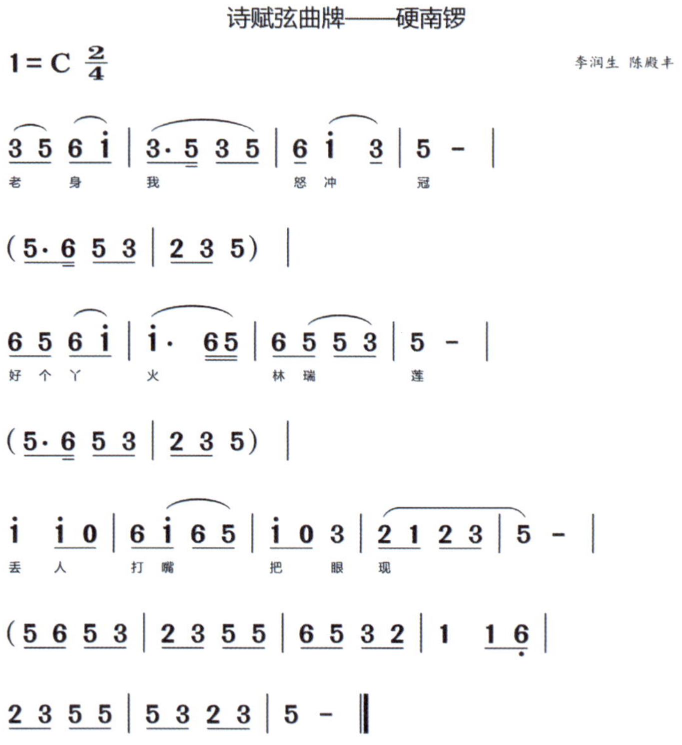

17.【软南锣】

男女均可用，多用于消闲、漫步、见景生情等，主要特点是比“硬南锣”节奏慢。

诗赋弦曲牌——软南锣

1＝C $\frac{2}{4}$

李润生 陈殿丰

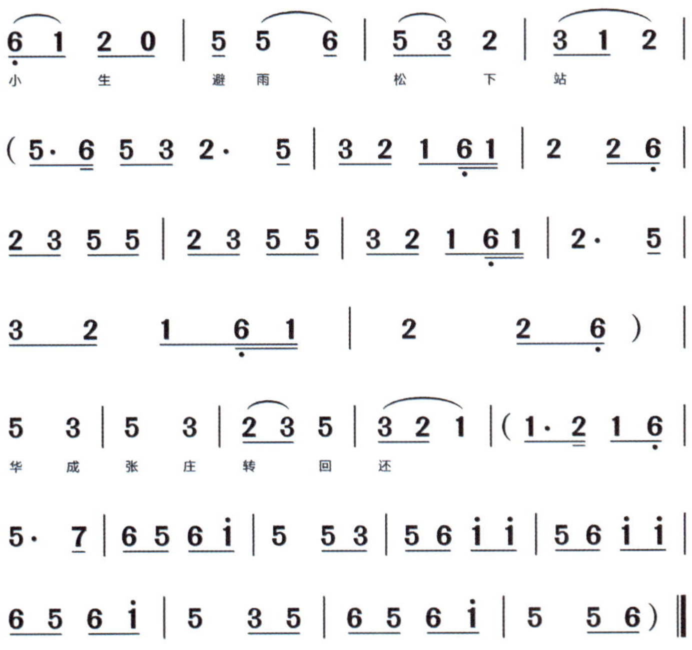

18.【巧连枝】

男女均可用，主要特点是曲调比较欢快。①

诗赋弦曲调——巧连枝

1=C $\frac{2}{4}$

李润生 陈殿丰

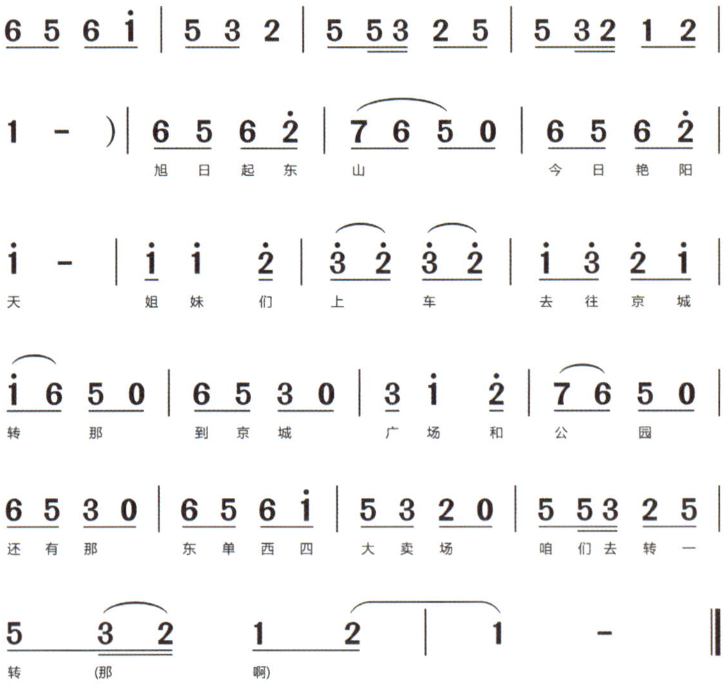

① 现在很少有人会唱，濒临失传

19.【叹十声】

各种角色均可用，使用十分普遍，主要特点是曲调平稳。

诗赋弦曲谱——叹十声

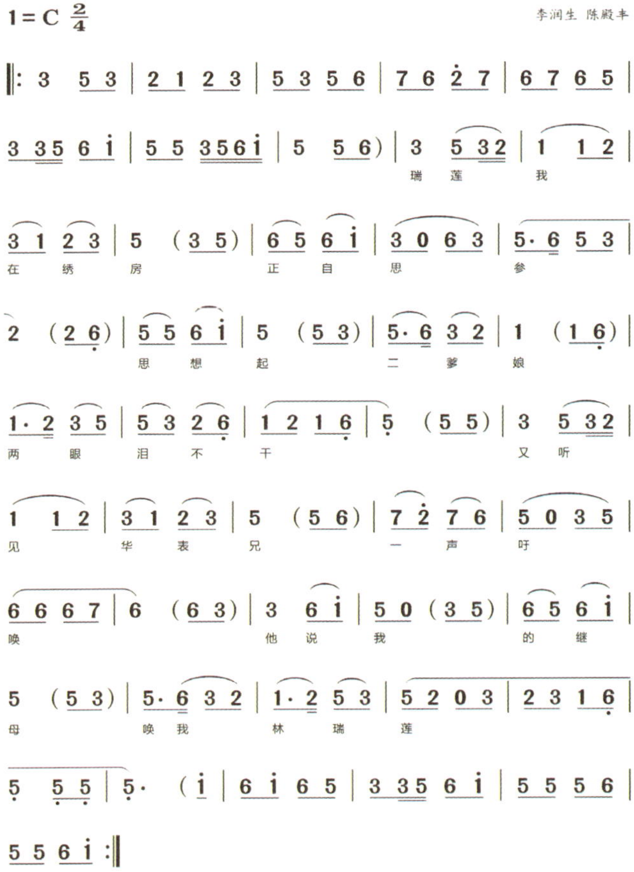

20.【边关调】

多用于男女悲调，主要特点是哀婉，悲凉。

诗赋弦曲牌——边关调

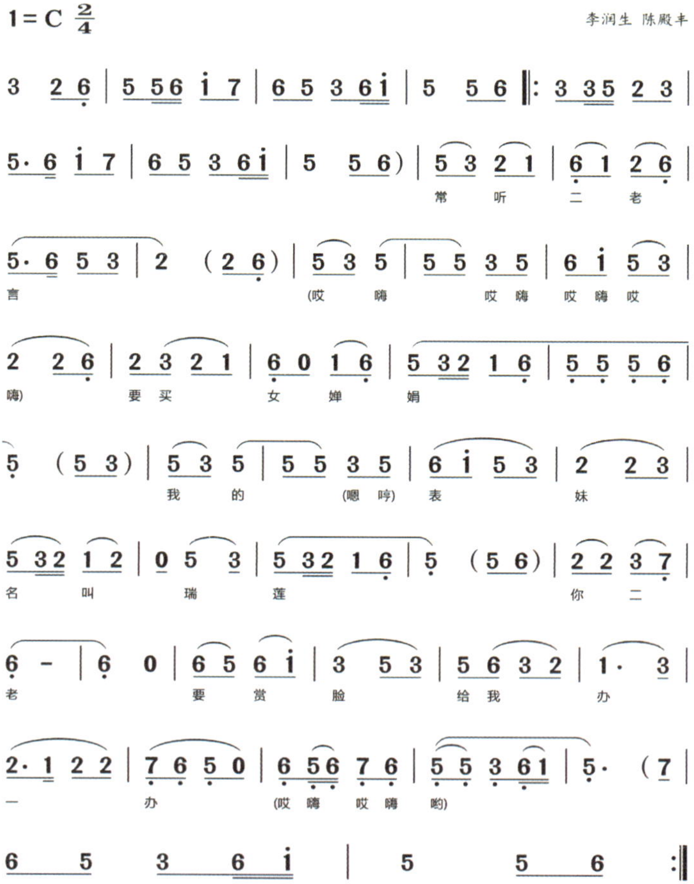

21.【关东落子】

男角用曲牌，主要特点是多用于悲伤之时。

诗赋弦曲调——关东落子

1＝D $\frac{2}{4}$

李润生 陈殿丰

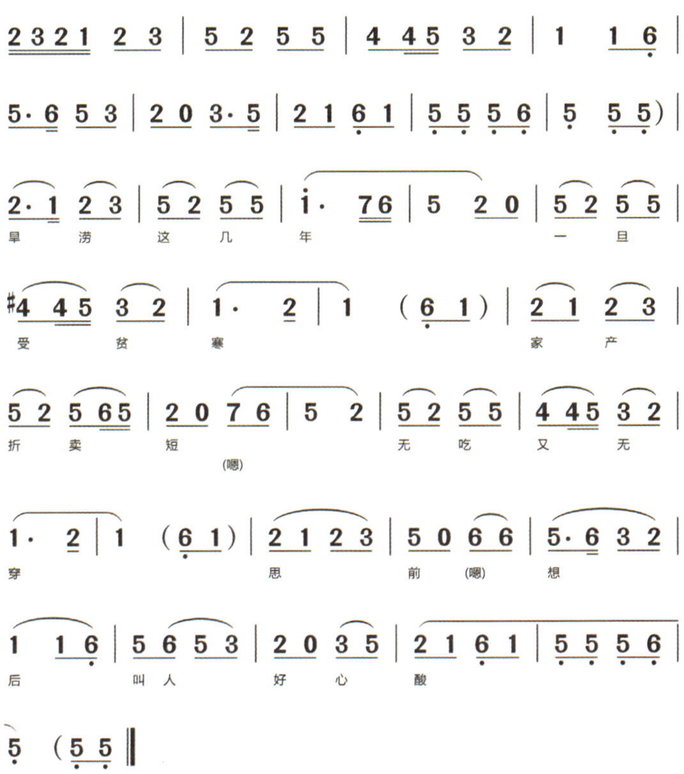

22.【二十五更】

多在男女慢走时用，主要特点是稳重。

诗赋弦曲调——二十五更

1=C 2/4

李润生 陈殿丰

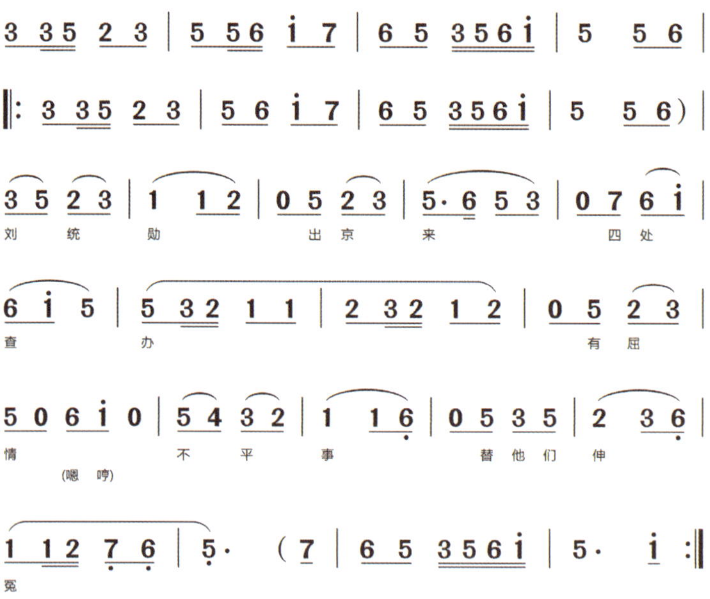

23.【太平歌】

剧中用于生角，旦角不用，丑角很少用，主要特点是曲调优美，表现人物的一身正气。

诗赋弦曲牌——太平歌

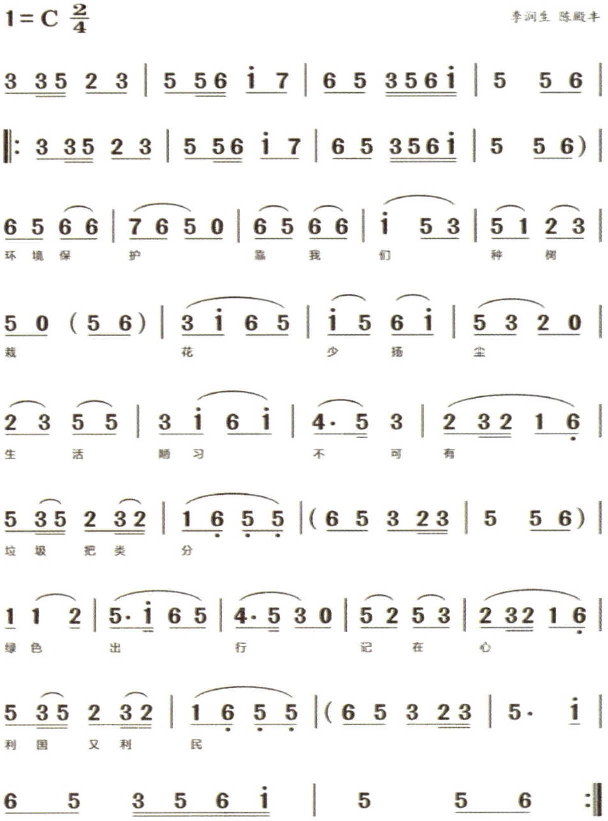

延伸阅读

曲牌是传统填词制谱用的曲调调名的统称。俗称“牌子”。古代词曲创作，原是“选词配乐”，后来逐渐将其中动听的曲调筛选保留，依照原词及曲调的格律填制新词，这些被保留的曲调仍多沿用原曲名称。明代以前所形成的戏曲声腔，如昆山腔、弋阳腔，以及由明清俗曲发展成的戏曲剧种，大多以曲牌为唱腔的组成单位，通称作“曲牌体”唱腔。

老艺人们称诗赋弦曲牌的板式为“红板”，即板起板落。演唱时用竹板击节控制节拍。后来受其他剧种的影响，增加了伴奏的乐器；与此同时竹板也被鼓板、梆子所取代。

因为原来用文字记载的唱段、剧目很少，加之受地域方言的影响，同一曲牌在各地的唱法也不尽相同，甚至曲牌名称也不同，但大同小异。如西白疃村的诗赋弦是西里河村的艺人在 1949 年教的，两个村子相隔不算太远，只有 3 公里左右，结果有的曲调、戏词一样但曲牌有差别。究竟为什么会发生改变，从何时发生的改变，都无从考证。因此，虽然我们可以统计出诗赋弦中使用比较广泛的曲牌，但发生微小变化的曲牌就很难收集整理了。

在整理诗赋弦曲牌时，我坚持边收集、边整理、边研究，有时还与专业人员进行讨论。在这个过程中，我还特别注意听取老艺人们的意见，力争将他们的经验和理解也吸收到研究成果中去。

辙韵：
朗朗上口十三辙

诗赋弦的曲牌大多来自各地区的民间小调，经过填词变体后搬上舞台演唱。根据剧情、角色和剧中人的思想变化选用不同的曲牌。诗赋弦的唱腔属于联曲体式，唱词的段称为“联”，唱一段为一联，唱两段为两联，以此类推。传统剧目中有的一个曲牌要连续唱到十三联甚至更多。但诗赋弦有十三道大辙，唱一联要转换一个辙韵，在演员背唱词时起到提示作用，同时也给当初没有文化的演员背唱词提供了很大的方便。

诗赋弦辙韵的顺序是：一天、二人、三龙、四羊、五牛、六铙、七虎、八坨、九斜、十马、十一柴、十二地、十三回堆。同一个意思的一句话放在不同联里面，要用不同的辙韵，例如："你听我言"这句话：

第一联天辙唱："你听我言"；
在第二联人辙，则唱成："你听我云"，最后一个字改为"云"；
在第三联龙辙，要唱成："你听分明"；
在第四联羊辙，要唱成："你听其详"；
在第五联牛辙，要唱成："你听从头"；
在第六联铙辙，要唱成："你听根苗"；
在第七联虎辙，要唱成："你听着（上口音，发'住'音）"；
在第八联坨辙，则唱成："你听明白（上口音，发'伯'音）"；
在第九联斜辙，则唱成："你听我学"；
在第十联马辙，则唱成："你听根芽"；
在第十一联柴辙，则唱成："你听明白"；
在第十二联地辙，则唱成："你听仔细"；
在第十三联回堆辙，则唱成："你听明白（上口音，发'碑'音）"。

如果同一个曲牌连续唱超过十三联，就要从第十四联起，以天辙重新开始唱。

为了便于理解，我用《访良乡》里，金家姐妹逃出李家寨途中所唱十三联《梆梆鼓》唱词的辙韵转换为例，详细说明一下。

第一联：天辙

昏沉跳在墙外边，不知东西北和南。
天黑夜晚看不见，心又惊，胆又寒。
我姐妹，好为难，不知逃往哪一边。

第二联：人辙

姐妹逃出他家门，低头我把大路寻。
舍出性命往前奔，才逃出，他家门。
怕贼人，来追寻，再要追上命难存。

第三联：龙辙

往前行走放悲声，死去的爹爹你是听。
保佑孩儿活了命，才逃出，这火坑。
挨天明，换路程，一到官府把冤申（上口音：生）。

第四联：羊辙

想起父女离家乡，为的是家贫来逃荒。
指望投亲把京上，路途上，起祸殃。
我父亲，把命伤，满腹的冤屈诉上苍。

第五联：牛辙

越思越想越发愁，不由两眼泪交流。
当年家中多富厚，有田产，与马牛。
为施舍，一旦休，如今落难无有出头。

第六联：铙辙

艰难行走泪滔滔，心中疑似滚油浇。
李宏李唐二强盗，父被杀，娘入牢。
强迫我，把亲招，多亏丫环智谋高。

第七联：虎辙

丫环放我出贼屋，姐妹二人幸逃出。
天黑夜晚不停步，快行走莫迟误。
紧逃出，这贼屋，慌慌忙忙赶路途。

第八联：坨辙

往前行走泪如梭，叫声姐姐听我说。
今日姐妹遭此祸，小丫环，智谋多。
放咱俩，命逃脱，不顾自己受折磨。

第九联：斜辙

想起春红泪珠撇，放咱二人义气节。
二贼醒后准不悦，拷问她，怎分别。
受折磨，把气憋，满腹冤屈对谁撒。

第十联：马辙

叫声姐姐听根芽，丫环春红是女侠。
身为卑贱智谋大，舍性命，放咱俩。
此义举，实堪夸，今生不死必报答。

第十一联：柴辙

丫环放咱逃出来，急急行走脚迈开。
心急如火不显快，叫妹妹，听明白。
咱姐妹，莫迟疑，远远逃出他家宅。

第十二联：地辙

叫声姐姐听实虚，快快行走莫迟疑。
逃出虎口见官去，到官府，把状递。
为咱家，雪冤屈，派兵拿贼把文批。

第十三联：回堆辙

快步行走快如飞，叫声妹妹听明白（上口音：碑）。
姐姐跑得实在累，我浑身，颤巍巍。
迈双腿，似重锤，叫声妹妹咱歇一回。

在演出中，还会存在“乱辙”的现象，就是没有完全按照辙韵的要求演唱。引起“乱辙”的主要原因大致有两个，一是出现在一些老唱段和剧目中，因一代一代的口传，难免会出现以讹传讹的情况；二是出现在一些移植的剧目中，因移植时要尽量保持原唱词，所以会出现与诗赋弦辙韵不符的情况。

附录一

大兴诗赋弦传承谱系

诗赋弦自 1904 年左右传入西里河村。村里将传戏入村的人尊为第一代，所以西里河村诗赋弦传承人从第二代开始。

第一代传承人

朱广达（1855—1912）

创作出了最早的诗赋弦剧本。

第二代传承人（排名不分先后）

刘广田（1904—1980）

擅长饰演小生、老生等角色。

李纯一（1879—1927）

擅长编剧导演。

第三代传承人（排名不分先后）

刘汉卿（1927—1999）

刘广田之子，擅长饰演小生、老生等角色。

李春田（1916—1969）

李纯一之子，擅长板胡、二胡、三弦演奏。

第四代传承人（排名不分先后）

刘彦荣（1951 年至今）

刘广田之孙、刘汉卿之子，现任西里河荣升诗赋弦剧团团长兼乐队笙演奏。

李润生（1947 年至今）

李纯一之孙、李春田之子，现任西里河荣升诗赋弦剧团板胡演奏兼编导。

刘宝荣（1963 年至今）

擅长饰演小生。

刘克荣（1959 年至今）

擅长板鼓。

刘金荣（1952 年至今）

女，擅长饰演旦角。

刘国荣（1958 年至今）

擅长乐队伴奏兼饰演丑角。

孙凤琴（1951 年至今）

女，擅长饰演老旦。

宋书香（1953 年至今）

女，擅长饰演旦角。

吴树森（1944 年至今）

擅长饰演丑角。

（以上各位均为北京市大兴区礼贤镇西里河村人）

后辈传人

刘子刚（1992 年至今）

刘彦荣侄子。

刘腾瑶（1999 年至今）

女，刘彦荣孙女。

杨 晨（1999 年至今）

李润生徒弟。

纪俊臣（1999 年至今）

李润生徒弟，西里河小学 2009 年至 2018 年的在校学生。

附录二

李润生非遗传承经历

◎ **1957 年**

在上学空余时间开始和父亲李春田学习诗赋弦的演唱和演奏。

◎ **1962 年**

出演《十万金》《白蛇传》等传统古装戏，并参与诗赋弦的演奏。

◎ **1966 年**

参演了《红灯记》《沙家浜》《红色联络站》《会计姑娘》等改编的诗赋弦剧，在其他剧中担任主奏，并组织了文艺宣传队到各村演出。

◎ **1984 年**

同一些老艺人自筹资金置办服装、道具，重新组建了剧团，并担任乐队的负责人。

◎ **1991 年**

被礼贤镇文化艺术团聘请为乐队队长。

◎ **1992 年**

协助北京青年艺术剧院拍摄了电视剧《情锁》。

◎ **1997 年**

参与拍摄两集电视剧《祸起方城》，并担任全剧的主奏，参与音乐设计工作。

◎ **1998 年**

参加了中央广播电台“505 空中大舞台”的节目录制。

◎ **2005 年**

自费录制诗赋弦曲牌并制成光盘存档。

◎ **2006 年**

带队参加北京湖广会馆非物质文化遗产展演；担任西里河诗赋弦剧团的团长；自费组织了诗赋弦演唱会并将视频资料制成光盘；被大兴区政府授予“文化特色家庭”称号。

◎ **2007 年**

带领全团演职人员圆满完成了星火工程等各项演出任务。被评为“礼贤镇文化示范户”。

◎ **2008 年**

被认定为大兴诗赋闲北京市级非物质文化遗产项目代表性传承人。

◎ **2009 年**

被礼贤镇西里河小学聘请为地方戏曲校外辅导老师。

后 记

诗赋弦经过百余年的发展，已经深深植根于京西南百姓的心中，成为北京地方表演艺术百花园中的一朵奇葩。近年来，在各级政府的大力支持下，诗赋弦的传承人为其持续发展，开展了大量卓有成效的工作。

诗赋弦属于民间艺术，具有很强的群众性和松散性，长期以来对其各种资料的保存、整理和研究还显得比较零散。本次针对诗赋弦代表性传承人进行的口述史采集工作，在一定程度上丰富了诗赋弦资料工作，同时也为其保护传承打开了一扇新的大门，起到了鼓舞和带动传承人创造性地进行诗赋弦资料收集整理工作的作用，同时，也必将会调动更广泛的社会力量参与到诗赋弦的保护传承工作中来。

对于诗赋弦的保护传承而言，依然任重而道远。但回望诗赋弦的发展历程，不难看出其与时俱进、贴近群众、常演常新的鲜明特点。这便是诗赋弦能够长期扎根民间、与时代并进的真正原因所在。相信在社会各界的共同努力之下，诗赋弦仍然会迸发出新的生命力,以其独特的艺术魅力去感染人、教育人。